OS NÚMEROS DO AMOR

Dra. Luisa Dillner

OS NÚMEROS DO AMOR

o que as pesquisas revelam
sobre o comportamento humano
nas relações afetivas

Tradução
Doralice Lima

CIP-BRASIL. CATALOGAÇÃO-NA-FONTE
SINDICATO NACIONAL DOS EDITORES DE LIVROS, RJ.

D574n

Dillner, Luisa
Os números do amor: o que as pesquisas revelam sobre o comportamento humano nas relações afetivas / Luisa Dillner; tradução: Doralice Lima. – Rio de Janeiro: BestSeller, 2011.

Tradução de: You can count on cupid
ISBN 978-85-7684-362-7

1. Relação homem-mulher. 2. Companheiro conjugal – Escolha. 3. Sexo. 4. Casamento. 5. Separação (Psicologia). I. Título.

10-5556

CDD: 306.7
CDU: 392.6

Texto revisado segundo o novo Acordo Ortográfico da Língua Portuguesa.

Título original norte-americano
LOVE BY NUMBERS
Copyright © 2009 by Luisa Dillner
Copyright da tradução © 2009 by Editora Best Seller Ltda.

Capa: Marianne Lépine
Editoração eletrônica: FA Editoração

Todos os direitos reservados. Proibida a reprodução,
no todo ou em parte, sem autorização prévia por escrito da editora,
sejam quais forem os meios empregados.

Direitos exclusivos de publicação em língua portuguesa para o Brasil
adquiridos pela
EDITORA BEST BUSINESS um selo da EDITORA BEST SELLER LTDA.
Rua Argentina, 171, parte, São Cristóvão
Rio de Janeiro, RJ — 20921-380
que se reserva a propriedade literária desta tradução.

Impresso no Brasil

ISBN 978-85-7684-362-7

Seja um leitor preferencial Record.
Cadastre-se e receba informações sobre nossos lançamentos
e nossas promoções.

Atendimento e venda direta ao leitor:
mdireto@record.com.br ou (21) 2585-2002

Para John, Sam, Madeleine, Mathilda, Lydia e minha mãe,
que me ajudaram a escrever este livro.

Sumário

	Introdução	9
1	O homem ou a mulher ideal	15
2	A oportunidade bate à sua porta	47
3	Depois dos primeiros encontros	73
4	E agora?	97
5	Ciúme e infidelidade	127
6	Separações ou reconciliações?	151
7	A vida sexual	175
8	Sobrevivendo aos filhos	203
9	Tempos difíceis	221
10	Felizes para sempre	253
	Fontes	279

Introdução

Este não é um livro de autoajuda sobre relacionamentos e não dirá a você o que fazer. Ele irá apenas responder por meio de fatos e números a muitas das dúvidas que costumamos ter sobre esse tema. Uma vez de posse dessa informação, você poderá resolver por si mesmo a maioria das situações.

Quando eu era mãe solteira de dois filhos, costumava me perguntar se algum dia encontraria alguém. Isso parecia improvável, mesmo sem levar em conta como naquela época eu era inábil em termos de relacionamentos. Então, um dia li em um jornal um relatório onde se afirmava que 70% dos descasados com filhos provavelmente iriam encontrar um novo parceiro dentro de cinco anos. Fiquei tão surpresa que recortei a matéria. Nunca me ocorreu a possibilidade de haver uma resposta para a pergunta "Será que vou encontrar um parceiro?" Achava que isso era uma questão de sorte, e não algo que pudesse ser objeto de uma previsão concreta. Preparada para anos de sacrifício maternal, me surpreendeu saber que a probabilidade de encontrar alguém era maior que a de não encontrar. Como as estatísticas afirmavam isso, talvez eu não precisasse nem tentar. Por acaso, encontrei meu parceiro na festa de uma amiga (um bom lugar, segundo as pesquisas, mas tenho de agradecer a minha amiga Janice, que insistiu para que eu fosse) e estou com ele desde então.

Ao encontrar essa estatística, comecei a pensar em quantas pesquisas haveria sobre todas as questões eternas e insólitas sobre os relacionamentos: será que vou encontrar alguém? Será que devemos viver juntos? Foi uma boa decisão ficar com aquele cara uma vez? E assim por diante. Eu era médica, primeiro trabalhei em hospitais e depois no *British Medical Journal*, e todo mundo falava sobre "medicina baseada em evidências". Havia uma grande pressão sobre os médicos para que tratassem os pacientes com base nos resultados das melhores pesquisas. Se isso era uma coisa boa, pensava, por que não usamos o mesmo conceito para respaldar outras áreas de nossas vidas? Sempre que ouvia alguém aconselhar os amigos sobre como agir com seus namorados, maridos, esposas ou namoradas, não conseguia deixar de pensar: "De onde você tirou essa ideia?".

Podemos considerar especiais nossos sentimentos sobre relacionamentos e, especialmente, sobre o amor — e achar que ninguém jamais passou pelo que estamos passando. O que sentimos com relação a João, Pedro ou Helena às vezes parece impossível de explicar, ainda mais para nossos amigos. Mesmo assim, muitas vezes os sondamos, já que estão sempre prontos a dar uma opinião, em geral baseada em experiências limitadas. O que talvez não percebamos é o fato de haver dúzias de estudos que mostram o que aconteceu não só a meia dúzia, mas a centenas de pessoas cujos dilemas sobre relacionamento são semelhantes aos nossos. Pesquisas nessas áreas de vez em quando aparecem nas primeiras páginas dos jornais do país, mas a grande maioria dessas descobertas não chega ao conhecimento do público.

Quando comecei a escrever no jornal *Guardian* a coluna "Love by Numbers", que deu origem a este livro, em vez de me limitar a fornecer uma opinião, como fazem as colunas tradicionais de aconselhamento sentimental, queria tentar dar respostas quantitativas. Buscando as pesquisas sobre relacionamentos, fiquei surpresa ao ver como eram numerosas — e como algumas eram estranhas. Há pesquisas que avaliam se os homens vão trocar as esposas pelas amantes (em geral, não trocam), se casamentos abertos fazem as pessoas mais felizes (não fazem), e com que frequência são bem-sucedidas as tentativas de "roubar o parceiro de alguém" (em torno de 50% das vezes). Pesquisadores, quase sempre psicólogos sociais, se esconderam em moitas dos parques para ver se os casais sem filhos são mais afetuosos que os casais ocupados com crianças (são). Analisaram anuários de universidades para ver se as mulheres que sorriem nas fotos são mais felizes nos relacionamentos do que as que não sorriem (também são). E ainda existem os especialistas em relacionamentos como John M. Gottman, que observa casais em seu laboratório do amor e, apenas ouvindo durante alguns minutos como os cônjuges falam um com o outro e aplicando uma fórmula matemática, identifica exatamente quais deles têm mais probabilidade de se separar.

Algumas das conclusões dessas pesquisas parecem óbvias, mas a maioria delas é surpreendente. Talvez o que cause mais admiração seja o fato de pesquisas publicadas em revistas acadêmicas (como o *Journal of Personality and Social Psychology*, o *Journal of Marriage and Family* e o *Sex*

Roles), assim como as de grupos de pensadores, de relatórios governamentais e organismos estatísticos responderem às dúvidas sobre relacionamentos que todos temos no dia a dia. Ter filhos atrapalha a relação? Qual a melhor maneira de encontrar um companheiro? Os opostos se atraem? Essa história de alma gêmea é mesmo verdadeira?

Nem todas as pesquisas são iguais: os artigos variam em qualidade e algumas amostras são mais representativas que outras, já que os psicólogos têm o hábito de usar os alunos como cobaias e eles nem sempre são como o restante da população. Neste livro, as pesquisas são internacionais, mas muitas delas vêm dos Estados Unidos e da Grã-Bretanha porque muitos dos centros de pesquisa e periódicos estão localizados nesses países. Procurei incluir as provas mais úteis e descrever suas possíveis limitações. Às vezes, os resultados vêm de questionários e é difícil saber quem participou. Mesmo os melhores estudos têm limitações e suas descobertas só são capazes de nos fornecer um pouco mais de informação, e não uma resposta definitiva. No entanto, com frequência, saber o que aconteceu a outras pessoas pode trazer alguma luz sobre o que poderá acontecer a nós e o que podemos fazer naquela situação.

Muitas das cartas que recebi na coluna do jornal *Guardian* são sobre sexo, em geral enviadas por homens que afirmam não tê-lo em quantidade suficiente (o que nos leva a perguntar se é possível um homem ter sexo suficiente). Recebi uma carta de uma mulher afirmando que, depois do nascimento do filho, o marido passou a querer mais sexo para compensar o tempo perdido. "Eu só quero dormir", disse ela. "Não gosto da ideia de perguntar às outras mães da pracinha o que elas estão fazendo." É uma pena que ela não tenha feito isso, porque com certeza as outras estão fazendo o mesmo que ela: tendo menos atividade sexual do que costumavam ter. Se os homens nunca conseguem sexo suficiente, as mulheres nunca recebem ajuda suficiente com as crianças e o trabalho doméstico. Adivinhe o resultado: como veremos, as duas questões estão relacionadas.

Muitas vezes as pessoas perguntam se uma segunda tentativa de ter um relacionamento com alguém pode dar certo ou se é possível que alguém que as abandonou volte para elas. Eu me lembro de como costumava dizer às minhas amigas que talvez o ex mudasse de ideia. Agora digo a elas que isso é muito improvável, porque as pesquisas mostram que quem dá fim fisicamente a um relacionamento, em geral, o encerrou emocionalmente alguns meses antes. Algumas das cartas são tristes (por que as pessoas têm casos com os melhores amigos do parceiro?), mas a maioria delas mostra interesse e otimismo.

Não recebo muitas cartas de gays, o que é uma pena, já que a pesquisa nessa área está se solidificando. Parte dos estudos também se aplica a relacionamentos homossexuais, mas alguns mostram que esses relacionamentos são diferentes, costumam ser mais equilibrados e, por exemplo, é empregado mais humor nas discussões. No entanto, à medida que forem feitos mais estudos sobre os diferentes tipos de relacionamento, aprenderemos mais sobre as similaridades e diferenças. Meus correspondentes, gays ou heterossexuais, cada vez mais pedem fatos e números. Eu ficaria surpresa se os conselheiros sentimentais em geral fossem solicitados a apresentar as provas de suas respostas.

Uma análise das pesquisas me leva a pensar que nunca fui muito boa em questão de relacionamento. Existem diversos hábitos que são especialmente destrutivos para os casais e fui culpada de alguns deles. Agora, evito gritar: "Você não faz nada dentro de casa!" Em vez disso, procuro adotar uma abordagem mais gentil: "Seria uma grande ajuda se você pudesse passar aspirador na casa." E evito ressuscitar discussões que aconteceram há cinco anos quando debatemos alguma coisa não relacionada com elas. Relutantemente, abandonei o hábito desagradável de apelar para as ofensas. Procuro me lembrar de que meu parceiro também é uma pessoa com suas próprias esperanças e medos, por mais inconvenientes que sejam. Infelizmente, percebo, no fim das contas o relacionamento não diz respeito somente a mim.

Meu parceiro e eu sempre fomos muito bons em fazer piadas durante as discussões, o que, felizmente, as pesquisas dizem ser positivo. Às vezes ele diz: "Você só está fazendo isso porque leu que é bom em alguma pesquisa." "Bem", respondo, "isso é bom, não é?". Depois de ler este livro, talvez você queira escondê-lo para evitar essa acusação.

1
O homem ou a mulher ideal

CANTADAS
Nunca fui muito bom em dar cantadas nas mulheres. Um amigo me sugeriu algumas cantadas que dão certo para ele, mas que me parecem grosseiras. Ele é muito bonitão, portanto é provável que as mulheres não se importem com o que diz. Mas uma cantada pode dar certo? Nesse caso, quais são as que funcionam?

Existe uma ciência por trás das cantadas: elas funcionam quando favorecem o homem, fazendo-o parecer interessante, bem-humorado, atlético ou rico. De preferência, tudo isso junto. No entanto, existe o risco de que a cantada errada, mesmo que parta do sósia do Brad Pitt, vá ao encontro do ridículo. O tipo de ridículo que pode perseguir você para sempre. Porém, pelo lado positivo, posso dar algumas dicas, porque já se pesquisou quais são as melhores cantadas. As perguntas parecem funcionar melhor que as afirmativas. Em um estudo, pediu-se a cem indivíduos de idades entre 22 e 45 anos, que participaram de encontros-relâmpago de três minutos, que escolhessem as melhores frases de apresentação que ouviram. Os pesquisadores da University of Hertfordshire foram generosos e revelaram os resultados. Quais foram as cantadas vencedoras? "Qual é seu sabor de pizza favorito?" e "Se você fosse participar do programa Stars in Your Eyes,* quem você seria?". Essas perguntas permitiam ao interlocutor responder de forma bem-humorada, o que as piores cantadas ("Tenho um doutorado em computação" e "Meu melhor amigo é piloto de helicóptero") não conseguiam fazer.

Também foi realizada uma pesquisa mais detalhada sobre cantadas, baseada em histórias hipotéticas. Os psicólogos da University of Edinburgh pediram a 205 estudantes universitários que atribuíssem notas a cantadas de histórias fictícias. As mulheres preferiram aquela em que, em um bar da moda, um homem diz: "Sou um dos donos deste lugar, você quer dançar comigo?", mostrando dessa forma ser rico e saber dançar — duas qualidades altamente desejáveis em uma única frase. No entanto, o uso dessas histórias pode tornar o estudo tendencioso. Em uma delas, em que um homem defende uma mulher de dois agressores mais fortes que ele, seria de se esperar que qualquer cantada funcionasse, até mesmo "Tenho um doutorado em computação".

Os homens, essas gracinhas, gostam de usar cantadas de conotações sexuais como: "Sou que nem vitamina, faço bem pro seu corpo" ou "Você está com sede? Porque estou com água na boca", ou mesmo a menos poética: "Você tem um espelho na calcinha? Acho que estou me vendo dentro

---

* Programa de TV britânico em que participantes faziam imitações de artistas famosos. [N. da T.]

dela." As pesquisas nos dizem que essa é uma maneira sutil de descobrir se a mulher está a fim de transar. As mulheres declaram preferir as cantadas que revelem no homem o potencial para uma relação mais duradoura. Portanto, é atraente qualquer frase de apresentação que sugira riqueza (os estudos mostram que as mulheres ainda consideram a riqueza estranhamente atraente em um parceiro), uma natureza generosa e autoconfiança (de forma realista, não pergunte "Devo comprar uma ilha?"). Elogios gratuitos não parecem funcionar, embora cantadas como "Você sabe o telefone do departamento de turismo? Estou diante de uma extraordinária beleza natural" tenham um charme barato.

Seja qual for a cantada que você use, não deixe de sorrir ao dizê-la. O sorriso aumenta a chance de uma reação positiva e há quem forme uma opinião a seu respeito antes mesmo que você abra a boca.

ENCONTROS PELA INTERNET

A internet é uma boa maneira de conhecer alguém? Não tenho um relacionamento com ninguém desde que me separei de meu namorado há três anos. Não quero continuar sozinha e os encontros pela internet parecem mais aceitáveis do que eram antes. Qual a chance de sucesso? Tenho 35 anos.

A internet é uma das formas mais comuns para se conseguir um encontro. Uma pesquisa da Nielsen/NetRatings sobre formas de conhecer pessoas classifica a internet em terceiro lugar, depois de "por intermédio de amigos" e "em bares e boates". A pesquisa estima que três milhões e meio de pessoas por mês usam sites de encontros. Nada menos que 11% dos usuários da internet visitam um portal de encontros todo mês. E por que não? Você pode fazer isso em casa (para começar) durante 24 horas por dia (se tiver energia para tanto) com relativa segurança e anonimato (se tiver cuidado). Esse já não é mais um recurso apenas para os desesperados. Está na moda encontrar o amor verdadeiro on-line. Embora algumas pessoas se inscrevam para encontrar "amigos" e casos passageiros, uma pesquisa da página topdates.com descobriu que 6% dos usuários se casaram com seus parceiros virtuais. Um estudo da empresa Pew Internet dos Estados Unidos, envolvendo 3 mil adultos, descobriu que 15% deles conheciam alguém cujo relacionamento estável começou pela internet. O portal de encontros match.com afirma que 200 mil pessoas por mês encontram alguém por seu intermédio.

Um estudo mais acadêmico e robusto realizado pelo Dr. Jeff Gavin, da Bath University, envolvendo 229 frequentadores de páginas de encontros mostrou que o relacionamento mais importante dos pesquisados durou em média sete meses. Um quarto dos relacionamentos duraram um ano. O Dr. Gavin afirma que as taxas de sucesso são semelhantes às dos métodos não virtuais, mas que a oportunidade de permanecer anônimo por algum tempo é uma vantagem. As pessoas sentem que é mais fácil expressar as emoções pela internet, o que pode acelerar a intimidade. No entanto, também se pode mentir com mais facilidade. As pessoas mentem na vida real tanto quanto na virtual, mas distorcer a verdade on-line é mais fácil, porque o que se diz parece menos real. Estudos mostram que as pessoas costumam mentir sobre o peso, a idade e, claro, o estado civil. Alguns mentem mais espetacularmente: Karen Carlton, uma divorciada de Fife, viveu durante dois anos como um ex-fuzileiro dos Estados Unidos que conheceu na rede, antes de descobrir que ele, na verdade, era um escritor de histórias fantásticas da cidade de Leicester.

Se você tiver expectativas razoáveis, os encontros virtuais são uma boa maneira de começar a procurar parceiros. Tal como na vida real, é preciso tomar algumas precauções sensatas: não revele muito sobre si mesma, marque os encontros num local público (um almoço é uma boa opção, porque você pode escapar mais cedo, se for necessário), prefira os perfis com fotos. Cuidado para não perder tempo com homens que nos sites só "piscam" para você, e também com os que se denominam "Top Gun" ou que na primeira semana mandam declarações como: "Sem você, minha vida não tinha sentido, penso em você em todos os minutos do dia", pois isso não é normal. Aumente suas chances de sucesso cadastrando uma foto e um perfil verdadeiros. As agências de encontros pela internet aconselham que nas fotos você pareça amigável, em vez de sedutora ou temperamental, já que ser acessível aumenta o índice de sucesso. Acima de tudo, use um dicionário quando escrever seu perfil. Aparentemente, os livros de português são a maior garantia de sucesso para os perfis.

ENCONTROS-RELÂMPAGO

Tenho 26 anos e me separei de minha namorada há oito meses. Desde então, estou solteiro. Pensei em participar de um evento de encontros-relâmpago, mas tenho medo de que ninguém queira voltar a me ver. Posso fazer alguma coisa para aumentar minhas chances de sucesso?

Uma das vantagens dos encontros-relâmpago é a garantia de que não vai haver rejeição instantânea. Nenhuma mulher vai dispensar você de cara. Em geral, você só saberá se foi selecionado, ou seja, se alguém que você quer rever também quer revê-lo, alguns dias depois do evento. No evento, é possível que você consiga pelo menos um encontro. Desde 1998, em Los Angeles, quando o rabino Yaacov Deyo inventou o evento de encontros-relâmpago para ajudar os judeus solteiros a se conhecerem, esse tipo de evento foi estudado muitas vezes. A maioria dos frequentadores não se conhecia previamente. Portanto, esses encontros são aleatórios, embora ocorram entre pessoas que escolheram participar do evento. Ao descobrir como os participantes selecionam uns aos outros, os pesquisadores podem identificar o que torna as pessoas mutuamente atraentes. Pelo menos em eventos desse tipo. Como você verá, não é tão diferente da vida real, só é mais superficial.

Não há nada de surpreendente no processo: para se sair bem, você precisa ser alto, jovem, magro e bonito. Um estudo recente da Essex University envolvendo 3.600 homens e mulheres que participam de encontros-relâmpago descobriu que cada 2,5 cm de altura que um homem tenha a mais que os outros aumentam em 5% suas chances de ser escolhido. Em estudos sobre o que as pessoas procuram em parceiros para relacionamentos duradouros, elas costumam responder: "Bondade, inteligência e uma personalidade atraente." Pois bem, quem vai a encontros-relâmpago deixa em casa parte dessas bobagens sentimentais. Como o tempo de cada conversa está limitado a três ou quatro minutos, aplicam-se as leis de mercado. Escolaridade e renda têm pouca influência, embora outros estudos mostrem que pessoas magras e altas costumam ganhar mais dinheiro. Mais ou menos dois terços dos participantes dos estudos têm terceiro grau, e a média nacional é 20%. Uma pesquisa da revista Evolution and Human Behavior que analisou mais de 10.500 participantes dos encontros da empresa HurryDate, nos Estados Unidos, também descobriu que pessoas dos dois gêneros estão mais interessadas na aparência física; poucos foram escolhidos com base na renda, personalidade ou riqueza.

Saiba que as mulheres são mais seletivas que os homens. Elas selecionaram dois ou três homens por sessão e foram selecionadas por 45% dos participantes que escolheram. Um terço dos homens e somente 11% das mulheres não conseguiram encontros. Muitos não escolhem ninguém. Por outro lado, aqueles que se consideram menos desejáveis podem selecionar mais pessoas para aumentar as chances de conseguir um encontro.

Não está muito claro até que ponto um encontro-relâmpago é capaz de gerar relacionamentos duradouros porque isso ainda não foi estudado, mas uma pesquisa da Northwestern

University, nos Estados Unidos, publicada na revista *Personal Relationships*, mostrou que 163 estudantes universitários que participaram desses eventos tiveram quinhentos encontros depois. Isso não chega a ser um acompanhamento de longo prazo, mas mostra entusiasmo.

Como em todos os mercados, seu sucesso depende da concorrência. Contudo, calce sapatos de solado grosso, encolha a barriga, pareça jovem, mostre uma expressão agradável e amigável que você atrairá muito interesse. Sua personalidade só será importante nos encontros posteriores que, com sorte, você conseguirá.

A HORA CERTA DO ROMANCE

Sou um homem solteiro de quarenta e poucos anos e recentemente me cadastrei em um site de encontros. Depois de um início fraco, soube por uma amiga que as mulheres não estão interessadas em começar relacionamentos novos no inverno e que a primavera é o melhor momento para isso. É verdade? Os relacionamentos têm mais probabilidade de começar em épocas diferentes do ano? Devo esperar que a estação mude?

A primavera parece uma estação de tanta esperança, não é mesmo? Tão cheia de promessas! No entanto, por estranho que pareça, ela não se mostra uma época de pico de atividade nas páginas de encontros. De acordo com Mary Balfour, diretora da agência de encontros Drawing Down the Moon, os períodos de maior procura por essas agências são janeiro, fevereiro (depois de um dia dos namorados solitário)* e a segunda semana de setembro. Balfour também trabalha na loveandfriends.com (com 135 mil membros) e acredita que esses picos refletem a necessidade que as pessoas têm de reavaliar sua situação de relacionamento logo depois do Natal (não tiveram a quem beijar após a troca de presentes) e no final do verão (depois de malsucedidos romances de férias). A match.com (com 20 milhões de participantes em todo o mundo) afirma que o dia de maior movimento em todos os tempos foi 6 de janeiro de 2008, o que refletiria o impacto das resoluções de Ano-Novo no sentido de encontrar um companheiro.

Segundo Balfour, a ideia de que a primavera seja o melhor mês para conseguir um romance avassalador on-line é "uma besteira". Se você teve início fraco nos encontros pela internet, deve culpar seu perfil ou sua fotografia, e não a estação do ano. As fotografias são essenciais — você tem 12 vezes mais chance de ser escolhido se for possível ver qual é sua aparência. Tente parecer amigável, em vez de lindo e introspectivo. Já que estamos falando no assunto, seu perfil deve ter um tom de flerte (sem ser grosseiro) e de bom humor. Se você atualizar seu perfil, ele subirá na hierarquia do motor de busca, portanto mais pessoas poderão encontrá-lo. Aparentemente, existe uma escassez de homens solteiros na faixa dos quarenta anos, portanto, em vez de esperar que

---

* Nos meses de janeiro e fevereiro é inverno no hemisfério Norte. E o dia dos namorados é comemorado em 14 de fevereiro nos Estados Unidos, juntamente com o dia de São Valentim. (*N. do E.*)

os carneirinhos comecem a brincar nos campos e os narcisos floresçam, procure parecer pelo menos um pouco apresentável e normal.

O fato de não precisar esperar pela primavera também é respaldado, embora sem muita convicção, por uma pesquisa realizada com mil pessoas nos Estados Unidos pelo Scripps Howard News Service. Foi descoberto que mais da metade dos pesquisadores não achavam a primavera mais romântica do que outras estações, embora os homens tenham se mostrado um pouco mais emotivos nesse sentido. E existe a teoria de que dezembro, contando com a magia do Natal, é o mês mais romântico. Isso é confirmado pelo fato de que esse mês costuma ter os índices mais altos de concepção, embora esse fenômeno admita explicações menos românticas, envolvendo bebidas alcoólicas e sexo sem proteção.

Entre os antropólogos sociais existe o sentimento de que o outono deve ser a melhor época do ano para tentar encontrar um par, porque o retorno à vida normal depois das férias de verão, e também as noites mais longas, despertam em nós o desejo de ter um relacionamento estável. Alguém com quem cozinhar e se aninhar embaixo do edredom. Alguém com quem dividir o ninho.

Mas nós não sabemos qual é a estação mais propícia ao sucesso romântico — só temos informação sobre fatos ocorridos. Portanto, se você quiser um relacionamento, não deve esperar por um momento ideal que não existe. A realidade é que os relógios não têm nada a ver com isso. Seja a hora do meridiano de Greenwich ou não, o que interessa é se o momento é certo para os dois envolvidos.

ESCRITO NAS ESTRELAS?

Sou um homem de 28 anos e pela primeira vez em cinco anos tenho um relacionamento maravilhoso com uma mulher adorável. O único problema é que ela acredita em astrologia e lê o horóscopo diariamente. Ela está encantada porque nossos signos são compatíveis, mas eu me pergunto se estaria tão interessada se eles não fossem. Há alguma prova de que o signo determine por quem você vai sentir atração?

A resposta curta é: não e não seja idiota. No entanto, graças ao fato de que o horóscopo é irritante a ponto de instigar os pesquisadores a tentar desacreditá-lo, posso dar também uma resposta longa. O que é bom, porque muitas pessoas acreditam nisso. Uma pesquisa publicada em 2004 no jornal *Guardian*, envolvendo 3 mil jovens de 18 a 24 anos, mostrou que dois terços deles acreditavam em horóscopo, ao passo que um terço acreditava na Bíblia. Outra, feita com 1.122 estudantes de arte e 383 estudantes de ciências da York University, em Toronto, descobriu que 92% deles sabiam qual era o próprio signo solar (Em que planeta vivem os outros? Minha filha de 7 anos sabe que é leonina). Um quarto dos estudantes de arte e 20% dos estudantes de ciências tinham tomado alguma decisão consciente com base no horóscopo, no ano anterior. Como as previsões astrológicas são vagas (por exemplo, "Tenha cuidado com o que deseja, ser rico nem sempre traz felicidade"), a gente se pergunta que decisão eles podem ter tomado. O estatístico francês Michel

Gauquelin enviou a 150 pessoas as características astrológicas de um dos piores homicidas da história da França e perguntou aos que receberam se aquela descrição se aplicava a eles. Noventa e quatro por cento se reconheceram na descrição.

Evidentemente, é desagradável pensar que você foi escolhido por seu signo, mas como outros 500 milhões de pessoas são do mesmo signo, você ainda tem algum mérito pessoal. Se alguém realmente acredita que por ser de Peixes vai se dar melhor com Escorpião, então essa pessoa deve procurar pelo menos ser mais receptiva aos nativos desse signo solar. No entanto, qualquer atividade nesse sentido é marginal. Um estudo do Dr. David Voas, da University of Manchester, com base nos dados do Censo de 2001, analisou a data de nascimento de 20 milhões de maridos e esposas. O estudo não encontrou qualquer prova de que os signos astrológicos exerçam impacto na probabilidade de alguém se casar com um nativo de determinado signo. O Dr. Voas calculou que, se houvesse pelo menos uma pequena influência, se um em mil pesquisados fosse influenciado pelas estrelas, veríamos 10 mil casais a mais com certas combinações de signos. Mas isso não ocorreu. Os astrólogos criticaram esse estudo por não ter usado o mapa astrológico completo, com data e hora de nascimento. Porém, como disse Voas, foi usado o mesmo critério das colunas de astrologia. Talvez o mais interessante seja o fato de o pesquisador ter encontrado uma distribuição aleatória de combinações de datas de nascimento, mostrando que mesmo quem crê na astrologia não foi influenciado por isso ao escolher seu cônjuge. Se o fato de sua namorada acreditar em horóscopo é seu único problema, então as coisas vão muito bem e você pode ficar tranquilo sabendo que, não importa o que ela pense, não é pelo signo solar que vocês são compatíveis. Minha única preocupação é com outras possíveis crenças de sua namorada. Confira o que ela pensa sobre dragões e discos voadores.

ORDEM DE NASCIMENTO

Sou a filha mais velha e meu namorado é o filho mais novo em sua família. Ouvi dizer que a ordem em que nascemos influencia a personalidade, a escolha de parceiro e até mesmo se alguém vai ser gay. Isso tem algum fundamento?

A ordem de nascimento tem alguma importância, mas a questão é até que ponto. Os pais tratam os filhos mais velhos de forma diferente dos mais novos — os últimos recebem um tratamento mais leniente. O Dr. Kevin Leman, um psicólogo com interesse na pesquisa da ordem de nascimento, afirma que os primogênitos são líderes naturais, assumem responsabilidades, têm mais probabilidade de ter um número menor de parceiros sexuais e se empenham totalmente em fazer o relacionamento dar certo. Uma estatística muito citada mostra que a maioria dos presidentes dos EUA eram primogênitos. Diz-se que os filhos mais velhos têm mais probabilidade de casar com a namorada de infância. No entanto, esse convencionalismo os torna menos espontâneos (ou seja, sem imaginação na cama), porém mais decididos a fazer o relacionamento durar. Entretanto, a boa notícia para você é que a melhor escolha para um primogênito é alguém que seja o filho mais jovem, porque eles são divertidos (conseguem passar a noite fora porque os pais estão cansados demais para discutir) e afetuosos (os mais novos ganham mais carinhos), além de apreciarem as qualidades maternais que os primogênitos costumam ter. Os filhos mais novos podem ser preguiçosos, pois alguém fez tudo para eles. Por outro lado, os mais velhos são controladores, logo, quando dois primogênitos se unem, ocorre um impasse. Os filhos do meio se esforçam para fazer os relacionamentos funcionarem — como nunca receberam tratamento especial, tendem a conciliar e trabalhar duro. Os gêmeos são parceiros compreensivos porque sempre tiveram que pensar em mais alguém. Os filhos únicos são muito confiáveis e aprobativos.

No entanto, por mais que reconheçamos alguns desses traços de personalidade, também somos capazes de pensar em tantas exceções quantos são os exemplos dessas regras e as pesquisas não confirmam algumas dessas características. A Florida Atlantic University pesquisou 438 homens e mulheres e publicou na revista *Personality and Individual Differences* que os primogênitos tiveram mais parceiros sexuais do que os filhos mais novos. Apoiando a teoria sobre o engajamento dos primogênitos, esses queriam ter filhos mais cedo que os nascidos depois deles. Mas não houve diferença quanto à idade em que os filhos mais velhos e mais novos assumiram compromisso com um relacionamento duradouro.

Muito se pesquisou sobre a ordem do nascimento e a preferência sexual. Um estudo da University of Toronto envolvendo 87 mil homens e 71 mil mulheres, realizado por meio de um questionário virtual da BBC, descobriu que ter irmãos mais velhos aumenta a probabilidade de um homem ser homossexual, mas somente no caso dos homens que não são destros (portanto, são canhotos ou ambidestros). Segundo os resultados, cada irmão mais velho aumenta em 15% a probabilidade de o homem ser homossexual. A ordem de nascimento não teve qualquer efeito sobre a sexualidade feminina.

Por mais forte ou fraco que seja o efeito da ordem de nascimento nos relacionamentos, não se pode fazer muita coisa a esse respeito. Na verdade, não se pode fazer nada. E usar a pergunta "Você é o filho mais velho ou mais novo?" como tópico de conversação é tão ruim quanto perguntar qual é o signo de seu interlocutor.

PROCURA-SE: HOMENS BONITOS

Há algum tempo venho buscando um relacionamento, mas não encontro muitos homens que ache suficientemente atraentes e a aparência é importante para mim. Vejo muito mais mulheres bonitas do que homens bonitos. Não é que eu ache minhas conhecidas atraentes porque conheço suas personalidades. A personalidade do homem é importante para mim, mas quando se trata de encontrar parceiros bonitos, os homens têm mais opções que as mulheres?

Correndo o risco de cair em um estereótipo de gênero, as mulheres talvez se esforcem mais quando vão sair e portanto pareçam mais bonitas. No entanto, os psicólogos evolucionistas — aqueles que se dedicam a entender como a evolução nos transformou no que somos — acreditam que haja provas de realmente haver no mundo mais mulheres bonitas do que homens. Essa teoria está de acordo com a hipótese Trivers-Willard, tão apreciada por esse ramo da psicologia, segundo a qual os pais que possuem alguma característica hereditária boa para determinado sexo gerarão mais filhos daquele sexo. Robert Trivers, um biólogo evolucionista norte-americano, e Dan Willard, um matemático, postularam que pais altos e fortes teriam mais filhos homens porque os caçadores-coletores tinham mais chance contra os búfalos selvagens se fossem maiores. Como não precisam passar pelo resguardo da gravidez, esses filhos homens também irão gerar mais filhos, espalhando os genes desejáveis. Mulheres jovens, não muito altas, com traços faciais simétricos e peso normal (as mulheres sempre se enganam pensando que os homens querem namoradas tamanho 34) têm mais chance de ter filhas, porque esses fatores estão associados com a fertilidade e essa é a maior qualidade de uma mulher, do ponto de vista da evolução. Para resumir, os homens procuram para parceiras permanentes mulheres de aparência acima da média e com outras características médias. As mulheres (e só estou citando os resultados de pesquisas) procuram beleza nos parceiros de curto prazo e dinheiro, além de capacidade de comunicação e senso de humor, nos parceiros permanentes.

Na pesquisa "Longitudinal Study of Adolescent Health", de Satoshi Kanazawa, da London School of Economics, envolvendo 3 mil norte-americanos, a boa aparência dos pais foi pontuada numa escala de cinco pontos (existem provas de que há um consenso sobre o que constitui uma boa aparência). Foi descoberto que os pais considerados "muito atraentes" tinham 26% menos de probabilidade de ter um filho, considerando-se ainda outros fatores como escolaridade e número de parceiros sexuais. Naturalmente, o que isso significa é que as pessoas bonitas têm mais filhas do que filhos, logo, as mulheres tenderão a ser mais bonitas, enquanto os homens... Bem, os homens não. Apesar disso, os homens podem achar que são bonitos. Nesse estudo, 28% dos pesquisados se consideraram "muito atraentes", enquanto somente 11% foram qualificados dessa forma pelo pesquisador.

Esse estudo foi criticado por razões estatísticas, sendo considerado mais especulativo do que científico, e muitas pessoas torcem o nariz para a psicologia evolucionista. Mas sinta-se livre para considerá-lo uma prova de que você está certa. Contudo, a aparência é apenas uma parte do que torna alguém atraente. Existem muitos outros estudos psicológicos que respaldam uma visão mais evoluída de que, se gostarmos da personalidade de alguém, consideraremos sua aparência melhor. Portanto, você também pode tentar fazer isso e ver se dá certo.

MEDO DE REJEIÇÃO

Tenho 26 anos e estou pronta para entrar em um relacionamento sério e gratificante com um homem. Sou passional e não consigo me conter quando me apaixono por alguém. Recente-

mente conheci um homem que me impressionou tanto que se nosso relacionamento fracassar nos próximos tempos, creio que precisarei de alguns meses para me recuperar. Isso me deixa em dúvida sobre minha real capacidade de ter um relacionamento.

É normal ter um pouco de medo de se ferir em um relacionamento, mas não é normal ficar tão aterrorizada a ponto de não correr qualquer risco. A rejeição é uma experiência quase universal e a maioria se recupera (alguns meses não é muito tempo) acreditando que conseguirá melhores resultados com outro parceiro. Se você for sensível demais à rejeição, levará um rompimento para um nível muito pessoal. Se esse homem a abandonar, você partirá do princípio de que qualquer um com quem se envolva fará o mesmo. E não vamos parar por aí: talvez ninguém goste de você. Você acabará partindo da premissa de que conhecê-la resulta imediatamente em não gostar de você, o que passa a ser uma profecia autorrealizável. Em vez disso, você precisa acreditar, como a maioria, que da próxima vez vai ser diferente.

Os psicólogos dizem que nossa capacidade de lidar com a rejeição tem por base a maneira como aprendemos a nos associar com os outros, principalmente na infância. Se você tem um estilo de apego amedrontado, ficará excessivamente ansiosa, achando que a proximidade leva à rejeição. Isso não é bom para sua saúde mental. Um estudo da professora Toni Bifulco, da University of London, avaliou 222 mulheres identificadas por seus médicos como tendo alto risco de depressão. Bifulco pediu-lhes para preencher um questionário sobre estilo de apego baseado em uma escala global. A professora descobriu que aquelas com o estilo de apego amedrontado tinham quase três vezes mais probabilidade de se tornarem deprimidas nos próximos 12 meses, em comparação com aquelas com estilo de apego seguro. Portanto, você precisa encontrar formas de parar de se sentir assim, já que isso é destrutivo.

Outros estudos mostram que, se for sensível à rejeição, você prejudicará seus relacionamentos vendo rejeição onde não existe e deixando seu parceiro alucinado ao reagir de forma intempestiva a supostas ofensas. Aqueles que temem ser rejeitados tendem a ser mais infelizes nos relacionamentos porque esperam que eles acabem. Esses indivíduos são ansiosos, ciumentos e controladores — formas garantidas de acabar com um relacionamento. Você pode procurar ajuda profissional (por exemplo, a terapia cognitiva comportamental pode ajudá-la a pensar de forma mais positiva sobre si mesma e sobre seus relacionamentos) ou começar por consultar os amigos em quem confia, comparando sua visão da realidade com a opinião deles. A partir daí, você pode calibrar seu medidor de sensibilidade. Como você ainda não conhece muito bem esse homem, por que não calibrar também seu medidor de paixão? Não dá para estar louca por alguém que você ainda não conhece. Portanto, visando à autopreservação, avance com mais cautela.

UM CARA LEGAL, MAS...

Não tenho muito sucesso com as mulheres, embora tenha muitas amigas. As mulheres com quem quero sair parecem preferir os homens que as tratam mal. Minhas amigas dizem que eu sou excessivamente bonzinho. As mulheres não gostam de homens legais?

O que é um cara legal? Em diversos estudos, as mulheres definiram homens legais tanto como bondosos, cheios de consideração e leais, quanto como passivos, sexualmente inexperientes e chatos. Mulheres também usam eufemisticamente a expressão "muito bonzinho" para rejeitar os homens que elas acham sem graça demais. Elas querem namorar homens gentis quando gentileza significa algo positivo e não apenas fraqueza, mas os estudos que mostram isso não são muito informativos. Eles têm por base questionários aplicados a homens com quem as mulheres afirmam que gostariam de sair e não aqueles com quem elas de fato saem. E situações hipotéticas nem sempre se aproximam das reações da vida real.

Por exemplo, um estudo publicado na revista *Sex Roles* apresentou três situações hipotéticas a 48 estudantes universitárias de uma faculdade de artes liberais dos Estados Unidos. A idade média das pesquisadas era 20 anos — outra limitação. As mulheres recebiam respostas fictícias de homens hipotéticos para a pergunta: "Qual é sua definição de um homem de verdade?" O homem mais gentil afirmou que o homem de verdade procurava conhecer os próprios sentimentos e os sentimentos da parceira, era bondoso e, na cama, priorizava o prazer da companheira. O medianamente gentil disse que era bom para a mulher amada. E o terceiro declarou que não ligava para essas coisas sentimentais. Adivinhe quem ganhou? O homem mais gentil foi escolhido não somente como melhor namorado, mas como marido ideal e amor platônico. Quando o estudo usou fotos de homens com diferentes graus de atração associadas a essas respostas, aquele que além de bonito era o mais gentil recebeu a pontuação máxima.

Mas os homens bonzinhos podem ter menos sucesso na vida real porque não correm atrás das mulheres, não tentam convencê-las a sair com eles e nunca se impõem pela força. Muitas pessoas exageram a verdade, chegando quase a mentir, para conseguir um encontro. Um cara legal prejudica suas chances porque nem sonha em trapacear dessa forma. O ditado sobre tratar alguém mal para manter (ou ganhar) o interesse da pessoa não é opção para um cara gentil, portanto, nem pense nisso, porque você não será capaz de fazê-lo.

Simplesmente ser legal não é suficiente. As mulheres querem alguém com boa aparência, que seja interessante, divertido e apaixonado. A quantidade de afabilidade desejada depende da posição a ser ocupada — é vital para um parceiro permanente, mas não é essencial para um casinho qualquer. Os estudos mostram que as mulheres preferem homens arriscados e pouco confiáveis para relacionamentos curtos. Mas ser legal é um grande atributo e com o tempo você conseguirá uma namorada. Procure trabalhar algumas das outras qualidades que as mulheres procuram, como ser interessante, bom ouvinte e ter a melhor aparência possível que você conseguirá namorada ainda mais depressa.

LOURA OU MORENA?
Minha amiga é loura. Embora nós duas sejamos muito atraentes, ela consegue muito mais atenção masculina do que eu quando saímos juntas. É verdade que os homens preferem as louras?

As provas de que os homens preferem as louras não são assim tão confiáveis, pois vêm da psicologia evolucionista (que muitas vezes é desprezada pelos cientistas) e de pesquisas da City University, as quais, embora corretas, foram patrocinadas pela Sunsilk, fabricante de produtos para cabelos. Você pode tentar ver um filme clássico, o musical *Os homens preferem as louras* (originalmente um romance), estrelado por Jane Russell, como a morena, e Marilyn Monroe, como a loura, e tirar suas próprias conclusões. E lembre-se da Barbie: ela é morena? Acho que não.

Podemos começar por um estudo da City University em que se pediu a 468 homens que descrevessem a mesma modelo, que usava cabelos louros, escuros e ruivos, produzidos digitalmente. As mulheres louras foram descritas como menos inteligentes, porém mais acessíveis. Um total de 53% dos pesquisados achavam que a maioria considera as louras mais atraentes, mas declararam não ter qualquer preferência. Entre os que declararam ter preferência, a escolha era por mulheres com cabelos da mesma cor que os seus, ou seja, os homens louros preferem mulheres de cabelos claros. Esse estudo pode ser tendencioso, porque os homens talvez pensem que parecerão superficiais se escolherem a loura. Mas será que eles têm essa preocupação? A University of Coventry pediu a 120 pessoas que atribuíssem notas a uma modelo em características como inteligência e popularidade. Quando usava uma peruca platinada, a modelo recebeu a menor pontuação em inteligência, mas alcançou a mais alta pontuação em popularidade.

Os estudos mostram diferenças culturais quanto à forma ideal de corpo, mas nos países fora do ocidente não consegui encontrar nenhuma pesquisa que analisasse especificamente a questão da cor do cabelo. Um deles, publicado no periódico escandinavo *Journal of Psychology*, envolvendo 131 homens e 100 mulheres, pediu aos participantes que atribuíssem notas a pessoas com diferentes tons de pele e cabelo. As morenas e os indivíduos de pele clara alcançaram as pontuações mais altas.

Há quem afirme que o homem da Era Glacial preferia as louras. Um artigo evolucionista do antropólogo canadense Peter Frost, publicado na revista *Evolution and Human Behavior*, defende a tese de que na Europa do Norte, há 11 mil anos, havia carência de homens em consequência de mortes durante a caça. Na disputa por parceiros, as mulheres louras levavam vantagem porque eram menos numerosas e seu cabelo brilhava na luz do sol, portanto eram preferidas pelos homens. Frost também cita estudos segundo os quais o cabelo louro demora mais a escurecer com a idade, sendo portanto associado a juventude e fertilidade, outra razão pela qual as louras são atraentes. Portanto, na Europa do Norte surgiram diversas tonalidades de cabelo e de olhos em um período relativamente curto (as condições foram diferentes em outros continentes). Frost elabora a questão em 12 páginas, atribuindo a responsabilidade pela variação das cores de cabelo na Europa ao gene MC1R (que não pode ser produzido pela indústria cosmética).

Portanto, talvez no passado as louras tenham levado vantagem, mas a maré está virando. Pior do que isso: a mídia publicou matérias divulgando uma declaração da Organização Mundial de Saúde segundo a qual as louras naturais estão desaparecendo porque o gene MC1R é fraco, recessivo, e os homens acham as louras artificiais mais atraentes que o artigo genuíno. Existiria uma previsão de que a última loura vá nascer na Finlândia em 2202. No entanto, se você for uma morena ressentida (e não estou afirmando que seja) isso não vai adiantar nada. A notícia era um trote. A OMS chegou a publicar o que deve ter sido seu comunicado mais estranho: "A OMS... gostaria de enfatizar que não tem qualquer opinião sobre a futura existência de louras."

VISÃO TURVA

Não sinto muita atração por homens de óculos. Não tenho problemas de visão e gostaria que meus filhos herdassem essa característica. Fico triste quando saio com um homem e percebo que ele está usando lentes de contato. Entendo que estou prejudicando as chances de encontrar minha alma gêmea, porque rejeito um número cada vez maior de homens na faixa dos 30 anos que usam óculos. Quais são as chances de meus filhos terem visão normal se meu parceiro não tiver?

Não é possível fornecer uma probabilidade exata, porque os geneticistas acham que tanto a miopia quanto a hipermetropia são causadas por uma combinação de genes problemáticos e fatores ambientais. Um estudo do St. Thomas' Hospital, em Londres, que analisou o DNA de 221 pares de gêmeos idênticos e fraternos descobriu que os míopes têm problemas no gene PAX6, que controla o desenvolvimento dos olhos. Pesquisas anteriores estimaram que os fatores hereditários respondem por 89% do risco de miopia e o meio ambiente responde por 11%. Mas isso não nos diz quais são as probabilidades pessoais específicas de seus filhos. Quando minha mãe dizia: "Não fique tão perto da TV, isso vai prejudicar seus olhos", eu não acreditava e achava que ela estava apenas tentando prejudicar minha vida. No entanto, o fato é que o risco de miopia numa criança aumenta se ela ficar muito perto da TV, jogar videogame e até mesmo ler em excesso, embora não exista uma definição do que é excesso. De acordo com dados da Organização Mundial de Saúde, no Reino Unido uma em quatro pessoas sofre de miopia. Não se apaixone por um nativo de Cingapura, já que 80% dos homens jovens daquele país são míopes.

Entretanto, ter filhos que precisam de óculos é a menor de suas preocupações, porque podem acontecer coisas muito piores do que precisar de correção visual. Se em sua busca por parceiros sua lista de pré-requisitos só tem as opções "alma gêmea", "boa aparência", "bom de cama" e "engraçado", sua ambição é muito limitada. Por que não incluir "sem histórico familiar de doenças cardíacas, depressão, alcoolismo ou diabetes"? Tudo isso representa um risco muito maior para a saúde de seus filhos ao longo da vida. Enquanto pensa na questão, peça a seu próximo namorado para elaborar uma árvore genealógica, para ter certeza de que ninguém morreu cedo por causa de algum problema genético raro. As famílias às vezes esquecem esses detalhes. E por que parar por aí? Que fim levou o hábito de selecionar namorados pela capacidade de ganho e pela probabilidade de herdar dinheiro? Você não vai querer que seus filhos sofram de alguma doença decorrente da pobreza.

Todos nós somos biologicamente condicionados a procurar os melhores genes para nossos filhos. Os antropólogos citam mulheres magras de cabelos brilhantes como mais desejáveis porque sua aparência grita: "Tenho bons genes e posso gerar filhos perfeitamente saudáveis." Você deve saber que não existem garantias da saúde para qualquer um de seus filhos, nem de que eles crescerão livres de doenças ou dificuldades. Talvez seu desejo de garantir o máximo antecipadamente reflita alguma ansiedade interior com relação à maternidade. Se você não acha homens com óculos ou lentes de contato atraentes, está certo. Mas se rejeitar um cara de quem gosta porque ele tem problemas visuais, quem é míope é você.

EGOS INFLADOS

Sinto atração por homens convencionalmente bonitos que têm egos enormes e tenho medo de nunca encontrar alguém com quem possa ter um relacionamento sólido. Os homens por quem me interesso saem correndo quando percebem que eu gostaria de ter um relacionamento duradouro com eles. Será que os homens com egos grandes conseguem amar alguém além de si mesmos?

A maioria das mulheres sente atração por homens bonitos — nenhum mistério até então. O problema é o ego tamanho família. Embora uma boa percepção de si mesmo seja vantajosa, qualquer coisa que beire o narcisismo não propicia um relacionamento sólido. As pesquisas mostram que quem ama demais a si mesmo, por mais fascinante que seja e por mais interessado que pareça no início, em geral acha que no próximo bar encontrará alguém ainda melhor para sua imagem. Os homens que você descreve (e também há mulheres assim) não mudam de comportamento quando envolvidos em um relacionamento, porque não veem nenhuma vantagem nisso. Eles certamente não querem intimidade. Eca!

Pesquisadores da University of Georgia realizaram um estudo para ver se pessoas narcisistas alguma vez pensaram que seus parceiros estavam menos interessados do que eles no relacionamento. Entrevistaram 154 estudantes do sexo feminino que estavam envolvidas em um relacionamento, pedindo-lhes para listar razões pelas quais seus parceiros poderiam estar mais ou menos comprometidos com elas.

As que alcançaram mais pontos na escala de narcisismo tinham duas vezes mais dificuldade para imaginar motivos pelos quais o parceiro poderia estar infeliz, em comparação com motivos pelos quais ele poderia estar satisfeito. Elas se sentiam muito bem no relacionamento, por mais infeliz que o parceiro estivesse. Mas isso acontece principalmente porque elas não conseguem imaginar como alguém poderia estar menos do que encantado por elas.

Esse tipo de pessoa pode mudar? Talvez somente em filmes de Hollywood: ao levar um tiro ou sofrer uma hemorragia cerebral, quando estão lutando pela vida, percebem que foram egoístas e estúpidos e se transformam em companheiros dedicados. Mas eu não contaria com isso.

Você não é capacho, para gostar de homens egocêntricos. Esses homens são populares. São atraentes porque acreditam imensamente em si mesmos e têm personalidades sociáveis. Porém, não querem um relacionamento de fato, preferem um caso rápido. Eles talvez nem compreendam quanta dor provocam, estando tão envolvidos consigo mesmos. Embora não seja culpa sua achar esse tipo atraente, você pode usar o freio. Cuide de permitir que o relacionamento cresça em seu próprio ritmo, partindo da atração inicial, passando pelo "isso é absolutamente fascinante", e chegando à realidade de ser um casal. Um compromisso não é uma coisa que uma pessoa normal assuma depois de apenas alguns encontros. Os pesquisadores da University of Denver criaram uma escala para medir o grau de compromisso, dividindo-o em: dedicação (quero fazer este relacionamento funcionar para nós dois), limitação (por que procurar outra pessoa se tenho você?) e satisfação. Descobriram que os casais podem estar profundamente comprometidos, porém não muito satisfeitos com o relacionamento. Portanto, mesmo que haja um compromisso, ainda é preciso se esforçar pela felicidade mútua.

É provável que você encontre o homem certo para um relacionamento duradouro e saberá quando isso acontecer porque ele se comportará como quem está comprometido. Portanto, seja mais seletiva. Procure um homem normal — a maioria deles é realmente capaz de amar alguém além de si mesmo.

VISLUMBRE FREUDIANO

Em mais de uma ocasião, li que os homens tendem a escolher parceiras que se pareçam com as mães deles. E se eu não me parecer nem um pouco com a mãe dele? O relacionamento vai durar?

Você tem certeza de que não se parece com a mãe de seu parceiro? Essa ideia de que ele queira namorar a própria mãe é edipiana, mas também é muito comovente pensar que ele possa querer uma mulher um pouco parecida com a mãe dele. Os pesquisadores afirmam que homens e mulheres são suscetíveis a marcas sexuais, definidas como preferência sexual que temos por indivíduos que se parecem com nosso genitor do sexo oposto. Segundo essa hipótese, quando bebês, ao olharmos para o rosto de alguém, adquirimos um modelo que condicionará nossa escolha de um futuro companheiro. Mas esse modelo é seletivo em termos de gênero. Um homem não quer uma amante que se pareça com seu pai.

O princípio segundo o qual os homens devem olhar para a mãe da parceira para saber como estas serão quando envelhecerem parece estar superado. Os homens devem olhar para as próprias mães. Isso foi demonstrado por uma pesquisa realizada em 2002 por Tamás Bereczkei, um psicólogo húngaro que comparou mais de trezentas fotografias de rostos de membros de grupos familiares com os rostos de estranhos. As pessoas que atuaram como juízes no estudo conseguiram associar corretamente as esposas com as mães dos maridos numa frequência bem maior do que seria de se esperar como resultado do acaso.

Em um estudo mais recente, publicado no *Proceedings of the Royal Society* da área de biologia, Bereczkei identificou com mais precisão as características faciais mais procuradas em parceiros quando os indivíduos estão inconscientemente procurando por um substituto da mamãe ou do papai. Sua equipe mediu as proporções faciais de 312 indivíduos de 52 famílias húngaras. As semelhanças entre membros de uma mesma família (ou seja, um homem ou mulher jovem, o respectivo parceiro e os pais de ambos) foram comparadas com as de casais escolhidos aleatoriamente por juízes independentes. Parece complicado, mas não é. Os pesquisadores descobriram que as jovens se assemelhavam às mães dos parceiros em termos de volume dos lábios, largura da boca e tamanho do queixo. As mulheres procuraram os homens que tinham o nariz do pai e a mesma proporção entre o comprimento do queixo e o comprimento do rosto. Isso só pode ser inconsciente, a não ser que seu parceiro tenha medido seu rosto com uma fita métrica.

Mas o aparente desejo dos homens por suas mães não é meramente superficial. Os homens querem ter relacionamentos duradouros com mulheres que sejam tão inteligentes quanto suas mães. Um estudo da socióloga Christine Whelan, da University of Iowa, pesquisou oitocentos homens cujos salários estavam entre os 10% mais altos de seu grupo etário (entre 20 e 40 anos) e descobriram que quase 80% daqueles cujas mães tinham terceiro grau se casaram com mulheres com este mesmo nível de escolaridade.

No entanto, mesmo que você não consiga encontrar nada em comum entre você e a mãe de seu companheiro, não é preciso se preocupar. São muitas as razões pelas quais um relacionamento dura: a capacidade de lidar com conflitos, de compartilhar o trabalho doméstico, de rir juntos e de ter uma vida sexual de boa qualidade. Ainda não vi uma lista de atributos que inclua a semelhança da mulher com a mãe do marido.

2
A oportunidade bate à sua porta

PARCEIROS ROUBADOS
Conheci uma mulher que é amiga de um amigo e gostei muito dela. Ela tem namorado e está planejando morar com ele. Tenho 28 anos, sou solteiro e hoje em dia toda garota que conheço está comprometida. É errado dar em cima dela? Ela sempre pode dizer não.

É errado? Certamente não é educado. É como espirrar em cima da sopa de alguém. Bons pesquisadores de relacionamentos chamam o ato de seduzir o parceiro de outra pessoa de "roubo de parceiro". Apesar de ser desleal, emocionalmente perigosa e moralmente questionável, essa atividade é muito popular.

Há muitos dados sobre a questão. David Schmitt, da Bradley University, nos Estados Unidos, realizou um estudo em 53 países, perguntando a quase 17 mil indivíduos se já haviam tentado roubar o parceiro de alguém ou se alguém havia tentado "roubá-los". O estudo, publicado na revista *Personality and Social Psychology Bulletin*, mostrou que em média 60% dos homens e 40% das mulheres já haviam tentado roubar o parceiro de alguém. Nos países da Ásia e do Oriente Médio os índices foram mais baixos do que no Ocidente. Quase dois terços dos pesquisados disseram que alguém havia tentado "roubá-los". Se você quiser saber suas chances de sucesso nessa atividade, mais ou menos 50% dos que foram objeto de uma tentativa de sedução concordaram com ela. Os homens mostraram ter mais probabilidade de aceitar do que as mulheres, principalmente quando percebiam que se tratava de um caso rápido — como se fossem "emprestados" a alguém.

Não há qualquer razão pela qual um roubo de parceiro não resulte em um relacionamento mais prolongado, embora em geral isso não ocorra. Nos estudos anteriores realizados com estudantes universitários dos EUA (porém replicados em populações de mais idade), Schmitt mostrou que 15% de todos os relacionamentos começaram como um roubo de parceiro.

Existe nisso um elemento evolutivo, o que não é desculpa, pois hoje em dia todos sabemos que isso não se faz, mas em épocas de guerra, fome ou epidemia, muitos perdem os parceiros enquanto ainda são relativamente jovens. A maioria dos indivíduos atraentes que restaram são comprometidos, portanto é preciso partir para o roubo de parceiros. Nas culturas tradicionais de caça-coleta, de acordo com Schmitt, essa atividade é frequente.

Os métodos usados pelos "ladrões" são simples, mas eficazes. Um estudo menciona que o ladrão "invade gradualmente a rede social do alvo". Isso significa conquistar os amigos. Outros métodos incluem semear a insatisfação, por exemplo, suspirando com simpatia e falsidade e dizendo: "Não acho que seu parceiro realmente goste de você." Sedução explícita é tabu, já que os pretensos ladrões se arriscariam a ter o nariz quebrado por um namorado ciumento. Durante essa atividade ilícita, você deve tomar cuidado para não ser desmascarado por seus amigos. Ninguém gosta de um ladrão de namoradas, porque ninguém quer que alguém leve *sua* parceira.

O estudo também investigou o tipo de personalidade dos pesquisados. É fácil fazer uma previsão: os ladrões de parceiros tiram notas altas como indivíduos sem consciência, desinibidos, egoístas, pouco compreensivos e loquazes. Eles são especialistas em falar de si mesmos, principalmente sobre sexo. As pessoas que cedem a esse tipo de sedução também alcançam muitos pontos como pessoas desinibidas que gostam de falar sobre sexo. Falar sobre sexo é claramente um prelúdio para praticá-lo. Como se pode esperar, pessoas atraentes e autoconfiantes são mais competentes no roubo de parceiros. Não está claro se essa atividade tem relação com a idade, já que todos os estudos envolveram adultos jovens.

Embora ninguém goste de roubo de parceiros, ele acontece com muita frequência. Se a mulher que você está tentando seduzir disser sim, talvez vocês mereçam um ao outro. Os estudos mostraram que tanto o ladrão quanto o objeto do roubo alcançam altas pontuações no quesito infidelidade.

ROMANCE NO TRABALHO

Há alguns meses, fiquei amiga de um novo funcionário no trabalho. Eu o achava lindo e agora ele disse que está muito interessado em mim. Eu realmente gostaria de começar a sair com ele — nós dois temos 30 anos —, mas trabalhamos no mesmo departamento e também gosto do meu emprego. É errado ter um relacionamento com um colega de trabalho?

Ele não é seu patrão — menos mau. No entanto, vocês perdem pontos porque trabalham no mesmo departamento. Existe o risco de concorrência entre os dois, e ser tema de conversas dentro de uma equipe pode ser claustrofóbico. Você tem sensibilidade bastante, se não estiver cega de amor, para ver o potencial de desastre. É horrível participar de reuniões com um ex ainda furioso. Mas sejamos práticas: você tem de encontrar o homem ideal — ou o homem errado — em algum lugar. Na Grã-Bretanha, mais ou menos oito entre dez pessoas têm romances no local de trabalho, de acordo com uma pesquisa com 1.274 empregados do escritório de advocacia Peninsula. Essa e outras pesquisas mostraram que seis entre dez britânicos têm pelo menos um relacionamento duradouro (inclusive casamento) com pessoas que conheceram no trabalho.

É mais provável que você encontre seu futuro parceiro no trabalho do que em qualquer outro lugar. É principalmente uma questão de exposição, tanto em termos de tempo quanto de proximidade. Uma pesquisa publicada no periódico *Psychology Today* afirma que um terço dos romances de escritório acontecem entre indivíduos da mesma sala ou de salas vizinhas. Aparentemente, somos preguiçosos demais para investigar os talentos do andar de baixo.

Seu local de trabalho já realizou um trabalho de seleção semelhante ao de uma agência de encontros, reunindo pessoas com as mesmas ambições, interesses e, em geral, valores culturais. Você pode saber mais sobre alguém trabalhando com ele do que em diversos encontros. Trabalhar com alguém gera familiaridade, intimidade e confiança. Essas coisas não parecem excitantes, mas, por incrível que pareça, são. O próprio trabalho pode ser estimulante — todos aqueles prazos e ansiedade, todas aquelas sessões noite adentro e o convívio no bar, mais tarde. E quem pode compreender melhor a pressão de seu trabalho do que o ocupante da mesa atrás da sua?

A Dra. Lisa Mainiero, catedrática da faculdade de administração da Fairfield University, investigou mais de cem executivas dos Estados Unidos para determinar as características dos relacionamentos que dão certo. Têm mais chance de sucesso os relacionamentos entre pessoas que exercem o mesmo cargo em departamentos diferentes. Os casais devem chegar a um acordo sobre como proceder no local de trabalho (nada de beijos, brigas ou confidências sobre o relacionamento) e o que fazer em caso de separação (ser profissionais). Lembre-se, a probabilidade é de que a maioria dos romances de escritório termine, portanto, pelo menos tente pensar nessa questão. Enquanto dois terços dos romances no trabalho começam em segredo, a pesquisa de Mainiero mostra que os outros empregados invariavelmente percebem.

Os relacionamentos sérios são os que rapidamente caem no conhecimento público. Muita gente vai ficar feliz por você: todo mundo adora gente apaixonada. Contudo, em torno de um terço dos romances de escritório envolvem pessoas que já têm outro relacionamento e esses não são nada populares.

Portanto, desde que o rapaz não roube demais sua concentração e você não fale a todos os colegas sobre suas brigas ou transas incríveis, tudo dará certo. Idealmente, ele deveria procurar uma vaga em outro departamento. Não muito longe, porém, porque talvez venha a se interessar por outra.

UMA NOITE APENAS

Há quatro semanas conheci um rapaz no casamento de uma amiga e nos divertimos demais, dançando e bebendo juntos. Naquela noite, fomos para a cama e, embora de manhã ele tenha dito que iria telefonar, não telefonou. Eu não queria que fosse só uma ficada. Você acha que ele não gostou de irmos para a cama tão depressa?

Você pode telefonar para ele e perguntar. Sexo no primeiro encontro não exclui a possibilidade de uma vida de felicidade conjugal. Mas se você está perguntando se é uma boa ideia transar no primeiro encontro, a resposta é não. A menos que esteja havendo um bombardeio e você ache que não haverá amanhã.

Essa abordagem rígida é uma questão de autopreservação, porque sexo no primeiro encontro costuma ser influenciado por um de três fatores: bebida, drogas ou desespero. O sexo não é um atalho para cimentar um relacionamento. A menos que você tenha um doutorado em causar prazer sexual, não irá se tornar mais desejável como parceira se for para a cama com alguém que você conhece há algumas horas. É raro haver prazer e pode ser embaraçoso depois.

Um ficante espera que o relacionamento termine antes do meio-dia do dia seguinte. Esse sexo sem compromisso é bom se os dois estão de acordo, mas as pessoas não costumam combinar isso antes. Daí a ambiguidade na manhã seguinte. Uma pesquisa de opinião realizada pela parceria *Observer*/ICM, envolvendo mil britânicos, descobriu que em 2008 mais da metade deles tinha ficado só por uma noite, mas outras pesquisas obtiveram resultados entre 10 e 50%. Quando existe a percepção de que todo mundo está transando com todo mundo imediatamente, a realidade é diferente. Uma enquete da MORI envolvendo 1.790 adultos mostrou que a maioria esperou de uma a três semanas antes de transar com o parceiro atual. De acordo com a mesma pesquisa, só um entre dez homens e 3% das mulheres transam no primeiro encontro.

Você se arrependeria se não fosse para a cama com ele? Um estudo da Arizona State University sobre arrependimentos eternos de 120 homens e mulheres mostrou que muito mais homens que mulheres se arrependem de não terem "forçado uma barra para transar" com alguém. As mulheres têm uma mistura equilibrada de arrependimento sobre com quem ficaram e com quem não ficaram. Talvez isso aconteça porque algumas mulheres, entre elas você, acham que sexo é mais do que uma atividade recreativa.

Com isso não quero dizer que sexo não possa ser uma atividade recreativa, mas a opinião pública ainda é contrária a essa ideia. Uma pesquisa recente da Sheffield University com 46 mulheres entre 20 e 83 anos, realizada pela Dra. Sharon Hinchliff, descobriu que 90% delas achavam errado o sexo sem compromisso e que ele era praticado mais por necessidade do que por liberação sexual. Algumas mulheres mais jovens eram ainda mais severas do que as mais velhas, e somente 10% das mulheres admitiram ter ficado uma única vez com alguém e reprovavam a prática tanto quanto as que não o fizeram. As opiniões dos homens provavelmente são menos rígidas. Outra pesquisa de opinião pública vem de um questionário da Texas Tech University, publicado no *Personal Relationships*. Esse estudo com 148 homens e 148 mulheres descobriu que, embora mulheres e homens desprezassem quem transa no primeiro encontro, eles pensavam igualmente mal de homens e mulheres, o que representa algum progresso.

Portanto, aparentemente transar no primeiro encontro ainda é objeto de um estigma que *Sex and the City* não dissipou. Mas, isso não dá a seu ficante o direito de pensar mal de você — afinal, ele também estava lá.

ALTAS HISTÓRIAS

Sou baixinha. Meço 1,52m e meu marido mede 1,82m. Nunca me interessei por homens baixos, embora com um deles eu formasse um casal mais normal. Alguém me disse que isso acontece porque as mulheres baixas precisam de homens altos para ter filhos de estatura média. Será que foi por isso que me apaixonei por ele?

Tenho certeza de que seu marido tem mais qualidades do que a altura, mas os estudos mostram que em geral as mulheres preferem homens mais altos e os homens preferem mulheres mais baixas. Em 2000, no Reino Unido, a pesquisa National Child Development Study analisou dados de 10 mil indivíduos nascidos na mesma semana, em março de 1958. Quanto mais altos eram os homens (acima da estatura média, que era 1,78m), maior a probabilidade de serem casados e terem filhos. As mulheres tinham mais probabilidade de ser casadas e ter filhos se mediam entre 1,45m e 1,55m, ou seja, estavam abaixo da estatura média, que era 1,62m. Os autores do estudo não sabem ao certo porque os homens preferem mulheres baixas, mas em termos de evolução as mulheres altas são consideradas menos férteis, porque entram na puberdade mais tarde que as baixinhas. Contudo, não existe prova de que em nossos dias as mulheres mais altas levem mais tempo ou tenham mais dificuldade para conceber do que as mulheres de menor estatura, portanto, talvez essa preferência também possa vir a evoluir um pouco.

Muitos estudos mostram que as mulheres consideram mais atraentes os homens mais altos. Para ser precisa, elas preferem os homens altos, morenos e bonitos. Elas associam altura com saúde, riqueza e status, o que é bastante correto.

As pesquisas mostram uma ligação básica entre privação social e altura, infelizmente, em prejuízo dos homens mais baixos. Um estudo com 3.200 homens poloneses descobriu que os solteiros e sem filhos eram 2,5cm mais baixos do que os casados e com filhos. Verificou-se que as mulheres escolhiam ativamente homens mais altos, embora o fator de atração não fosse propriamente a estatura, mas as qualidades desejáveis que elas associavam a esse atributo. E as mulheres não são as únicas a acreditar que os homens altos são melhores. Segundo estudos norte-americanos, a crença de que os homens mais altos são melhores é um fenômeno genuíno e generalizado: existe comprovação de que os homens altos têm mais probabilidade de ser selecionados para empregos, de receber promoções e, se forem políticos, de conquistar os votos do eleitorado.

Com certeza deve haver provas de que não somos assim tão superficiais. Estudos que analisaram as colunas de anúncios pessoais mostram que 80% das mulheres que definiam a estatura do homem desejado queriam alguém com mais de 1,80m, e quase todas buscavam um homem pelo menos 10cm mais alto do que elas mesmas. Contudo, tendo começado a namorar, o bom-senso supera a evolução e as mulheres provavelmente começam a dar a outros fatores, como personalidade e inteligência, o mesmo valor que atribuem à altura.

Estudos genéticos mostram a existência de uma ligação entre a altura da mãe e a do filho e a altura do pai e a da filha. Os autores do National Child Development Study afirmam que os pais mais altos têm filhas mais altas. No seu caso, isso faria suas filhas alcançarem a estatura média. Apesar disso, seu motivo para se casar com ele foi mais a ideia do significado de ser alto do que a intenção de influir na estatura de seus filhos. Vamos torcer para que ele consiga atender aos dois requisitos.

OPÇÃO IMBECIL
Sou uma mulher solteira de 30 anos e não tenho problema para encontrar pretendentes. No entanto, eles raramente passam do primeiro encontro e tenho a sensação de que assusto os homens. Uma amiga recomendou que nos encontros eu me fizesse de "burra", porque os homens não gostam de mulheres que pareçam mais inteligentes, seguras e atraentes do que eles. Minha amiga tem razão?

Como estratégia, "se fazer de burra" tem limitações. Quando você pretende revelar-se como de fato é? Os psicólogos evolucionistas dizem que os homens querem mulheres boas para ter filhos (portanto, os homens deveriam examinar-lhes os dentes e o tônus muscular) e que as mulheres preferem os homens com uma carteira gorda (portanto, devem conferir os bolsos). Será possível que não fizemos nenhum avanço com o passar do tempo? Uma pesquisa na revista *Sex Roles*, envolvendo 199 holandeses, especificamente de Amsterdã, mostrou haver apenas um interesse minoritário na inteligência do futuro parceiro. Para os dois gêneros, a preferência era por alguém fisicamente atraente, além de honesto, confiável e divertido. Os homens atribuíram mais importância à aparência do que as mulheres. Muitos estudos replicaram essas descobertas. No entanto, talvez as mulheres deem excessiva importância à ideia de que os homens são intimidados por mulheres inteligentes. Uma pesquisa do site match.com descobriu que a maioria dos homens afirma que gostaria de casar com uma mulher profissional (partimos do princípio de que ela seria inteligente). No entanto, a maioria das mulheres acha que isso afastaria os homens.

Curiosamente, os homens costumam dizer que querem mulheres quase tão inteligentes quanto eles (o "quase" é muito importante). No entanto, não há nenhum relato de que os homens queiram alguém menos atraente. Mas até que ponto uma mulher com um QI alto é atraente?

Um estudo conduzido por Michelle Taylor, da University of Edinburgh, publicado no periódico *Personality and Individual Differences*, comparou os testes de QI aplicados a novecentas crianças quando tinham 11 anos com sua situação conjugal quarenta anos depois. Para cada 16 pontos a mais no QI, as mulheres tinham 40% menos probabilidade de se casar. Quando a pesquisa apareceu na mídia, as mulheres tremeram. No entanto, talvez esse resultado mostre que essas mulheres sabiam que no casamento os homens são os mais beneficiados e tenham decidido não se casar, ou talvez que as chances delas são reduzidas porque de fato assustam alguns homens. A verdade, provavelmente, é um pouco de cada, e no equilíbrio, os estudos nos Estados Unidos mostram que as mulheres com empregos de alto escalão têm a mesma probabilidade de se casar que outras mulheres. Heather Boushey, uma economista do Center for Economic and

Policy Research, em Washington, DC, descobriu que entre as mulheres de 30 a 44 anos que ganham mais de US$100 mil por ano, 88% são casadas, enquanto entre as outras mulheres da mesma faixa etária, 82% são casadas.

Se as perspectivas de casamento são semelhantes, o que dizer da probabilidade de divórcio? Costumava-se pensar que as mulheres com ensino superior completo tinham mais probabilidade de se divorciar, talvez porque tenham independência financeira depois do divórcio. No entanto, pesquisas mais recentes, inclusive um estudo da University of Maryland que analisou 16 mil casamentos entre 1990 e 1994, mostram que as mulheres com essa escolaridade têm uma probabilidade de 16,5% de se divorciarem nos primeiros dez anos, enquanto as mulheres menos escolarizadas têm uma probabilidade de 38%.

Ser muito intransigente, não ouvir o outro e aparentar desinteresse afasta os homens. O excesso de autoconfiança também não é atraente. Talvez um potencial namorado deixe você mais ansiosa e mais intimidante do que imagina ou quer ser. Isso é mais capaz de assustar os homens do que sua inteligência. Relaxe e se mostre simpática, em vez de se fazer de burra.

O PRIMEIRO PASSO

Gosto muito de um amigo de uma amiga minha. Já o encontrei algumas vezes. Nós nos vemos em festas e costumamos conversar, mas isso nunca deu em nada. Sei que ele é solteiro, portanto, se gostasse de mim já teria procurado fazer alguma coisa. Devo deixar para lá ou devo tentar descobrir se ele está interessado?

Deveria ser fácil saber se alguém está interessado em você, mas não é. Toda essa intimidade platônica torna indefinidas as fronteiras entre amizade e relacionamento. É possível ter um encontro amoroso sem saber que se trata disso. Mesmo nos tempos em que as convenções do namoro eram rígidas, ainda havia ambiguidades. Os romances de Jane Austen geralmente tratam de situações do tipo "será que (inserir aqui o nome do ansioso herói romântico) gosta de mim ou não?".

É muito possível que as pessoas interpretem erroneamente as intenções românticas alheias, e as convenções são criadas para ajudar. Aproximar-se de alguém em um bar e perguntar se ele ou ela aceitaria uma bebida é um sinal reconhecido de interesse. Outros sinais mais sutis, como se inclinar em sua direção, conversar só com você ou olhar em seus olhos são mais difíceis de interpretar. A pessoa pode ser apenas estranha ou passional. Estudos mostram uma interseção entre muitas das qualidades que as pessoas procuram nos amigos e as qualidades que procuram em potenciais parceiros. Os envolvidos podem não estar seguros do desenrolar dos acontecimentos até se conhecerem melhor. Por outro lado, algumas pessoas (talvez as de mais sorte) ao conhecerem alguém veem no outro mais interesse do que realmente existe.

Você não sabe se o rapaz está interessado ou não. Ainda se espera que os homens assumam a iniciativa, mas nem todos fazem isso o tempo todo. Além disso, talvez ele pense que você não está interessada. Talvez ele não consiga ver que você gosta mais dele do que de qualquer outra pessoa no grupo de amigos porque você não lhe deu motivos para ter esperança. Ninguém gosta de rejeição e é horrível convidar alguém para sair e ver uma expressão de horror. Existe um estudo acadêmico maravilhoso, envolvendo 522 pesquisados e intitulado "Quem vai dar o primeiro passo? A ignorância pluralista como obstáculo na formação de relacionamentos", publicado no *Journal of Social and Personal Relationships*. A expressão "ignorância pluralista" se refere à forma pela qual os indivíduos veem alguém se comportar da mesma maneira que eles (por exemplo, deixando de convidá-los para sair), mas inferem que tenham essa atitude por razões diferentes. Portanto, nenhum dos dois toma a iniciativa. Embora você se interesse por ele, parte do princípio de que ele não está interessado em você. Essa pesquisa analisou outros estudos menores e anteriores e também situações hipotéticas, porém a descoberta de que a autodefesa pode superar o impulso romântico parece muito óbvia, apesar de revelar uma maneira muito tímida de viver a vida.

Intermediários, como sua amiga, podem ajudar. Diga a ela que você está interessada no rapaz. Com ajuda de outros, você também pode tentar avaliar se ele gosta de você. Experimente azarar alguém que esteja ao lado dele e veja se ele se encolhe. Ou melhor, não faça isso. Uma ideia muito melhor é ser corajosa e convidá-lo para tomar um chope. Existem algumas evidências de que esse é o menor dos males. A maioria das pessoas consegue superar a rejeição, principalmente de alguém que não conhece bem. E há um estudo da University of Cornell sobre os maiores arrependimentos das pessoas que descobriu que uma das maiores causas de arrependimento na vida dos indivíduos é ter perdido uma oportunidade romântica.

QUERIA VOCÊ AQUI

Vou viajar em férias com amigos e quero muito conhecer alguém, porque estou solteira há algum tempo. Porém, os romances de férias que tive no passado foram desastrosos. Por que isso acontece? Os romances de férias estão fadados ao insucesso?

Romances de férias não são conhecidos por sua longevidade. O que pode haver no sol, na pele nua, em um litro de alguma coisa que você nunca beberia em casa e em uma semana dormindo até mais tarde que promova o romance ou — sendo um pouco mais cética — o sexo sem compromisso? Você precisa ter cuidado com a ideia de tentar começar um relacionamento duradouro durante as férias, porque nelas as regras que norteiam os relacionamentos estão suspensas.

Se em casa você conhece alguém, talvez no início vocês se encontrem algumas vezes durante as primeiras semanas. Em férias, vocês podem se ver todo dia, o dia todo. Talvez você não consiga evitar isso. De repente, esse passa a ser o relacionamento mais intenso da sua vida. Além do mais, é tão fácil: vocês dois estão muito dispostos (e quase sempre muito bêbados) e tão cheios de paixão! Tudo é tão irreal! A vida real é mais rotineira. Não dá para contextualizar alguém que está em trajes de banho no bar da piscina.

Pesquisas realizadas por interessados, como os fabricantes de camisinhas, as agências de viagem e os médicos especializados em doenças sexualmente transmissíveis (será que não havia mesmo espaço na mala para as camisinhas?), mostram que entre um quinto e metade de nós já teve um romance de férias. Quem sabe quantas pessoas encontram o homem ou a mulher dos sonhos (ou mesmo quer encontrar)? Uma pesquisa da empresa de turismo Sky Travel estudou 2 mil pessoas e descobriu que apenas um entre dez romances de férias duraram mais que uma semana. Contudo, uma pesquisa do Instituto Mori envolvendo 505 pessoas determinou que esse número chega perto da metade, enquanto a pesquisa do jornal *Observer* verificou que 20% deles resultaram em relacionamentos duradouros. É difícil quantificar, principalmente se você lê o *Observer*, mas também viaja pela Sky Travel.

Algumas pessoas não têm intenção de começar nada sério. Pesquisadores do St. George Hospital entrevistaram 150 passageiros na sala de embarque do aeroporto de Tenerife, propondo-lhes perguntas sobre sua atividade sexual nas férias. Surpreendentemente, ninguém disse a eles que fossem se catar e eles descobriram que 48 dos 136 pesquisados tiveram relações sexuais com alguém que não era o seu parceiro (mas os agentes de viagem haviam oferecido champanhe ao primeiro casal recém-formado que tivesse relações sexuais).

Às vezes, um dos envolvidos leva o romance de férias mais a sério do que o outro. Em um estudo que perguntou a 35 mulheres sobre seus casos de férias, Michelle Thomas, da Cardiff University, descobriu que embora nas férias as mulheres costumem se sentir extremamente próximas de seus novos parceiros, essa confiança às vezes é um tanto equivocada. Não era raro, por exemplo, que o homem omitisse a existência de uma namorada em casa até depois de terem transado. Thomas avisa que nas férias o tempo parece compactado e a prudência é deixada de lado.

A razão para você evitar fazer o mesmo é o fato de querer que o romance seja para valer. Muitos romances de férias são descompromissados porque os envolvidos querem que o caso dure menos que o bronzeado. A maioria tem um romance de férias com um compatriota, por ser mais conveniente. Há quem se apaixone por alguém do local e nunca mais volte para casa, mas podemos imaginar que isso não acontece com muitas pessoas. Ninguém pode ajudá-la a escolher, mas os bares de Tenerife e Ibiza não estão cheios de pessoas em busca de compromisso. Se você conhecer alguém, vá com calma e deixe claro que quer alguma coisa mais duradoura que uma semana. Não desperdice todo seu tempo com essa pessoa — você está passando férias com amigos. Não dilua seu juízo com excesso de álcool e não intensifique o relacionamento. Adote uma trajetória mais "doméstica". Se o romance conseguir voltar para casa, em vez de partir do princípio de que vocês foram catapultados para a condição de casal estabelecido, aja como namorada. E não tire muitas fotos: é arriscado demais.

EX OU ATUAL?

Uma das minhas melhores amigas terminou o namoro há quatro meses. Sempre achei o namorado dela um gato. Quando tornei a vê-lo recentemente, conversamos a noite toda e trocamos um beijo de boa-noite. Ele me disse que queria me ver novamente. A separação deles foi consensual. Devo perguntar a minha amiga se não tem problema eu vê-lo de novo ou devo esquecer o assunto?

"Vale tudo no amor e na guerra" é uma forma de ver essa questão. A outra é: "Não deveis namorar o ex de vossa amiga." Antes de dar continuidade, procure descobrir o que sua amiga pensa, ou corra o risco de perder a amizade dela para sempre. É inquietante pensar que uma amiga sua está dormindo com seu ex, por mais consensual que tenha sido a separação ou por mais sem graça que seja o sexo. Esses tipos de relacionamento costumam ser chamados de "reciclagem" (as celebridades estão sempre saindo com os ex das amigas) ou ainda de "segundos medíocres", uma expressão horrível com a conotação de que o parceiro subsequente não é tão bom quanto o anterior. No entanto, a probabilidade de se sentir atração pelo parceiro de uma amiga é bastante alta. Nossas amigas geralmente são parecidas conosco em termos de idade, educação, renda e aparência e as pessoas tendem a se interessar por quem se parece com elas. Portanto, é mais provável que você se pareça com o parceiro da sua amiga do que qualquer estranha numa boate. Você também conhece melhor o casal, tendo saído com eles e ouvido de sua amiga os detalhes íntimos. É de boa educação ignorar qualquer atração, mas existe uma inevitável rivalidade sexual entre amigas quando se trata de ganhar namorados.

Estudos realizados principalmente com estudantes universitários, que podem ser mais suscetíveis, mostram que praticamente um homem em cinco e 29% das mulheres já azararam o parceiro ou a parceira de uma amiga ou amigo e mais da metade disputou com um amigo ou amiga um possível parceiro. Em uma pesquisa com jovens realizada por cientistas da University of Texas, 48 homens e 69 mulheres foram solicitados a pontuar os prós e os contras de seus amigos do mesmo sexo. Entre os dez contras, a crueldade foi o triste ganhador do primeiro lugar, mas roubar o namorado ou a namorada ganhou o quinto lugar. Talvez esses dois contras estejam relacionados.

Em outro estudo, publicado na revista *Personal Relationships*, de 406 estudantes de universidades do sul e do sudoeste dos EUA, 67% declararam ter sido vítimas de "rivalidade intrassexual" da parte de um amigo, embora eles possam ter usado palavras diferentes para descrever o fenômeno.

Não estou afirmando que você já roubou o ex de sua amiga. Contudo, se roubar o namorado é uma deslealdade elevada à condição de arte, namorá-lo, mesmo depois que o relacionamento acabou, não vai deixar sua amiga feliz. Algumas amigas, e talvez o próprio ex-namorado, talvez tenham uma atitude do tipo "não desperdice e não faltará". Sua amiga, por outro lado, pode pensar que você sempre quis o namorado dela, o que fará parecerem desonestas e egoístas de sua parte todas as conversas que vocês possam ter tido sobre o relacionamento.

Não encontrei qualquer pesquisa sobre a duração desse tipo de relacionamento. É provável que vocês sejam parecidos (o que é bom), mas sua amiga pode não gostar (o que é ruim). Por uma questão de cortesia, pergunte a ela se isso a desagrada, mas a resposta "não tem o menor problema" provavelmente não será sincera. Conte com uma mudança — para pior — em sua amiga. Portanto, só faça isso se achar que vale a pena. E não se esqueça de que ela não vai querer ouvir os detalhes íntimos.

PENSAMENTOS OBSCUROS

Depois de um relacionamento fracassado que durou dois anos, fui da Alemanha para Londres a fim de dar expressão a minhas ambições artísticas. Eu também queria "explorar" homens e relacionamentos, porém me envolvi com alguém de quem gosto, mas que não tem metas nem ambições. Ele me decepciona. Estou saindo com outros homens e disse isso a ele. Se o amasse de verdade, será que faria isso? Aos 41 anos, será que já não é tempo de parar de inventar desculpas por não ter um relacionamento estável e não ter me estabelecido? Devo julgar os homens por outros valores que não sua condição social?

Em sua pergunta, na verdade você está questionando a si mesma sobre o que fazer. O que é um alívio, porque você mesma é quem tem mais condições de saber a resposta.

Até certo ponto, todo mundo faz concessões ao outro. Caso contrário, todos teríamos parceiros ricos, bonitos, estimulantes, porém confiáveis, aquele tipo que as pesquisas dizem que queremos ter. Há quem afirme que é melhor ficar sozinho do que se acomodar com menos do que o ideal, mas isso depende do quanto você é realista. Quando interrogados mais especificamente sobre relacionamentos de longo prazo, todos querem parceiros que sejam fiéis e bons companheiros. Parece que estamos falando de um cachorro, mas então chegamos à terceira qualidade, que é ser bom ou boa de cama. Essas características ganharam as pontuações mais altas numa pesquisa australiana sobre relacionamentos envolvendo 1.200 participantes (Relationships Indicators Survey) e 2.020 americanos (Pew Survey). Ninguém mencionou a condição social do parceiro.

No entanto, um entre dez participantes da pesquisa australiana mencionou a importância da compatibilidade. Pessoas ambiciosas como você podem achar difícil assumir um compromisso com alguém que pareça "sem metas". Se ele a decepciona agora, a história natural dos relacionamentos indica que ele não vai deixá-la maravilhada no futuro.

Se você quer estabilidade, temos boas indicações sobre as características que deve procurar. A One plus One é uma empresa britânica que promove estudos e leva informações educativas aos indivíduos sobre todos os tipos de relacionamento. Em seu relatório "Determinações Biográficas da Qualidade Conjugal", analisaram os relacionamentos de mais de 10 mil pessoas e encontraram associações positivas para alguém com as seguintes características: aprovado pela família e pelos amigos, bem-educado, com boa situação financeira, comunicativo, consciencioso, seguro de si e cujos pais não se divorciaram de forma rude. Se o candidato também estiver feliz no emprego, administrar bem o estresse e tiver saúde, você não estará somente se estabelecendo, estará ganhando a mega-sena.

No mundo desenvolvido, a idade média para se casar aumentou nas últimas décadas, passando de 27,5 anos para os homens e 25,5 anos para as mulheres para 32 anos para os homens e 29,5 anos para mulheres em 2001. Existem indicações de que é melhor constituir família mais tarde, portanto, se você não quer ter filhos, não tenha pressa. No entanto, talvez você tenha ouvido falar do estudo demográfico sobre padrões norte-americanos de casamento (Marriage Patterns in the United States), que foi publicado em 1986 na revista *Newsweek*, revelando que "uma mulher solteira de 40 anos tem mais chance de ser assassinada por um terrorista do que de se casar (probabilidade de 2,6%)". Isso não era verdadeiro: outros pesquisadores se apressaram em recalcular as chances de casamento, obtendo até 23%, e posteriormente outros declararam que ela é ainda maior. Sugiro que você "explore" primeiro o que deseja, antes de "explorar" mais algum homem.

REBOTE FRACASSADO?

Conheci um cara de quem gostei muito, mas há quatro meses ele terminou um relacionamento longo (ele declara que foi uma decisão mútua). Estou preocupada se ele não vai me usar como "transição" para superar o relacionamento e depois seguir em frente. Como posso saber se é para valer ou se ele está no rebote?

Você está com medo de ser usada e jogada fora, o que pode acontecer em qualquer relacionamento. Um amante abandonado tem alguma coisa que apavora qualquer coração que ainda esteja batendo. A Dra. Gilda Carle, autora de *Não aposte no príncipe*, previsivelmente (considerando-se o título do livro) não é uma admiradora dos relacionamentos de rebote. Ela adverte contra se envolver com alguém que tenha saído de um relacionamento sério há menos de nove meses. A sabedoria subjacente é de que quem está na zona de rebote precisa curtir a perda e descobrir por que o relacionamento passado não deu certo. Ela parte do princípio de que as pessoas aprendem com os relacionamentos passados, em vez de simplesmente sair com os amigos e beber todas. Outra maneira de ver a questão é revelada pelo antigo ditado: "um amor cura outro." A página da internet rebound-relationships.com declara que os relacionamentos de rebote podem ser enganosamente acelerados, e o namorado abandonado pode partir para um "relacionamento de verdade" com uma velocidade espantosa. As dicas para identificar alguém que esteja na zona de rebote incluem as queixas constantes sobre o ex, uma velocidade nada realista de envolvimento com você (sendo o pedido de casamento uma variante extremada) e uma carência enorme ou uma amargura com relação ao sexo oposto.

Além dessas informações pouco científicas, temos a pesquisa de Nicholas H. Wolfinger, um demógrafo (que me declarou que sua profissão faz dele um agnóstico sobre o que passa pelas cabeças das pessoas já que ele não faz a psicanálise, faz a contagem) da Universidade de Utah. Seu estudo com 1.171 adultos no centro de demografia National Survey of Families and Households descobriu que, quando os indivíduos são casados ou vivem juntos e evoluem para o casamento, não existe efeito de rebote. Os casais que se precipitaram a contrair um segundo casamento não tinham mais probabilidade de se separar do que os que esperaram mais tempo. Os segundos casamentos têm mais probabilidade de acabar que os primeiros, mas o fato de o casamento ter sido precipitado não parece afetar sua longevidade. Wolfinger afirma que não pôde examinar a questão no caso de namoro porque não dispunha de dados para isso.

Na Grã-Bretanha, John Ermisch, do Institute for Social and Economic Research, descobriu em sua análise que metade dos indivíduos que terminam uma relação de coabitação e 30% dos divorciados encontram novos parceiros dentro de dois anos. O estudo não fala muito sobre a recuperação emocional, mas a pesquisa de Judith Wallerstein estimou que as mulheres precisam de três anos para se sentir estáveis depois de um casamento desfeito, enquanto os homens se sentem muito melhor depois de uma média de dois anos. No entanto, o estudo dela foi realizado nos anos 1980, e depois que o divórcio se tornou mais comum, a recuperação pode ter-se tornado mais rápida. Wolfinger acredita que o tempo necessário para a recuperação após um divórcio varia de um indivíduo para outro. A maior parte da turbulência, como a necessidade de se mudar, acontece no primeiro ano após a separação e algumas pessoas precisam se sentir em casa antes de começar a namorar de novo.

O bom-senso sugere que você leve as coisas num ritmo normal, e não de rebote. Não espere que ele sinta indiferença pela ex, mas é razoável esperar que ele não a encontre mais. Talvez você precise ser apoiadora, mas mantenha alguma distância e uma vida social independente. Se ele tiver bom-senso, deixará claro que é com você que quer ficar.

3

Depois dos primeiros encontros

NÃO SE APRESSA O AMOR
Tenho 37 anos e estou saindo com um homem que não se parece em nada com meus namorados anteriores. Ele é carinhoso, cheio de consideração e inteligente. Normalmente procuro por homens ativos e luxúria. Esse namoro não começou assim. Gosto de transar com ele e acho que o amo. Mas para ter um relacionamento duradouro, eu não deveria estar apaixonada por ele? Tem como eu me fazer apaixonar por ele?

O roteiro de um relacionamento duradouro exige que os envolvidos estejam apaixonados. No entanto, os pesquisadores da área de psicologia e qualquer um que tenha meio cérebro podem ver que nos relacionamentos existem dois tipos de amor. O primeiro é o amor romântico, que evolui rapidamente e se transforma em obsessão. Ou estamos o tempo todo com o outro, ou estamos pensando em estar como outro. A paixão é um pré-requisito. A obsessão e o ciúme são efeitos colaterais frequentes. E também existe o amor companheiro, semelhante à amizade, que cresce muito com o tempo e é o resultado de conhecer profundamente alguém, em geral, de formas que ninguém mais conhece ou gostaria de conhecer. Adivinhe qual dos dois é a melhor fundação para um relacionamento duradouro?

Como presidente da International Association for Relationship Research, o Dr. Robert Milardo sabe muito sobre o amor. Ele acredita que se apaixonar é um fenômeno intencional, embora pareça mágico. Ninguém se apaixona por qualquer um. É preciso achar o outro atraente e compartilhar com ele alguns valores. É preciso querer. Todos nós centramos a atenção, mesmo de forma inconsciente, nos aspectos que consideramos mais atraentes em alguém, mesmo quando estamos nos apaixonando.

Você deixa bem claro que antes se ligava em sexo, e agora gosta do fato de que esse homem ofereça mais. O que a preocupa é ele não ter oferecido primeiro o tesão. Todo ano, Milardo pergunta a seus 28 alunos de estudos do relacionamento se é melhor começar uma relação pelo amor romântico ou pelo companheirismo. Este ano, quase todos declararam que começar pelo companheirismo dá ao relacionamento uma base mais sólida. Uma pesquisa mais ampla, envolvendo duzentos homens e mulheres estadunidenses, comprometidos, na faixa dos 20 anos, descobriu que três quartos se recusaram a definir seu relacionamento como sendo uma "paixão desvairada".

Temo que não haja estatísticas relevantes para ajudá-la. Não existe nenhum estudo sobre alguém se apaixonar porque quer. Ninguém se candidataria a um estudo aleatório controlado que lhe designasse um amante sorteado no cara-ou-coroa. Todos os estudos podem lhe dizer que o que promove um relacionamento íntimo e sólido é o companheirismo, e não o amor passional. Os dois tipos de amor não são mutuamente excludentes e qualquer um deles pode vir primeiro. Todo mundo conhece casais que inicialmente eram amigos e depois se apaixonaram.

Estatísticas à parte, os estudiosos não conseguem nem chegar a um acordo sobre o que é o amor: uma emoção ou, segundo um artigo científico, "um estado motivacional orientado para metas". Discute-se acaloradamente se o amor (como a alegria ou a tristeza) tem uma expressão facial própria. Pesquisas com cidadãos comuns mostram que eles qualificam o amor como uma emoção — especificamente, eles afirmam sentir felicidade quando pensam na pessoa amada. Estar apaixonado em geral inclui o desejo sexual — a criatura apaixonada gosta de ter relações sexuais com o amado — e um sentimento de bem-estar consigo mesmo.

Existem estudos sobre casamentos arranjados, mas eles não podem ajudá-la, pois as diferenças religiosas e culturais tornam os resultados irrelevantes para o seu caso. Afinal, você tem escolha. Sugiro que opte por alguém com quem queira viver e compartilhar amor.

FOGO AMIGO

Meus amigos não gostam de meu namorado. Alguns o conheciam da universidade, onde ele construiu uma reputação de enganar as namoradas, mas isso foi há três anos. Os amigos dão desculpas para não sair conosco e me perguntam por que estou com ele. Acho que não podemos sair com meus amigos, já que eles são tão hostis. O que devo fazer?

Qualquer homem que tenha sido infiel às namoradas (percebi o plural!) não vai ganhar pontos com seus amigos. Embora os amigos possam sentir ciúme quando você começa um relacionamento, temendo que você tenha menos tempo para eles, o que eles querem principalmente é sua felicidade. Eles temem que aquele homem não a faça feliz ou não gostam dele por outras razões. No seu caso, o motivo do desagrado é mais do que claro.

Nenhum relacionamento é uma ilha, em geral está cercado por amigos e parentes, todos com uma opinião sobre o assunto. Infelizmente, a maior parte das pesquisas trata de forma isolada o modo como os casais constroem um relacionamento, em vez de ver como a rede social dos envolvidos afeta a relação. Um estudo publicado em 1972 no *Journal of Personality and Social Psychology* descobriu um efeito Romeu e Julieta (termo aplicado pelos pesquisadores a muitas questões de relacionamento), segundo o qual, quando os pais reprovam e interferem no relacionamento, ele se torna mais forte. Outros estudos não replicaram essas descobertas históricas, mostrando, em vez disso, que é a aprovação dos pais que nutre o relacionamento (como nos tornamos convencionais!).

Isso é demonstrado por um estudo mais recente da Illinois University com 101 casais de namorados. Se você não for estudante de uma universidade do meio-oeste dos EUA, da classe média e na faixa dos 20 anos, tenha cuidado quando aplicar estes resultados à sua própria vida. Porém, como poderá ver, as conclusões são mais sensatas do que radicais. O estudo mostrou que homens e mulheres se sentiam mais felizes e fortemente envolvidos um com o outro quando os amigos aprovavam o relacionamento. Quando os amigos dizem aos namorados que eles são um casal perfeito e que é muito divertido sair com eles, os amantes começam a acreditar que são realmente um casal e que são uma boa dupla. E é menos provável que você dispense seu namorado se os amigos disserem: "Ele é um cara fantástico, não teve intenção de vomitar em cima de você!" Amigos (principalmente do sexo feminino) podem apoiar ou arrasar um relacionamento, jogando informação na fogueira quando analisam a relação, o que fazem continuamente. Embora nesse estudo, em que os casais eram jovens, muitos relacionamentos não tenham durado muito. Quando um casal continua junto por bastante tempo, os grupos de amigos começam a se confundir e isso fortalece o relacionamento.

Portanto, se você está feliz no seu relacionamento e pensa que seu namorado se regenerou, precisa discutir a questão com seus amigos e, se necessário, defendê-lo. Eles são superprotetores por causa dos boatos ou não gostam de quem ele é agora? Acham que ele é um mala? Acham que ele maltrata você (é bom examinar bem esse aspecto)? Talvez você tenha de aceitar a ideia de ver os amigos sem ele. Mas não rejeite seus amigos, porque, se seu namorado acabar sendo um canalha, você precisará muito deles.

CURVA FECHADA

Minha namorada dirige muito mal e sempre que viajamos juntos temos grandes discussões que às vezes terminam com ela entrando no acostamento e parando o carro. Quando sou o motorista, ela também critica minha maneira de dirigir. Os casais costumam fazer isso? Por que fazemos e como podemos parar?

Os carros são espaços pequenos e confinados, ótimos para se brigar. Perguntar por que os casais discutem no carro é como perguntar por que o parto é doloroso. Faz parte da condição humana. Em um automóvel, as discussões aceleram mais depressa do que o tempo de ir de zero a cinquenta quilômetros por hora. Se você não parar o carro, não há como escapar.

Uma pesquisa de opinião do instituto ICM, que entrevistou 2.071 motoristas com mais de 18 anos para o site MissMotor.co.uk, descobriu que um entre dez motoristas (será que são mesmo tão poucos?) começa a discutir com o parceiro nos primeiros 15 minutos de uma viagem de carro. Mais ou menos 40% das discussões são causadas pelas críticas dos homens à maneira de dirigir das mulheres. Praticamente uma entre dez discussões é causada pelo fato de o homem assumir o controle do rádio do carro. (Uma vez, depois de uma guerra pela custódia do rádio, meu parceiro arrancou o botão do volume. Nossa, como nós rimos!) No entanto, essa antipatia dos homens não se limita a quem está no carro com eles, eles discutem com qualquer um na estrada. A pesquisa também mostrou que, embora a maioria das mulheres já tenha perdido a calma enquanto dirigia, o motivo quase sempre foi um motorista do sexo masculino.

Uma vez que homens e mulheres estão essencialmente discutindo sobre quem dirige melhor, o que as pesquisas nos mostram? Em 2001, a Advertising Standards Authority, a agência que regula a publicidade no Reino Unido, determinou que as seguradoras podiam anunciar seguros mais baratos para as mulheres porque elas "dirigem melhor". A medida empregada foi a participação em menor número de acidentes. O centro de pesquisa Social Issues Research Centre (SIRC) publicou um relatório sobre as diferenças de gênero na direção, citando provas de que os homens, principalmente com menos de 25 anos, são motoristas mais agressivos, com mais tendência a dirigir em alta velocidade, correr riscos e bater com o carro. Um estudo de 1999 mostrou que os homens batem duas vezes mais do que as mulheres. Coitados dos homens: o SIRC afirma que eles carregam uma "bolha interpessoal" maior: quando alguém se aproxima dela, eles podem explodir. Estatísticas do departamento do governo britânico Home Office também mostram que 94% dos causadores de mortes em consequência de direção perigosa são homens. Um acidente clássico masculino é entrar nas curvas em excesso de velocidade.

As mulheres, por outro lado, têm mais probabilidade de causar acidentes menos graves, que podem ser considerados "erros de avaliação". Os acidentes delas ocorrem ao sair de cruzamentos, fazer o retorno em cima da faixa ou avaliar mal a distância do carro de trás. Porém, como disse uma vez o professor Frank McKenna, da Reading University, numa palestra sobre transportes, "pouquíssimas pessoas morrem ao estacionar". Outra pesquisa, da Johns Hopkins University, propõe que as mulheres dirigem menos do que os homens e isso pode explicar seu índice mais baixo de acidentes.

Pelo menos as brigas por causa da interpretação dos mapas agora podem ser resolvidas pela navegação por satélite. As pesquisas mostram que a maioria das discussões pode ser resolvida se os dois tiverem bom humor e fizerem concessões, em vez de emburrar. Vocês podem parar de discutir se não viajarem no mesmo carro. Criticar o estilo de direção da parceira causará uma briga, portanto, você deve exercitar o autocontrole e parar de fazer isso. Mas, se tiverem de viajar juntos, a American Automobile Association avisa que quase metade dos acidentes acontece quando alguma coisa distrai o motorista. Mas a probabilidade de bater por estar admirando a paisagem ou dormindo é maior, logo, discutir pode não ser tão grave.

RACHAR A DIFERENÇA?

Há dois anos, encontrei a felicidade com um adorável divorciado, pai de dois adolescentes. Embora reconheça o valor de nossa ligação, ele subitamente me deixou, declarando que não era capaz de assumir um compromisso e admitindo covardia, ao mesmo tempo insistindo que está feliz solteiro. Parece tão triste! Ainda não consegui encontrar um homem mais legal. Ele está apenas com medo ou isso é uma forma educada de terminar depois de alguns meses de prazer mútuo?

Se ele afirma que está terminando o relacionamento porque não consegue assumir um compromisso e por covardia, é melhor você acreditar. A alternativa é acusá-lo de mentir para poupá-la de sofrimento e obrigá-lo a dizer que não gosta bastante de que você, mesmo que isso não seja verdade. De qualquer forma, está acabado, e a explicação dele parece suficientemente honesta para ser genuína. Se restar alguma coisa a ser compreendida, deve ser o fato de que algumas pessoas não conseguem ter um relacionamento sério depois de um divórcio. Muitos estudos mostram que embora as mulheres sintam mais estresse durante o divórcio, para os homens o estresse bate mais tarde e dura mais. Na tentativa de superar o trauma, eles são mais propensos a fumar, beber, mergulhar no trabalho e se lançar em uma "atividade sexual frenética", como descreve delicadamente um estudo. Em geral, os homens sofrem mais que as esposas com a perda dos filhos e do lar. Contudo, as pesquisas não são coerentes: algumas mostram pouca diferença na forma como cada gênero sente o divórcio. Ter amigos e parentes com quem conversar ajuda os divorciados dos dois sexos, desde que os interlocutores não lhes digam o que fizeram de errado.

 Seu homem perfeito talvez tenha passado por uma experiência tão desagradável no casamento que tenha se tornado descrente e menos disposto a assumir compromissos. Talvez ele nunca tenha encontrado o apoio de que necessitava para superar o divórcio. Também é possível que ele saiba que trazer filhos, principalmente adolescentes, para qualquer relacionamento novo aumenta as chances de que a relação termine em lágrimas para todos. Talvez ele compreenda as responsabilidades e os riscos de assumir um compromisso e não queira passar por isso — mesmo com alguém como você, com quem ele gostou tanto de ficar.

Naturalmente, muitos divorciados formam novos relacionamentos. Um estudo do Institute of Social and Economic Research, que empregou dados da pesquisa British Household Panel Survey, descobriu que 43% dos divorciados encontrarão outro parceiro dentro de cinco anos, um percentual mais baixo do que o dos indivíduos que se separaram depois de morar juntos. Isso acontece em parte porque a idade média dos que vivem juntos costuma ser mais baixa. Os homens têm duas vezes mais probabilidade que as mulheres de tornar a casar.

No entanto, essas estatísticas se baseiam na população como um todo, portanto, elas não podem lhe dar nenhuma informação sobre seu parceiro. Um estudo com 208 divorciados, publicado no *Journal of Marriage and Family*, mostrou que têm mais dificuldade de superar o divórcio os indivíduos mais velhos que não queriam se divorciar. Essa dificuldade diminui se eles constituírem um novo relacionamento. Você deve parar de se torturar com especulações sobre o que ele realmente sente e deve aceitar o que ele diz. Ele é um cara legal, vocês se deram bem, mas ele prefere continuar solteiro. Você, por outro lado, preferiria não ser solteira, portanto precisa continuar procurando. Não se prenda à ideia de que ele é o homem certo, porque, sem querer parecer pouco romântica ou deixá-la confusa, existe mais do que uma pessoa certa para cada um de nós.

ROMEU E JULIETA

Estive namorando uma garota que conheci na faculdade. Temos amigos em comum e guardamos segredo sobre o relacionamento porque ele podia não dar certo. Agora que estamos assumindo a relação, minha namorada está perdendo rapidamente o interesse por mim. Será que isso teria acontecido se tivéssemos continuado a guardar segredo, ou isso mostra que ela na verdade não estava muito interessada?

O problema com um relacionamento secreto é a dificuldade de saber qual o interesse real de cada um. Os relacionamentos secretos são apimentados porque o segredo aumenta a emoção. Eles são matéria para peças de teatro, como *Romeu e Julieta*. Mas será que trazem felicidade? Nem nas peças, onde os amantes tomam veneno, nem na vida real. Porque o segredo impede que as pessoas assumam compromissos. Em geral, alguém esconde um relacionamento (ou uma gravidez) até achar que ele é viável. Romances no trabalho, casos com pessoas casadas, relacionamentos interreligiosos ou homossexuais podem ser escondidos por mais tempo por medo da reprovação dos colegas, da família e dos amigos. Argumentar que um casal ficará menos desconfortável com o rompimento se ninguém souber da relação é uma ideia equivocada. Quando um relacionamento secreto termina, todo mundo fica sabendo.

Um estudo da University of Georgia, publicado na revista *Personal Relationships*, mostra o efeito mais corrosivo do que benéfico de se guardar segredo, embora se possa até pensar que o segredo é fator de união. Os pesquisadores perguntaram a 201 mulheres e 39 homens de idades entre 16 e 39 anos e que estavam envolvidos em relacionamentos se a relação era secreta e, caso fosse, quanta pressão isso gerava. Eles também perguntaram aos entrevistados quanto desconforto sentiriam se o relacionamento terminasse. Dos 35 que tinham relacionamentos secretos, a maioria disse que não ficaria muito desconfortável e esses também tinham mais probabilidade de sentir que o relacionamento era um fardo.

Outro estudo realizado pela mesma equipe, avaliando 46 indivíduos envolvidos em relacionamentos secretos, descobriu que, em comparação com pessoas com relacionamentos públicos, os primeiros estavam menos satisfeitos com os parceiros e também consideravam a relação menos satisfatória. A qualidade dos relacionamentos secretos decresce rapidamente porque, depois da excitação inicial, eles se tornam parecidos demais com um trabalho árduo. A maioria dos participantes de um relacionamento secreto se cansa de mentir para os amigos, explicando onde estava nos fins de semana, e de garantir para a família que é ótimo ser solteiro. Também existe o problema de que o segredo é uma barreira à aproximação do casal. Em um relacionamento secreto, não se pode conversar com terceiros sobre os próprios sentimentos e receber apoio para o relacionamento. Não se pode trocar carinhos em público. Ao manter o relacionamento secreto, não é possível revelar para o mundo que o outro é especial para você. E como o melhor de uma relação é o fato de se ser especial para alguém, o relacionamento secreto tem uma grave falha de projeto.

O segredo pode conferir emoção, mas impede o casal de desfrutar as alegrias de um novo relacionamento e a oportunidade de conhecer um ao outro. Pode ficar difícil saber o que é mais interessante, a pessoa ou o segredo. Tornar a relação pública, em geral, marca uma virada. Não é raro descobrir-se que, terminado o segredo, não sobra muita coisa.

POLOS OPOSTOS

Os opostos se atraem? Minha namorada adora viagens e ópera e, politicamente, tende para a direita. Viajar é uma boa, detesto ópera e sempre fui de esquerda. Nós nos damos muito bem, mas será que essas diferenças não ficarão importantes com o passar do tempo?

Os opostos só se atraem nos ímãs. A pesquisa sobre relacionamentos diria que está definitivamente provado que o semelhante atrai o semelhante. O termo "acasalamento preferencial" se refere à ideia de que existe um padrão sistemático na maneira como os indivíduos escolhem um parceiro, e a maioria parece escolher alguém com quem se assemelhe. Ao mensurar esse fenômeno, a maioria dos pesquisadores comparou as características de um parceiro com as do outro. Foi descoberto que os parceiros em geral compartilham crenças religiosas e políticas e têm idades próximas. Eles são muito semelhantes em escolaridade, inteligência e opinião sobre o que é importante na vida. A maioria dos indivíduos procura alguém com uma aparência tão boa ou tão sem graça quanto a própria (à exceção dos ricos que, naturalmente, são todos bonitos). Nossa escolha de parceiro é parcialmente justificada pelo conjunto de pessoas que conhecemos. No trabalho, na academia, na festa de um amigo, provavelmente iremos encontrar pessoas como nós.

Contudo, talvez você conheça a expressão "o amor é cego", que sugere a possibilidade de alguém se apaixonar por qualquer um, se tiver a chance de conhecê-lo. No entanto, os psicólogos afirmam que isso é temporário: depois de três meses, você recupera a visão e, em geral, termina a relação. Existe um impulso muito forte de encontrar semelhanças em alguém que consideramos atraente, mesmo que elas não existam. Um estudo pequeno e não muito científico realizado na década de 1980 pela University of Maine pediu a sessenta homens que respondessem a um questionário atribuindo pontos ao grau de semelhança de uma mulher com eles próprios. Os que consideraram a mulher atraente tiveram uma probabilidade duas vezes maior de achá-la notavelmente semelhante a eles mesmos, em comparação com os que não se sentiam atraídos por ela. Outro estudo da University of Notre Dame, publicado no periódico *Personal Relationships*, recrutou casais de estudantes universitários com média de idade em torno dos 20 anos. Os pesquisadores perguntaram aos 301 entrevistados o quanto eles se pareciam com suas caras-metades. Perguntaram ainda sobre a capacidade de cada um para sentir proximidade emocional com o outro, sobre seu grau de autoconfiança e se achavam que o parceiro os compreendia. O resultado mostrou que os casais que se sentiam mais próximos eram aqueles com maior probabilidade de pensar que o parceiro era idêntico a eles, mesmo quando obtinham resultados muito diferentes nos testes psicológicos.

Ainda que discordando sobre algumas áreas, inclusive religião, vocês podem ter um excelente relacionamento. As diferenças podem ficar menos importantes em função de suas personalidades. Um estudo da Iowa University, publicado no *Journal of Personality and Social Psychology*, investigou 291 pares de recém-casados que haviam namorado durante três anos e meio e descobriu que, em um relacionamento firme, eram as semelhanças de personalidade (por exemplo, a franqueza ou a compassividade) que mantinham os casais felizes e os ajudavam a relativizar as diferenças, como o gênero musical preferido para tocar no rádio do carro. Em geral, os casais parecem se ligar em função de semelhanças muito superficiais e depois veem se isso funciona. Você, por outro lado, pode ter escolhido com mais sabedoria: as semelhanças em suas personalidades são o que tornará a felicidade duradoura.

O CONTROLE DO CONTROLE REMOTO

Meu namorado e eu temos brigas homéricas sobre quem vai ficar com o controle remoto quando vemos televisão. Fico furiosa porque ele troca de canal o tempo todo e insiste em ficar a noite toda com o controle remoto. Algumas de minhas amigas dizem que os namorados delas também fazem isso. Isso é uma característica masculina? Qual a melhor maneira de estimulá-lo a compartilhar o controle remoto?

O controle remoto da TV atraiu muita atenção de sociólogos, psicólogos e analistas de opinião. O que parece ser apenas uma peça funcional de plástico foi estudada na qualidade de extensão moderna do papel masculino do caçador-coletor ou de símbolo potente da opressão feminina, com direito a pilhas-palito. Um estudo pioneiro de 1986, realizado por David Morley, examinou os hábitos de ver televisão de 18 famílias do operariado e da classe média baixa de Londres. Ele descobriu que os homens tinham mais probabilidade que as mulheres de planejar o que iam ver à noite e que o fato de se apossarem do controle remoto simbolizava o controle sobre a escolha dos programas. As mulheres reclamavam com frequência que os maridos mudavam de canal sem consultá-las, e elas raramente o faziam. Morley tinha certeza de que essas descobertas não seriam replicadas na classe média, mas na verdade ele estava errado. Um estudo de 2004 da empresa de pesquisas YouGov, envolvendo 4.118 adultos, descobriu que a maioria achava que um homem (geralmente o pai da família) ainda controlava o controle remoto. Os pesquisadores continuam interessados em saber se o controle desse aparelho representa o controle do restante do relacionamento do casal. Talvez você já tenha resolvido essa questão. Existem relatos de homens escondendo o controle remoto no bolso quando saem da sala. Será que a opressão não conhece limites? Em 1993, Ellen Goodman, uma jornalista estadunidense, chegou ao ponto de chamar o controle remoto de "o equipamento mais reacionário utilizado hoje para sabotar a igualdade no casamento moderno".

Talvez os homens apenas achem confortável ter o equipamento à mão. Uma pesquisa com 36 pessoas no *Journal of*

Marriage and Family descobriu que os homens quase sempre deixam o controle remoto no assento ou no braço da própria poltrona. Isso lhes permite fazer com ele coisas que irritam a parceira. As mulheres mostraram mais tendência que os homens a reclamar da troca de canais e do fato de o parceiro não voltar suficientemente rápido ao canal do qual saiu durante o intervalo comercial. Somente um terço dos casais compartilhava o controle remoto.

As pesquisas mostram diferenças claras nas preferências televisivas dos homens e das mulheres. Apesar disso, quem nunca viu um homem sorrateiramente assistindo a um programa de transformação de visual? As mulheres tradicionalmente preferem novelas, enquanto os homens procuram os programas sobre fatos. Com frequência, elas conversam ou fazem alguma coisa útil enquanto assistem à televisão, eles tendem mais a assistir em silêncio concentrado.

Se seu relacionamento é feliz em outros aspectos, você deve ser capaz de negociar a questão do controle remoto. Tirar as pilhas é uma solução temporária, comprar outra televisão é uma admissão de derrota e se separar é pior ainda. Procurem chegar a um acordo sobre o que vocês dois querem ver e sobre não trocar de canal até que alguém peça. Você pode comprar um bloqueador de controle remoto, mas é possível que ele se aposse disso também.

SEXO E MENTIRAS

Meu namorado transou com menos pessoas do que eu. Estamos juntos há dois meses e menti sobre o número de homens com quem fui para a cama (eu fui com 16, mas ele disse que foi com apenas seis mulheres) porque acho que ele não vai ficar nada feliz. Se ele me perguntar diretamente, direi que fui com oito, mas ele pode descobrir que foram mais. O que devo fazer?

É possível argumentar que seu namorado deve saber com quantos homens você dormiu porque para amar você ele deve amar seu passado. No entanto, eu não usaria esse argumento. Sou mais a favor de "por que esfregar isso no nariz dele?", já que conhecer a completa história sexual do parceiro, a menos que seja relevante (por exemplo, se alguém for virgem ou tiver sofrido abuso sexual), não melhorará o relacionamento. Você pode ser honesta sobre sua experiência sexual — só não faça a contabilidade. Se mais tarde surgirem discrepâncias aritméticas, você pode demonstrar surpresa por ele ter esquecido o que você lhe contou, ou dizer-lhe que tudo isso é passado e não é da conta dele.

Se você diminuir o número de ocorrências, não será a única a fazê-lo. Os estatísticos afirmam que o número médio de parceiros sexuais dos homens e das mulheres (em uma população) deve ser similar. No entanto, os homens com frequência declaram de duas a quatro vezes mais parceiras sexuais que as mulheres. Eles são mais propensos a contratar prostitutas, que em geral não são voluntárias em pesquisas sobre sexo (e, de acordo com um artigo no *Proceedings of the National Academy of Sciences*, podem chegar a ter mais de seiscentos parceiros por ano). No entanto, os pesquisadores não estão de acordo quanto a esse fato explicar a diferença dos números. Uma pesquisa de opinião do jornal *Observer* realizada em 2002 com 1.027 adultos informou uma média de sete parceiros por mulher e 13 parceiras por homem. Outra, da Universidade de Alberta, de 2005, com 2.065 mulheres e homens heterossexuais, chegou a 8,6 parceiros por mulher e 31,9 parceiras por homem. Os pesquisadores da Universidade de Alberta sugerem que os homens, ao declarar o número de parceiras, fazem uma estimativa por alto (o que significa superestimar), enquanto as mulheres contam cuidadosamente (e esquecem alguns casos).

Também é possível que as mulheres ainda se ressintam de padrões que favorecem os homens. Com certeza, são menos propensas que eles a se gabar do número de parceiros sexuais e mais propensas a "esquecer" parceiros sem importância ou especialmente desagradáveis. Em geral, as mulheres não querem ser vistas como promíscuas. Para testar essa hipótese, os pesquisadores da Universidade do Maine elaboraram um experimento bastante tortuoso. Eles dividiram 201 estudantes universitários em vários grupos. Disseram a um dos grupos que o resultado da pesquisa sobre sexo da qual estavam participando seria anônimo, a outro que o pesquisador talvez visse os resultados e no terceiro grupo, os pesquisadores instalaram eletrodos declarando que os pesquisados estavam sendo ligados a um detector de mentiras. As mulheres que acharam que as respostas eram anônimas informaram uma média de 2,6 parceiros, aquelas cujas respostas talvez fossem lidas declararam 3,4 parceiros, e, no entanto, as pobres mulheres ligadas ao detector de mentiras admitiram 4,4 parceiros. As respostas masculinas quase não variaram.

Seu passado sexual certamente é uma parte de você, mas quase todos nós procuramos editar o nosso um pouquinho. Na revista *Psychology Today* foram publicadas pesquisas afirmando que os homens gostam de informar aos pesquisadores com quantas mulheres tiveram relações sexuais, mas quando se trata de informar o número de namoradas, eles também esquecem algumas ao longo da estrada.

BEIJO DE DESPEDIDA
Outro dia, minha namorada me disse que não gostava de minha maneira de beijar. Parece bobagem, mas fiquei realmente perturbado. Não tornamos a falar sobre isso e tenho vergonha de voltar ao assunto. Existem muitas variedades de beijos? Do que a maioria das pessoas gosta?

Quando eu era adolescente, nenhuma de minhas amigas gostava de beijar o James (os nomes foram alterados para evitar que outras pessoas fiquem magoadas, como você ficou), porque a língua dele entrava tão fundo na boca que você sentia ânsia de vômito e, para piorar, era muito molhada e se mexia com uma cobra. É uma falha da natureza o fato de que o beijo, que existe em quase todas as culturas, não seja uma atividade que todos façamos bem. Alguns de nós suspeitam que isso aconteça e desde pequenos praticam em frente ao espelho ou no próprio braço. No entanto, beijar a si mesmo é como tentar fazer cócegas em si mesmo — não funciona. E como saber se o que está fazendo vai causar prazer a outra pessoa?

As opiniões sobre técnicas de beijo diferem. Um estudo publicado na revista *Evolutionary Psychology*, onde se analisaram as respostas de 162 homens e 308 mulheres que eram estudantes de psicologia da Universidade de Albany, em Nova York, examinou os diversos aspectos de um beijo, como sua capacidade para aumentar a excitação sexual (só se for bem feito, imaginamos) e se as pessoas o empregam como forma de avaliar a qualidade do outro para um relacionamento. Não tenho certeza se concordo com algumas das hipóteses (Os homens realmente podem estimar a fertilidade feminina pelo sabor que sentem quando beijam? Acho que não!). No entanto, como os resultados parecem corretos, posso aceitá-los. Os pesquisadores descobriram que os homens geralmente preferem beijos mais molhados do que as mulheres e apreciam mais o contato das línguas e a boca aberta. Eles preferem ser os primeiros a usar a língua — talvez seja uma questão de demarcação de território — e relacionaram mais diretamente o beijo a uma etapa preliminar do sexo, embora alguns fiquem felizes em aboli-lo completamente. Mais da metade deles declarou que teria relações sexuais sem beijar antes. Mais mulheres do que homens consideraram o beijo muito importante, tanto durante a atividade sexual quando no relacionamento. Elas também estavam mais interessadas que os homens na condição dos dentes do parceiro.

Beijar talvez já não tenha mais a importância evolutiva que teve no passado como forma de provar e ver se o parceiro era saudável, como sugerem os estudiosos, mas é importante que o outro goste de sua maneira de beijar. Em outra pesquisa realizada por um deles, perguntou-se a 58 homens e 122 mulheres se alguma vez acharam alguém atraente, mas mudaram de opinião depois do beijo. Um total de 59% dos homens e 66% das mulheres disseram que sim. Se você não quer perguntar como sua namorada prefere ser beijada, levando em conta os resultados desse estudo, experimente diminuir a quantidade de saliva e a penetração da língua e tente uma abordagem mais relaxada e lenta. No livro *Kissing*, da especialista em beijos Andrea Demirjian, a autora afirma que as melhores dicas para um bom beijo são uma boca limpa, um pouco de expectativa, alguma sucção e mordidinhas nos lábios (dela) e uma língua relaxada. Eu acrescentaria: reduzir a quantidade de saliva e deixar a garota respirar.

SÓ ESTAVA DIZENDO QUE...

Em minha família, meus pais nunca discutiam, mas minha namorada e eu estamos sempre discutindo, às vezes por questões sem importância. Apesar de gritarmos um com o outro, essas discussões têm vida curta e em geral ficamos bem. O relacionamento é melhor se as pessoas não discutirem?

Se o casal não discute, isso não significa que o relacionamento é excelente. Cada um pode estar pouco interessado no que o outro tem a dizer. Nesse caso, para que discutir? Não estou dizendo que seus pais não eram felizes, mas que as discussões não são necessariamente um medidor que indica a boa ou má qualidade do relacionamento. As pesquisas mostram que não há problema em discutir se isso por feito de forma civilizada. O conflito é normal nos relacionamentos. Como se lida com o conflito é que determina o quanto ele é prejudicial.

De acordo com a One Plus One, uma empresa de pesquisas do Reino Unido, a maioria dos casais discute sobre dinheiro, ciúme, divisão das tarefas domésticas e dificuldades de comunicação ("você nunca fala comigo, portanto, vamos discutir essa questão"). Se vocês tivessem filhos, eles também seriam tema de discussões. Com que frequência os casais discutem sobre os filhos? Uma pesquisa no periódico *Family Relations* com sessenta casais que estavam juntos há pelo menos cinco meses descobriu que, em média, eles discutiam quase cinco vezes em duas semanas. As discussões que causaram aos homens mais insatisfação com o relacionamento foram as repetitivas. As que deixaram as mulheres mais infelizes tratavam de questões que nunca eram resolvidas. Pode-se ver a extensão do problema.

É possível pensar que uma discussão civilizada não resolva, mas a artilharia verbal pode ser imensamente destrutiva. Embora se precise de paus e pedras para quebrar ossos, as palavras podem destruir um relacionamento. Os pesquisadores avisam que é muito difícil alguém se recuperar de desprezo, sarcasmo e agressão — os principais ingredientes de muitas discussões. Ofensas pessoais ou qualquer coisa que se aproxime da agressão verbal é uma péssima ideia. Se possível, mantenha a discussão numa intensidade baixa e tente usar argumentos. Evite guardar munição de uma discussão para usar no futuro, caso contrário você nunca, jamais, resolverá nada. Limite-se ao assunto e não traga para a discussão questões que ainda o incomodam depois de três anos. Procure ter alguma ideia sobre o que deseja como resultado: não discuta somente porque não está passando nenhum programa bom na televisão. Os casais com problemas sérios têm discussões abertamente hostis e podem ser cruéis com os parceiros. Esse tipo de discussão nunca melhora um relacionamento.

As discussões de boa qualidade terminam com alguém pedindo desculpas (a capacidade de perdoar é um excelente curativo de relacionamentos, mas o perdão precisa ser sincero) ou com o casal chegando a uma solução consensual. As discussões mais destrutivas terminam com alguém indo embora batendo os pés ou se fechando emocionalmente. Um estudo com 79 casais, publicado no *Journal of Marriage and Family*, descobriu que, para os homens, a maior causa de sofrimento é a parceira se fechar depois de uma discussão, principalmente se ela agir como se não gostasse mais dele, divagando quando o marido tenta falar sobre um dia difícil no trabalho. As mulheres ficam mais perturbadas quando os maridos ficam irritados e sarcásticos.

A única forma de nunca discutir é ignorar todos os conflitos e a maioria dos estudos mostra que isso não resulta em um relacionamento feliz. Um casal pode ser feliz e discutir. Apenas faça isso de forma digna, limite-se ao assunto em questão e peça desculpas depois, com sinceridade.

4

E agora?

A DISTÂNCIA

Há seis meses estou namorando um rapaz norte-americano. Sua empresa vai levá-lo de volta aos EUA e, embora não queiramos terminar a relação, não estamos no estágio do "vamos ficar juntos para sempre". Queremos tentar manter o relacionamento, mesmo a distância. Vale a pena, ou isso só prolongará o sofrimento?

Você não deve ter uma relação a distância só porque pode tê-la. Só faça isso se os dois quiserem assumir tal compromisso. Sua preocupação sobre o sofrimento em potencial é um problema, porque as pesquisas mostram que, em um RAD (como são chamados esses relacionamentos), o otimismo é um sinal de sucesso. Para que a relação dê certo, é preciso que você se foque nos aspectos positivos: ter sua própria vida social e sua carreira e ao mesmo tempo construir um relacionamento com alguém com quem espera ter um futuro.

Existe um centro para RADs, dirigido por Gregory Guldner, um médico da Califórnia. Ele vê esse tipo de relacionamento com otimismo, graças a um estudo que realizou na Purdue University, comparando duzentos casais em RADs com duzentos que estavam "geograficamente próximos". Guldner descobriu que o relacionamento dos primeiros tinha o mesmo grau de intimidade e compromisso que os casais próximos. Ele dá alguns bons conselhos sobre como conduzir um relacionamento a distância, se você resolver tê-lo.

Seu maior medo (e da maioria dos que optam por um RAD) é que um dos dois tenha um caso. Mas lembre-se de que mesmo os que vivem juntos se preocupam com isso. Guldner descobriu que nesse tipo de relacionamento o risco de alguém ter um caso não é maior do que nos outros. Outros fatores, como a qualidade da relação e o que os envolvidos pensam sobre a infidelidade (e se eles tendem a aproveitar as chances de sexo casual), determinam se alguém vai pisar na bola. Você pergunta se vale a pena ter um RAD provavelmente porque acha que ele pode não durar. No entanto, algumas pesquisas mostram que a probabilidade de esse tipo de relação terminar não é maior do que a de outros relacionamentos, quando se leva em conta fatores como a idade (veja "A caminho de casa", a seguir, pois há comprovação científica de que morar junto aumenta a chance de separação de um casal). Essencialmente, o que conta em primeiro lugar é a qualidade da interação dos dois. A distância vem em segundo lugar. É mais fácil ter um RAD que funcione se você partir do princípio de que, se tudo der certo, em algum estágio vocês voltarão a ficar geograficamente próximos.

Não existe uma correlação forte entre a frequência com que os parceiros se veem e a probabilidade de que fiquem juntos, a menos que vocês passem semanas sem se comunicar e só se vejam a intervalos maiores que seis meses.

Portanto, o que você pode fazer para aumentar suas chances? O mais importante é estabelecer regras claras: quando vocês irão se falar, quando irão se encontrar e se irão namorar outras pessoas. Vocês não fariam isso se vivessem perto, mas alguns casais acham que não é realista a ideia de ter um relacionamento monogâmico quando se vive a milhares de quilômetros de distância. A pesquisa de Guldner mostra que os envolvidos em um RAD costumam ter facilidade para expressar sentimentos profundos, mas se esquecem de falar sobre as dificuldades do dia a dia. Ambos são essenciais para a intimidade. Portanto, conte a ele que uma amiga a deixou plantada ou uma vendedora foi extremamente grosseira com você. Mas não invista emoção demais nos telefonemas. Não fique ferida se ouvi-lo bocejar ou arrumar os pratos na lava-louças. Da mesma forma, se uma visita não corresponder à sua expectativa, não significa que a próxima não corresponderá. Todos os relacionamentos têm altos e baixos. RADs precisam crescer, portanto, discuta com ele e pense que ele é um saco. Se você usar somente lentes cor-de-rosa, o relacionamento morrerá de desilusão.

Um estudo realizado no Reino Unido pela Dra. Mary Holmes, do departamento de sociologia da Flinders University, em Adelaide, avaliou 14 casais de professores universitários que vivem a distância e confirmou as descobertas de Guldner sobre a proximidade emocional nos RADs e a importância de compartilhar os detalhes da vida diária. Holmes concluiu que os relacionamentos podem sobreviver à distância física. Nos que dão certo, os envolvidos em geral mudam-se para perto dentro de quatro anos. Afinal, esse é o objetivo de todo RAD.

A CAMINHO DE CASA

Há dois anos, minha namorada e eu mantemos um relacionamento a distância. Pouco antes do Natal, ela soube que consegui um novo emprego, o que significa voltar para a Inglaterra. Nós dois queremos que isso aconteça e ela vem morar comigo. Nosso relacionamento sempre foi romântico, mas nos vermos todo dia será diferente. Temos mais ou menos probabilidade de ainda estar juntos no final do ano que vem?

Esperamos que vocês tenham mais chance de estar juntos depois de um ano, mas é difícil dizer. As relações a distância são tão românticas e difíceis que merecem um final do tipo "felizes para sempre". No entanto, embora existam livros de autoajuda e páginas da internet dedicadas aos RADs, parte das pesquisas sobre a passagem de um desses relacionamentos para uma relação comum não ajuda muito. Isso acontece porque elas analisaram apenas casais de militares ou estudantes universitários. Os casamentos de militares têm problemas muito específicos, já que o serviço ativo distancia esses profissionais da maioria das pessoas e eles costumam se queixar que os parceiros parecem estranhos. Esse problema é tão frequente que a página da força aérea britânica direciona os visitantes para um site sobre RAD chamado longdistancecouples.com. Examinaremos as pesquisas com estudantes (pois são só o que temos), mas estes costumam ter vinte e poucos anos e a maioria dos envolvidos em RADs são mais velhos.

A proximidade geográfica deveria ser boa porque, segundo as pesquisas, o que fortalece os relacionamentos são as conversas do dia a dia e não as grandes ocasiões. Ou seja, não são as rosas vermelhas no desembarque, mas as conversas do tipo "agora que você voltou, é sua vez de fazer as compras na sexta-feira". Um artigo da Ohio State University publicado no periódico *Journal of Social and Personal Relationships* revelou que, de 180 casais em relacionamentos a distância que se mudaram para perto, 114 continuaram juntos, mas 66 se separaram, sendo que dois terços dentro dos primeiros três meses. A maioria sentiu falta de algum aspecto da vida distante: a liberdade, o valor da novidade e o tipo especial de proximidade que sentiam quando viviam separados. Eles passaram a ter quatro vezes mais probabilidade de identificar no parceiro uma nova qualidade negativa, em geral preguiça ou imaturidade (mas se tratava de estudantes), do que de perceber uma qualidade positiva. O engraçado é que o ciúme ficou mais frequente.

Esse estudo mostra que os casais que permaneceram distantes tinham o mesmo índice de separação dos que se mudaram para perto, mas há outro, realizado com estudantes universitários um ano mais tarde, publicado na mesma revista que descobriu um índice de separações mais alto para os casais que se mudaram para perto. Não é clara a razão dessa diferença, mas o segundo estudo descobriu que os casais a distância que eram mais idealistas sobre o relacionamento e passavam mais tempo sem se ver corriam mais risco de se separar quando passavam a viver próximos.

Portanto, você precisa de uma completa e rápida tomada de consciência. Isso pode ser difícil quando se está em um RAD, por causa das inúmeras pressões. Nesse tipo de relacionamento, as pessoas evitam brigar por questões triviais, porque o tempo que passam juntos é curto e em geral custa caro (por exemplo, em passagens aéreas). Nos relacionamentos geograficamente próximos, o tempo não é tão importante, portanto você pode discutir o dia todo, se quiser. Na verdade, quando vocês voltam a viver perto, podem ter a sensação de que a qualidade foi substituída pela quantidade. Portanto, você precisará fazer reajustes para incluir sua namorada em sua vida diária e ser tolerante com os aspectos de cada um que a proximidade revelará. O que pode ser mais romântico do que isso?

FÉ NO RELACIONAMENTO
Sou muçulmana e vou contar a meus pais(que são pessoas tradicionais) que pretendo me casar com meu namorado branco. Ele será convertido e não vivemos juntos antes, mas mesmo assim eles podem me repudiar. Esse fato e a diferença cultural diminuem as chances de sobrevivência de nosso casamento?

As diferenças culturais e o repúdio dos pais aumentam a probabilidade de separação? Não há como responder a essa pergunta com um simples sim ou não, como talvez você espere. A pesquisa dos relacionamentos mostra que as pessoas se casam com seus semelhantes e que o apoio da família e dos amigos ajuda a manter o casal unido. Não existem muitas pesquisas (e as que existem são antigas) que examinem especificamente o risco de divórcio entre casais de religiões ou etnias diferentes.

Vocês ainda são fora do comum, o que talvez surpreenda. Segundo os últimos dados do instituto britânico de estatísticas, Office for National Statistics, na Inglaterra e no País de Gales somente 2% dos casamentos são entre membros de grupos étnicos diferentes. Na população originária de Bangladesh, 3% casam fora de seu grupo. Na verdade, seu namorado é mais fora do comum que você. Os brancos são os que menos se casam fora de seu grupo étnico. Mesmo assim, em alguns países os casamentos mistos estão aumentando. Por exemplo, nos Estados Unidos, de acordo com o sociólogo Michael J. Rosenfeld, da Stanford University, os casamentos interraciais aumentaram de menos de 2% em 1970 para mais de 7% em 2007.

No entanto, sejam quais forem os números, seus pais provavelmente planejavam para você um casamento arranjado. Só isso já será chocante para eles, embora eles talvez possam ter percebido diferenças entre as próprias vidas e a sua. Uma pesquisa sobre costumes das minorias étnicas, a National Survey of Ethnic Minorities, realizada nos anos 1990, descobriu que a maioria dos membros de comunidades originárias do sul da Ásia se casava com parceiros escolhidos pelos pais. Apesar disso, mesmo há dez anos, os indivíduos com menos de 34 anos tinham mais probabilidade de escolher o próprio parceiro que os mais velhos.

Os dados sobre separação são conflitantes, mas provavelmente ficarão mais claros quando houver mais pesquisas. Com o aumento da integração entre grupos étnicos e religiosos aumentará a probabilidade de casamentos mistos. Os estudos sobre os índices de divórcio costumam listar os motivos da separação, sem analisá-los. Pesquisas alemãs descobriram que os casamentos mistos (exceto aqueles entre mulheres alemãs e homens turcos ou iugoslavos) não tinham índices de divórcio mais elevados. Um estudo realizado há vinte anos examinou 10% dos divórcios da Califórnia e descobriu casamentos quase dois anos menos duradouros entre homens afro-caribenhos e mulheres brancas. Outro, australiano, publicado no *Journal of Marriage and Family*, ao rever dados de um estudo sobre casamentos no Havaí, descobriu que os matrimônios mistos tinham um índice de divórcio mais alto, mas argumentou que esse fenômeno era causado pela diferença de visão dos diferentes grupos étnicos sobre o divórcio. Se você pertencer a um grupo étnico que desaprova o divórcio, isso reduzirá seu risco, não importando com quem você se case.

É provável que haja outros fatores em jogo, porém estudos mostram que quando um parceiro se converte à religião do outro, os casamentos têm um índice de divórcio mais baixo do que a média. Esse resultado é mais acentuado entre convertidos ao judaísmo. A conversão também aumenta a probabilidade de que a família e os amigos aceitem o relacionamento.

Sem querer subestimar a batalha à sua frente, os fundamentos de um relacionamento duradouro são o romance, o companheirismo, o amor, o apoio e a lealdade. Você precisa acreditar que esses fatores podem ultrapassar as barreiras culturais.

AMOR NÃO TEM IDADE?

Sempre saí com homens de minha idade ou um pouco mais velhos que eu. Depois de me separar de um homem com quem vivia, levei quatro anos para conhecer alguém de quem realmente gosto. O problema é que ele é sete anos mais novo do que eu. Tenho 35 anos. Nós já falamos sobre casamento. Essa diferença de idade é pouco significativa ou tenho motivo para me preocupar?

Existem muitos mitos em torno da diferença de idade nos relacionamentos. Eles são mais diversos do que imaginamos. O Office for National Statistics da Inglaterra e do País de Gales define a diferença de idade no casamento como a idade do marido menos a idade da esposa. Isso reflete o padrão mais frequente, que é a razão de seu desconforto. Até certo ponto temos a idade de nosso comportamento, mas é difícil que cônjuges de idades muito diferentes tenham os mesmos valores, interesses e níveis de energia. Haverá tensão se uma mulher na perimenopausa conhecer um homem de 25 anos que quer ter seus próprios filhos (embora sempre se possa recorrer aos médicos italianos especializados em fertilidade). Apesar disso, as estatísticas de casamento mostram uma faixa surpreendente de diferenças etárias. Em três quartos dos casamentos as mulheres são de quatro a oito anos mais jovens do que os maridos, logo, em um quarto dos casamentos, a diferença de idades é maior que oito anos. Seu relacionamento tem uma diferença de sete anos, o que não parece tão fora da escala, principalmente em sua idade.

Na verdade, você está sendo bastante careta. Em países tão diferentes quanto EUA e Coreia, mais mulheres estão se casando com homens mais jovens. No Reino Unido, a proporção de casais com um marido mais jovem que a esposa aumentou de 15% em 1963 para 26% em 2003. As mulheres são mais propensas a casar com homens mais jovens se já foram casadas antes. O Office for National Statistics deixa claro que a distribuição de idades hoje em dia reflete uma indiferença (segundo eles) pela idade do parceiro. A American Association of Retired Persons, uma associação norte-americana de aposentados, realizou uma pesquisa com 3.500 solteiros com idades entre 40 e 60 anos, descobrindo que 34% das mulheres com mais de 40 anos estavam namorando homens mais jovens, mas o estudo não informava a diferença de idade. O termo "loba" é usado com frequência para descrever mulheres mais velhas que namoram homens mais jovens — uma referência à natureza predatória daquele animal.

Não está acontecendo nenhuma revolução nas normas sociais, mas gradualmente está desaparecendo o estereótipo do garoto problemático que quer uma mulher mais velha porque é o mais perto que ele pode chegar de transar com a própria mãe ou porque pode lançar mão de uma parte do alto salário da parceira. Está se tornando mais comum ver homens perfeitamente normais namorando mulheres mais velhas. Em 1999, um estudo na revista *Family Planning Perspectives* apresentou dados segundo os quais 29% das mulheres de até 45 anos (esse limite de idade foi escolhido por se tratar de um estudo sobre a gravidez) tinham parceiros de três a cinco anos mais velhos que elas e 7% tinham parceiros seis ou mais anos mais velhos. Um estudo da California State

College descobriu que os indivíduos acreditavam em uma menor probabilidade de sucesso nos relacionamentos com diferença de idade muito grande, por exemplo, de 18 anos. No entanto, eles tinham melhores expectativas com relação às diferenças chamadas "moderadas", de sete anos.

Melhor ainda, existe uma pesquisa da University of Oklahoma segundo a qual as mulheres casadas com homens mais jovens, com uma diferença de seis anos ou mais, vivem mais que as casadas com homens mais velhos. Portanto, você terá mais tempo para desfrutar seu relacionamento.

MINHA NAMORADA

Estou pensando em pedir minha linda namorada em casamento no Dia dos Namorados (estamos juntos há dois anos). Ela se queixa de que não sou romântico, portanto pensei em surpreendê-la com um jantar em um restaurante agradável e um anel. Mas estou com medo de que, em vez de romântica, essa ideia seja brega. Qual das duas?

É brega pedir alguém em casamento no Dia dos Namorados? As pesquisas mostram que mais de 60% dos indivíduos considerariam a ideia romântica. Se não for uma surpresa grande demais e se sua namorada quiser casar com você, provavelmente ela ficará emocionada, seja qual for a forma de pedido. Por que não gostar de ouvir alguém dizer que a ama e que quer passar o resto da vida com ela (a não ser que ela tenha outros planos)?

Em vez de se preocupar com a possibilidade de ser brega, você deveria pensar em não ser tão antiquado. Você não sabe que o casamento está saindo de moda? Portanto, você deve acreditar em celebrar o compromisso, uma vez que casar já não faz mais diferença do ponto de vista financeiro. E nesse mundo descrente, isso faz de você um romântico incorrigível.

O pedido ainda é uma parte fundamental da tradição do casamento, portanto pense bem na maneira de fazê-lo. Uma pesquisa do canal de televisão GMTV envolvendo mais de 8.500 espectadores descobriu que dois terços dos casamentos começam com um pedido formal — ainda predominantemente masculino. A maioria das pesquisas de opinião sobre pedidos de casamento no Dia dos Namorados parte de empresas interessadas na questão: joalherias, floristas e fabricantes de camisinha (esses últimos fizeram uma mostrando que o que as mulheres mais querem no Dia dos Namorados é transar). Você não precisa se ajoelhar: uma pesquisa realizada por um joalheiro com 50 mil norte-americanos descobriu que dois terços dos pesquisados consideravam desnecessário ajoelhar-se, embora os participantes mais jovens da pesquisa, com idades entre 18 e 34 anos, tivessem duas vezes mais tendência a fazer o pedido de joelhos — talvez porque ainda tenham flexibilidade suficiente para se levantar depois. Você não tem de apresentar um anel de noivado, já que as mulheres preferem escolhê-lo. Tal como acontece com roupas íntimas, será embaraçoso se o anel ficar muito pequeno.

Se você quer dicas sobre como ser mais romântico de forma geral, todas as pesquisas sugerem que um toque pessoal é melhor que um gesto grandioso. O que faz o romance são os pequenos atos de gentileza. Uma pesquisa *online* com 250 participantes descobriu que a maioria preferia um buquê de flores silvestres colhidas à mão a uma dúzia de rosas de estufa de haste longa. As mulheres também consideram extremamente romântico o parceiro fazer tarefas domésticas, preparar-lhes uma refeição e ter pequenos gestos de atenção como perguntar: "Você está com frio, quer meu paletó?" Você também precisa pensar se quer fazer o pedido em particular ou como um gesto mais público. Uma pesquisa da revista *Psychology Today* com 250 pessoas descobriu que apenas um terço não gostaria de um pedido na televisão, escrito no céu ou em um local público. Estou surpresa de que esse número não seja maior.

As empresas de seguros fizeram suas próprias pesquisas sobre o Dia dos Namorados. Anéis de noivado em copos de champanhe (com risco de engasgar), pedidos feitos no alto da montanha com direito a queda, e todos aqueles jantares à luz de velas (opa, meu cabelo pegou fogo!) pagam muitos prêmios de seguro. Portanto, saiba que os gestos românticos envolvem riscos, sendo a probabilidade de recusa o menor deles.

DESISTIR OU FECHAR NEGÓCIO?

Minha namorada e eu estamos comprando uma casa, quase assinando a escritura. Estamos juntos há dois anos e agora praticamente vivemos em meu apartamento, mas no último mês estamos nos relacionando muito mal. Não discutimos, somente quase não falamos um com o outro. Em geral sou eu quem toma a iniciativa de pedir desculpas, portanto imagino que vá fazer isso também dessa vez. Mas será que deveríamos estar partindo para morar juntos quando estamos nos dando tão mal?

Comprar uma casa pode criar tensão mesmo no relacionamento mais sólido, portanto um mês de desentendimento no meio de uma compra pode ser reversível. Mas isso não acontecerá se vocês não conversarem. Vocês estão investindo em um futuro juntos ou somente na compra de uma propriedade? Vocês discutiram esse futuro antes de assumir uma hipoteca juntos? Há trinta anos, coabitar sem casamento era malvisto. Até recentemente morar juntos era o prelúdio para o casamento. Agora é um fim em si mesmo. Segundo as estatísticas, as pessoas que vivem juntas ficam juntas por menos tempo que os casados, mas esses números também refletem a tranquilidade com que alguns casais decidem coabitar, quer tenham ou não comprado uma casa juntos. Hoje em dia, morar juntos se tornou a norma a tal ponto que é difícil saber se a maioria dos casais considera isso mais significativo do que viajar juntos nas férias.

Portanto, por que a maioria dos casais decide morar juntos? Um estudo da Dra. Sharon Sassler, da Ohio State University, perguntou a 25 pessoas entre 20 e 33 anos, moradores de Nova York e que viveram juntos durante três meses, por que tinham tomado essa decisão. O estudo descobriu que menos de um terço havia discutido o futuro conjunto. Mais da metade começou a dividir o mesmo teto muito rapidamente, dentro de seis meses. Alguns justificaram essa decisão alegando que sentiam tanta atração mútua e passavam tanto tempo juntos que coabitar simplesmente aconteceu. Mas essas razões podiam ser traduzidas principalmente como motivações mais práticas: morar juntos para economizar ou porque é mais conveniente. Isso lhe parece familiar?

Dados estatísticos da British Household Panel Survey mostram que 70% das primeiras uniões não são casamentos, mas relações de coabitação que duram em média dois anos. Elas são quase sempre experimentais (Exatamente quanto vamos economizar na conta do gás?) e jamais pretenderam ser duradouras. Como se passou com os casais de Nova York, essas uniões acontecem porque o casal passava tanto tempo junto que migrar para a casa de algum dos dois parecia uma progressão natural. No entanto, dois anos são apenas uma média, existem relacionamentos de coabitação que duram a vida toda. A maioria deles começou com essa intenção. Cada vez mais, os relacionamentos de coabitação serão mais duráveis porque muita gente irá preferi-los ao casamento.

Talvez você não tenha precisado resolver esse conflito antes porque ainda estava na fase de ser fácil de agradar. Mas para que vocês tenham um futuro juntos, é preciso que não se separem como consequência da compra de uma casa. Coisas piores acontecerão. Existe uma vasta literatura sobre comportamentos de fuga (mau humor) diante do conflito. Basicamente, a literatura diz que emburrar é péssimo. Como dizem os psicólogos, fugir à intimidade é o oposto do que se precisa fazer quando surgem as dificuldades. O sentido de viver juntos (além do sexo e de poder comprar uma casa melhor) é vocês poderem se apoiar emocionalmente.

Portanto, comece a falar sobre o futuro e sobre como vocês deverão enfrentar os problemas que surgirem, antes de discutir questões tão significativas quanto uma casa.

ELE NÃO É MINHA ALMA GÊMEA
Minha namorada diz que me ama, mas não tem certeza se sou sua alma gêmea. Por essa razão ela quer esperar antes de morarmos juntos. Acho que ela está é demonstrando insegurança sobre termos um futuro juntos. Ou será que estou exagerando? As pessoas realmente acreditam em almas gêmeas?

As pessoas realmente acreditam em almas gêmeas, em encontrar alguém que seja "a pessoa certa" para elas. A expressão "alma gêmea" costuma designar um parceiro romântico, porém, de acordo com vários livros sobre a questão, pode incluir amigos, irmãos ou até mesmo filhos, o que parece improvável. A alma gêmea pode ser identificada pela capacidade de conversar com você durante horas no primeiro encontro, de compreendê-lo melhor que sua própria mãe e de ser capaz de completar suas frases. A vida com a alma gêmea deve ser fácil e natural, passada numa casinha de sapé. Não admira que tantas pessoas queiram encontrá-la. A resposta deve estar bem próxima, já que as almas gêmeas costumam ter antecedentes semelhantes aos seus e por isso podem compreendê-lo tão bem.

A busca por uma alma gêmea é um fenômeno relativamente moderno, embora se credite a Platão o início dessa busca ao escrever em sua obra, *O banquete,* que os seres humanos já tiveram quatro pernas, quatro braços e duas faces, mas foram divididos por Zeus, que temia seu poder. Desde então, as duas metades tentam se encontrar.

Hoje, essa ideia é tão predominante que uma pesquisa da Gallup com 1.003 jovens dos Estados Unidos com idades entre 20 e 29 anos descobriu que 94% dos solteiros (o número de solteiros não foi informado) achavam que "quem se casa quer acima de tudo que o cônjuge seja sua alma gêmea". Quase 90% dos pesquisados acreditavam que "existe uma pessoa especial, o par perfeito, à sua espera em algum lugar". A maioria deles também acreditava que iria encontrá-lo. Praticamente o mesmo número achava o número de divórcios muito alto. O que nos leva à pergunta: será que isso expressa uma correlação?

O problema com a filosofia de que "só a alma gêmea serve" é trazer a promessa de um relacionamento perfeito, sem qualquer esforço. Os relacionamentos baseados no "somos o par perfeito" correm o risco de que alguém vá embora quando ninguém quiser jogar fora o lixo ou se levantar para socorrer uma criança que está chorando.

Nos Estados Unidos, o Dr. Neil Clark Warren criou a página eharmony.com, um serviço de encontros virtuais, em consequência de suas pesquisas sobre casamento. Ele definiu 29 dimensões para um casamento feliz e afirma que, para encontrar a alma gêmea, é preciso ver além das cinco qualidades normalmente procuradas: boa aparência, química, senso de humor, personalidade agradável e alguma segurança financeira. Ele ou ela tem uma família problemática (não temos todos?), é cheio de energia ou tão preguiçoso quanto você? Gosta de ficar sozinho? Como se comporta nas brigas? Essencialmente, a opinião de Warren é que as almas gêmeas são parceiros compatíveis. No entanto, verifique criteriosamente e procure provas objetivas de compatibilidade, em vez de buscar uma vaga sensação de que o outro é capaz de ler sua mente.

Sua namorada tanto pode querer dizer que você não é o eleito quanto que ela ainda não sabe se é. Pergunte-lhe o que quer dizer com a expressão alma gêmea e qual a opinião dela sobre o grau de compatibilidade de vocês. Se ela não souber responder, invista em fazer com que vocês se conheçam melhor. O que você não deve fazer é fingir ser a tal alma gêmea, porque você tem sua própria alma e é improvável que esta aceite tal simulação.

A HORA DE DIZER "SIM"

Meu namorado nunca teve um relacionamento que durasse mais de um ano. Ele fez tudo para me conquistar, mas depois de oito meses ficou temperamental, alegando que está muito ocupado, que eu não sou o que ele pensava e que não tem certeza de estar preparado para um relacionamento sério. Existe alguma coisa que eu possa fazer para levá-lo a assumir um compromisso comigo ou simplesmente não sou a pessoa certa para ele?

Você só consegue fazer alguém com fobia a compromisso se comprometer se ele assim desejar. E se ele o desejar, então não será fóbico, não é mesmo? Quem tem pavor de compromisso parece normal (não vai usar tênis de corrida para poder fugir mais depressa), mas tem uma história que denuncia essa condição. Cuidado com quem nunca teve um relacionamento de mais de um ano ou com quem partiu para uma conquista acelerada. Isso pode parecer lisonjeiro, mas na verdade é estranho, pois ele não a conhece bem. Então, talvez por exaustão, você decida dar-lhe uma chance e se comporta como namorada e ele rapidamente se recolhe. Ele também pode se tornar muito crítico, implicando com aspectos que você não pode mudar com facilidade, como sua família ou a forma de suas orelhas.

Quem tem fobia a compromisso pode ser confundido com o absoluto canalha, mas a primeira é uma condição claramente definida. Mulheres podem sofrer dessa fobia, mas a expressão foi cunhada em 1987 especificamente para os homens por Steven Carter, no livro *Homens que não conseguem amar*, baseado em entrevistas realizadas com cinquenta mulheres. Carter quase chamou essa característica de síndrome de Houdini, por conta de todos os casos de homens que desapareceram no meio de um relacionamento (um deles saiu de um hotel em Roma para comprar cigarros e nunca voltou). Carter definiu que os fóbicos a relacionamento têm um padrão comportamental de conquista e pânico, embora ele não explique por que isso acontece, preferindo deixar claro para as mulheres que não é culpa delas e elas devem sair do relacionamento antes que sua autoestima desapareça juntamente com o parceiro.

O compromisso em geral é definido em termos da dedicação ao parceiro e algum sacrifício, que envolve colocar o bem maior do relacionamento acima das próprias sórdidas necessidades. Em troca disso, de acordo com a pesquisa, o compromisso traz felicidade, saúde e mais tolerância aos ocasionais contratempos da vida. Se você deseja saber como se desenvolve um compromisso, existem pesquisas para orientá-la. Uma delas, realizada na Indiana University Northwest e publicada no *Journal of Social and Personal Relationships,* perguntou a cem estudantes do sexo masculino e 99 do sexo feminino como eles haviam transformado um relacionamento sem maiores compromissos em uma relação séria. Quase 40% dos entrevistados disseram que viram o parceiro com mais frequência e por mais tempo, 30% afirmaram ter começado a falar de seus sentimentos sobre o relacionamento, 26% o fizeram pedindo ajuda ou conselhos pessoais e mais ou menos 16% solicitaram diretamente um relacionamento mais sério. Outros estudos também mostram que a visão que os homens têm da parceira é mais ou menos positiva de acordo com o grau do compromisso assumido por eles.

Se seu namorado não apresenta nenhum dos comportamentos do parágrafo acima, talvez ele não queira se comprometer. Nesse caso, os outros estudos indicam que ele não lhe dá muito valor e pode estar buscando alternativas por aí.

Em minha opinião, 100% dos homens que não querem assumir compromisso não irão fazê-lo. Eles podem morar ou casar com você, ter filhos com você, mas tudo isso são meros acontecimentos, não é compromisso. Para o parceiro com fobia a compromisso, que sente falta de ar só de pensar em morar com você para sempre, nem você nem qualquer outra jamais será a mulher ideal, a menos que seja uma psicoterapeuta formada.

SEM PRESSA DE CASAR

Minha namorada e eu vivemos juntos há oito anos e temos um filho. Nós decidimos casar, mas ela leu que as pessoas que viveram juntas antes de casar têm mais probabilidade de se divorciar do que as que não viveram. Conhecemos casais a quem isso aconteceu. Devemos continuar como estamos?

De acordo com o Office for National Statistics, existem 2,2 milhões de casais com filhos que vivem juntos sem casamento, um aumento de 65% entre 1991 e 2006. Viver juntos já é um fato convencional e mais de 80% dos casais que se casam hoje em dia viveram juntos antes. A empresa One Plus One afirma que, em média, os casais vivem juntos durante quase sete anos. Mais ou menos 60% dos que estão morando juntos pela primeira vez se casam, o que parece muito se pensarmos que em geral os casais começaram a coabitar por razões nada românticas — por exemplo, para diminuir o custo de moradia na universidade.

Das pesquisas que investigaram se o fato de coabitar primeiro aumenta a chance de se separar depois de casar, muitas foram realizadas há muitos anos, quando viver em pecado provocava reações negativas e quem optava por essa solução eram os menos convencionais. Essas pesquisas mostraram que os casais que vivem juntos são menos felizes, mais infiéis, menos confiantes no relacionamento e mais violentos do que os casados. Elas também mostraram que esses casais têm duas vezes mais probabilidade de se separar do que quem não viveu junto antes. Em especial, os homens são menos comprometidos com relações de coabitação do que com o casamento.

Por que viver juntos não é uma boa preparação para o casamento? Alguns pesquisadores sugerem que esses casais levam para o casamento o baixo nível de compromisso na forma de uma atitude displicente. Um dia eles acordam e pensam: "Precisamos de equipamentos de cozinha, vamos casar para poder fazer uma lista de casamento." Quando as dificuldades surgem, essa atitude displicente se transforma em "vamos nos divorciar". Estou sendo simplista? Não necessariamente.

Talvez os casais que optaram por viver juntos nas décadas de 1970 e 1980 fossem diferentes dos casais que coabitam hoje. Um estudo australiano publicado em 2003 na revista *Family Matters* descobriu que os casais modernos que moram juntos e depois se casam permanecem juntos numa taxa semelhante a dos que se casaram diretamente. O tempo de existência conjunta foi medido a partir do momento em que os casais começaram a dividir o mesmo teto, enquanto em outros estudos ele foi medido a partir do casamento. Quando levaram em consideração outros fatores de risco de divórcio como juventude, pobreza, pais divorciados e baixa escolaridade, a diferença caiu para 5% depois de oito anos de casamento — ainda significativa, porém menor. Hoje em dia, anômalos são os casais que não viveram juntos antes. No entanto, ainda pode haver risco daquilo que os pesquisadores da University of Denver, em um artigo publicado na revista *Family Relations*, chamam de "escorregar para o casamento em vez de decidir casar", o que torna mais vulneráveis os casamentos que começaram com um relacionamento de coabitação.

John Ermisch, um estatístico da University of Essex que estudou a coabitação, declara que quando os estudos levam em conta esses outros fatores de risco de divórcio, o risco de separação é eliminado ou até mesmo revertido. Portanto, não existe nenhuma prova definitiva que o impeça de se casar, restando apenas o custo da operação e as brigas para definir a lista de convidados.

CASAR POR AMOR

Meus pais disseram que eu não preciso ter um casamento arranjado se não quiser, mas sei que ficarão profundamente feridos se eu não aceitar o casamento tradicional. Não sei o que fazer. A geração deles pensa que os casamentos arranjados têm mais sucesso que os casamentos por amor. O que devo fazer?

Muitas pessoas ainda optam por casamentos arranjados, principalmente na Ásia, na África e no Oriente Médio. Estima-se que mais ou menos 90% dos casamentos da Índia são arranjados. Agora que os índices de divórcio estão passando de um terço em alguns países ocidentais, os casamentos arranjados vêm atraindo algum interesse no ocidente, mas também são malvistos, sendo associados a casamentos obrigados e noivados de crianças. Historicamente, os casamentos arranjados eram justificados mais pelo progresso social e econômico das famílias do que pelo bem dos indivíduos. Tipicamente, os homens eram mais velhos que as esposas (alguns eram anciãos) e os casais eram formados em função de religião, casta (onde isso existia), dinheiro, aparência (só homens altos, por favor) e condição social de cada família.

Os argumentos a favor dos casamentos arranjados se baseiam na percepção de que os jovens são impulsivos e escolherão parceiros por razões superficiais como a aparência e a química sexual. Nos casamentos por amor, os sentimentos intensos e pouco realistas são nocauteados pela realidade dos filhos para criar e da roupa por lavar. Isso faz muitos desistirem ou ficarem progressivamente infelizes. Os casamentos arranjados são mais ponderados. Diz-se que eles têm "partida a frio" e aquecem depois. Não há expectativa de felicidade, apenas um sentimento de dever para com a família e os casamenteiros que juntaram os envolvidos, portanto, a construção do relacionamento é mais garantida. No entanto, correndo o risco de ser superficial, você pode se casar com alguém que nunca achará sexualmente atraente, o que está se tornando cada vez mais inaceitável para muitos casais jovens de quem se espera um casamento arranjado. Em parte, como você provavelmente sabe, essa pode ser a razão pela qual o mercado de casamentos arranjados ficou mais moderado. Amit Batabyal, catedrático de economia do Rochester Institute of Technology, que pesquisou os aspectos econômicos dos casamentos arranjados, declara que hoje esses enlaces são mais flexíveis. Os pais e os casamenteiros atuam mais como consultores do que como promotores do casamento, sugerindo, em vez de impondo um parceiro.

Poderíamos esperar que um casamento arranjado reduzisse o risco de divórcio e trouxesse mais felicidade. Batabyal declara que os índices de divórcio são mais altos nos países em que predominam os casamentos por amor. No entanto, isso pode acontecer porque nos países em que prevalecem os casamentos arranjados os fatores econômicos e políticos previnem o divórcio. Um relatório publicado no jornal *Times of India* revela que os índices de divórcio em Mumbai chegam a 40%. Em outro relatório, o jornal informa que esses índices estão aumentando em Goa, embora ali o número de divórcios, 384 por ano, pareça baixo. O site da internet divorcerates.org afirma que o índice de divórcios na Índia ainda está na faixa de 1%.

Sendo assim, os casamentos arranjados são mais felizes? Um estudo com 586 mulheres casadas de Sichuan, na China, comparou as que se casaram por amor com aquelas cujo casamento foi arranjado, perguntando o grau de satisfação que elas sentiam no relacionamento. Segundo o estudo descobriu, as mulheres que se casaram por amor eram mais felizes que as de casamentos arranjados. Nos dois tipos de casamento, as relações mais felizes eram as relações mais duradouras.

Se você é da primeira geração a tentar um casamento por amor, isso será difícil para seus pais. Você pode experimentar uma abordagem intermediária, em que eles indiquem candidatos, mas você não seja obrigada a se casar com eles. Chegue a um acordo sobre o que você fará se encontrar alguém e diga-lhes o que está procurando. Procure evitar escolher alguém muito diferente, pois isso poderá ser difícil demais para seus pais.

QUANTO VALE UM NOME?

Meu namorado e eu vamos nos casar. Nosso relacionamento está baseado no amor e na igualdade. O casamento suscita a questão de usarmos o mesmo sobrenome. Tenho medo de perder parte da minha identidade e me sentir subordinada a ele se abrir mão do meu. Usar o mesmo nome tem vantagens práticas, principalmente se tivermos filhos, mas não posso deixar de ver isso como uma expressão da dominação masculina. Meu namorado gosta da ideia de um sobrenome único, mas acha que deve ser o dele porque é mais fácil de escrever por ser inglês, enquanto o meu é holandês. Como as outras mulheres tratam essa questão?

É uma questão de escolha pessoal. Você pode manter seu nome de solteira, pode adotar o sobrenome dele e usar seu sobrenome como nome do meio, combinar os nomes dos dois para formar um novo nome (por exemplo, Williams se casa com Smithson e passa a se chamar Wilson — por que os dois não perderem a identidade?) ou um nome composto, adotar o sobrenome dele, mas usar seu nome de solteira, ou ainda, a solução mais radical, ele pode adotar seu sobrenome. Ficou confusa? Bem, você pode ver por que, de acordo com um artigo publicado na revista *Populations and Societies* e intitulado "The Surname of Married Women in the European Union" (O sobrenome das mulheres casadas na União Europeia), a maioria das mulheres adota o comportamento tradicional. No entanto, existem variações: na Itália, por exemplo, as mulheres quase sempre usam os dois sobrenomes.

Em geral, adota-se o nome do marido para agradar à família — a família dele costuma ficar mais feliz. Alguns consideram isso romântico e se você tiver filhos também será conhecida pelo sobrenome deles. Se você escolher o sobrenome de seu marido, automaticamente desativará o campo minado potencialmente perigoso da escolha do sobrenome dos filhos na certidão de nascimento. Algumas mulheres, porém, se opõem a sancionar uma prática patriarcal oriunda de uma época em que os maridos detinham todo o poder. Se a ideia lhe desagrada muito, não faça isso. No entanto, você ainda precisará lidar com as pessoas que não a conhecem bem e que irão partir do princípio de que você adotou o sobrenome de seu marido.

Tradicionalmente, quando se adota o sobrenome do marido, você passa a ser chamada pelo nome dele. Como Sra. John Smith, você estará completamente subordinada — terá quase desaparecido. Mas felizmente, poucos usam essa convenção. Algumas mulheres têm mais tendência que outras a manter o próprio sobrenome. Um estudo a respeito de sobrenomes femininos realizado por pesquisadores da Harvard University e publicado no *Journal of Economic Perspectives* descobriu que as mulheres formadas nessa universidade tinham mais probabilidade de manter os próprios sobrenomes se tivessem graus de escolaridade mais altos, trabalhassem nas áreas de artes ou comunicações e tivessem carreiras mais longas antes de casar. De um total de 390 mulheres casadas da classe de 1980, 44% mantiveram o próprio sobrenome, em comparação com 32% em 1990. O número de mulheres do estudo de 1990 não foi fornecido. Os autores especulam que manter o próprio sobrenome deixou de ser uma questão feminista muito relevante.

A maioria das mulheres faz um teste com o sobrenome do marido (como soa Sra. Emma Roydes?). A maioria das pesquisas mostra que as mulheres têm uma atitude neutra ou positiva com relação a adotar o sobrenome do marido. Talvez você não tenha. Só você pode responder a essa pergunta. Quanto vale um nome? A julgar pelo que você disse, parece valer muito.

ESTOU BONITA?
Meu parceiro é muito mais bonito do que eu. Não chego a ser feia, mas ele é tão atraente que as pessoas comentam e vejo as mulheres babando diante dele. Ele parece não dar atenção a isso, mas me pergunto se o relacionamento está fadado ao fracasso porque ele é tão bonito que vai ser paquerado o tempo todo. Nosso relacionamento tem menos chance de durar?

O estereótipo é uma mulher bonita com um homem menos atraente, portanto você está certa ao pensar que vocês são menos convencionais. Alguns lhe diriam para calar a boca e deixar de ser tão superficial, mas eu não farei isso, porque as pesquisas mostram que as pessoas escolhem parceiros que se parecem com elas, inclusive no quesito beleza. Há um estudo publicado no *Journal of Social and Personal Relationships* e intitulado "Facial Ressemblance in Engaged and Married Couples" (Semelhança Facial de Noivos e Cônjuges), cuja hipótese estabelece que os membros de um casal são parecidos porque, de acordo com uma teoria psicológica, a exposição repetida a um estímulo (seu rosto no espelho) torna aquele estímulo mais atraente. Isso pode ser traduzido pela frase: "se você se parece comigo, você é lindo." Nessa pesquisa, estudantes de psicologia (poderíamos supor que eles adivinhariam o que o estudo estava querendo demonstrar) atribuíram notas à semelhança entre o rosto masculino e o feminino em sessenta fotografias emparelhadas. Mais ou menos metade dos pares de fotos era de noivos ou casados, os outros pares foram formados aleatoriamente, embora o estudo não dissesse como. Os verdadeiros casais foram considerados mais semelhantes de acordo com medidas padronizadas para definir o potencial de atração de uma pessoa, como a simetria do rosto e a proeminência dos ossos da maçã do rosto (como os de uma modelo dos Balcãs).

Se você desafiou as leis da natureza e vive com uma pessoa muito mais bonita que você, o que acontecerá? Reduzindo seu relacionamento a uma transação mercenária, talvez você tenha outras características atraentes para ele: sua conversa, afeição, estabilidade ou dinheiro. Se a relação está baseada apenas na aparência, o prognóstico das pesquisas não é favorável. Um estudo de 1980, da University of Maryland, comparou os graus de atração de 623 casais de acordo com uma escala de nove pontos e deu a eles um questionário de 35 páginas sobre o relacionamento. Foi descoberto que os parceiros dos relacionamentos mais sérios tinham mais probabilidade de ser igualmente atraentes. Nove meses mais tarde, os menos semelhantes tinham mais probabilidade de estar separados. Os homens mais atraentes, não importando a aparência da parceira, tinham mais probabilidade de admitir que pensavam em outros relacionamentos (exceto os casados).

A maior parte das pesquisas estudou os níveis de atração no início dos relacionamentos. Um estudo da University of California em Los Angeles foi mais fundo, avaliando a influência que a aparência exerce em relações mais estabelecidas. James McNulty e seus colegas analisaram como 83 casais, juntos em média há 45 meses, discutiam um problema pessoal enquanto os pesquisadores atribuíam notas à beleza facial de cada parceiro. A equipe de pesquisadores descobriu que os maridos mais atraentes apoiavam menos as mulheres, principalmente se estas fossem menos atraentes que eles. A conclusão foi que os homens bonitos têm mais opções e talvez estejam menos preparados para ficar satisfeitos e ser apoiadores nos próprios relacionamentos. No entanto, os pesquisadores admitem que isso é mera especulação, o estudo mostra uma associação e não uma prova de que os homens bonitos são uns canalhas.

Também vale a pena saber que, segundo outros estudos, superestimamos a beleza de nossos parceiros e a probabilidade de nosso relacionamento durar para sempre. Essas são as ilusões positivas geradas pelo amor. Dito isso, a beleza dele parece ser um problema para você, que terá de lidar com a questão. Seu parceiro escolheu você, portanto, em vez de insistir que não acredita nele, aproveite a beleza e veja se a personalidade dele também é atraente.

5
Ciúme e infidelidade

HOMENS DE FARDA

Meu parceiro e eu estamos juntos há seis anos. Depois de três anos, ele entrou para a polícia. Alguns de nossos amigos são cheios de histórias de casos extraconjugais. Confio em meu parceiro e estamos planejando casar, mas é verdade que trabalhar em um grupo muito unido e em horários pouco convencionais induz as pessoas a ter casos?

É difícil saber o grau de confiabilidade das estatísticas sobre relações extraconjugais no trabalho. Uma pesquisa da empresa de recursos humanos Human and Legal Resources avaliou 1.072 trabalhadores de diferentes áreas de atuação e descobriu que 61% deles tiveram casos no local de trabalho e um terço já eram casados. A maioria dos casos ocorreu na indústria do lazer e do turismo e o menor número na área de saúde. Isso não nos diz muito, porque os dois tipos de trabalho envolvem expedientes longos, mas pode-se afirmar que é mais estressante ser um médico do que ser agente de viagens. Há provas concretas de que horários de trabalho inconvenientes causam infelicidade no relacionamento. Um estudo da Nebraska-Lincoln University com 1.668 casais descobriu que o risco de divórcio aumentou de 7% para 11% durante os três anos do estudo, o que é estatisticamente significativo. Outras pesquisas sugerem que se alguém trabalha em expedientes longos, cercado por membros do sexo oposto, estará suscetível a ter um caso. Mas isso depende da visão pessoal sobre infidelidade e sobre o próprio relacionamento.

Não existem estatísticas britânicas associando a área de atividade e o divórcio, porque esses dados não são coletados rotineiramente pelos organismos de estatísticas. Não há perguntas sobre emprego nos documentos de divórcio. Existe muita mitologia sobre os casamentos de policiais. Um site norte-americano cita um índice de divórcio de 75% e outro afirma que o índice é sete vezes maior que a média, comparável, segundo eles, ao índice de divórcio dos médicos. Mas existem provas concretas de que o índice de divórcio dos médicos não é maior que a média, portanto as estatísticas sobre divórcios de policiais podem não ser confiáveis. Um estudo publicado no *New England Journal of Medicine*, envolvendo 1.118 médicos casados, descobriu que somente algumas especialidades, como a psiquiatria, tinham índices um pouco mais elevados. Tanto os médicos quanto os policiais cuidam do público, porém, em uma comparação direta, os últimos talvez sejam considerados mais atraentes por causa da farda e das algemas.

Pesquisadores da University of Califórnia em Berkeley analisaram os efeitos do estresse laboral sobre 19 policiais do sexo masculino e suas esposas, pedindo-lhes para escrever durante trinta dias um diário do estresse e observando a interação deles em um laboratório. Os pesquisadores estavam procurando sinais precoces de um relacionamento em crise — a incapacidade dos cônjuges para controlar as emoções e reagir ao outro de forma civilizada. Eles descobriram que, embora os policiais estivessem estressados, suas mulheres faziam um grande esforço para serem gentis com eles. Os casais conseguiam manter a relação porque as parceiras eram apoiadoras. No entanto, os pesquisadores deixaram claro que um estresse contínuo no trabalho é tóxico para os relacionamentos.

A Dra. Ellen Kirschman, uma psicóloga americana especializada em policiais e seus relacionamentos, afirma que eles não têm mais relações extraconjugais ou divórcios que qualquer um. Eles são selecionados por critérios psicológicos, portanto devem ter uma saúde mental pelo menos acima da média. Você pode se despreocupar com relação a casos. A Dra. Ellen afirma ser mais provável que os policiais prejudiquem seus relacionamentos pelo distanciamento emocional e pela ansiedade com a vulnerabilidade da família (trazendo o trabalho para dentro de casa). Com isso é que deve ser difícil viver.

NOVA EMPRESA

Minha namorada tem um novo emprego em uma grande empresa, famosa pela socialização depois do trabalho. Estamos juntos e felizes há três anos, mas nesse emprego ela vai conhecer outros homens e sair para beber com mais frequência do que no anterior. Esse medo de perdê-la é insegurança de minha parte?

A oportunidade é um fator de risco, mas a infidelidade não é tão inevitável quanto você julga. Os diversos estudos sobre a questão mostram que a infidelidade depende de três fatores principais, que parecem bastante premeditados e com certeza sua namorada não vai usar essa lista de forma consciente. O primeiro fator é até que ponto ela pensa que pode encontrar alguém melhor do que você; o segundo, quanto ela investiu no relacionamento e pode considerar uma perda; finalmente, o que ela pensa sobre ser infiel. A maioria dos indivíduos (segundo pesquisas do Reino Unido, em torno de 80%) reprova a infidelidade, principalmente em relacionamentos estáveis. Contudo, em torno de um quarto das pessoas será infiel e irá racionalizar a questão de várias formas: insatisfação (ou seja, sexo insuficiente), desvalorização por parte do companheiro, atração incontrolável por outra pessoa e influência de álcool ou drogas. Para muitos, trair é um ato sem maior importância, só deixando de sê-lo se você, o parceiro, ficar sabendo.

De acordo com a pesquisa britânica Sexual Attitudes and Lifestyles Survey, as mulheres que trabalham fora têm uma probabilidade três vezes maior de serem infiéis, em comparação com as que ficam em casa e só veem o carteiro e o bombeiro hidráulico. Outros estudos mostram um aumento da infidelidade entre os que viajam a serviço (os hotéis têm apelo sexual), os insatisfeitos com o próprio relacionamento e os que já traíram antes. Pesquisas dos Estados Unidos mostram que a disponibilidade de parceiros interessantes aumenta as chances de infidelidade, principalmente quando mulheres trabalham em áreas onde os homens são mais numerosos. Algumas empresas dos EUA tentaram banir os relacionamentos no trabalho, deixando claro que os funcionários que começassem um caso seriam obrigados a comunicar a situação aos patrões e um deles deveria procurar outro emprego. Evidentemente, romances no trabalho acontecem. Uma pesquisa da empresa britânica Human and Legal Resources, envolvendo 1.072 trabalhadores, descobriu que 61% deles já haviam tido um romance no escritório e em um terço desses casos, um ou os dois envolvidos eram casados. Outros dados comprovam que a probabilidade de um caso depende da disponibilidade de parceiros. Um estudo sueco descobriu que o índice de divórcios era 70% mais alto entre pessoas que, no local de trabalho, são o único representante do seu gênero. A proporção entre gêneros no local de trabalho provavelmente influencia mais os índices de separação do que os índices de formação de casais.

No entanto, isso não significa que sua namorada queira pular a cerca. Se ela se sentir comprometida com você, não enviará ou receberá mensagens de disponibilidade. Os psicólogos sugerem meios de tornar a relação segura contra infidelidade que parecem revoltantes, mas funcionam melhor do que a única alternativa restante: sabotar a carreira dela. Você precisa conversar com ela diariamente durante pelo menos 40 minutos, sair para namorar quatro vezes por semana, preparar-lhe xícaras de chá e ser afetuoso. Em algumas ocasiões, você pode sugerir um encontro depois do trabalho, mas controle sua insegurança para que não pareça desespero. Não é provável que ela vá embora com outro, portanto e felizmente, sua insegurança deve ser desnecessária.

ELA É FIEL?

Acho que minha namorada está tendo um caso. Ela está trabalhando diretamente com um homem de quem jamais gostei porque ele tem fama de mulherengo. Às vezes ela tem chegado em casa muito tarde da noite. Ela está visivelmente mais reservada. Devo confrontá-la ou investigar por minha conta?

A escolha é sua. Existe uma indústria para alimentar a necessidade que as pessoas têm de saber se o parceiro está traindo. Alguns têm bons motivos para se preocupar, outros são vulneráveis porque se sentem inseguros. Se você quer provas, pode tentar qualquer coisa, desde comprar kits de teste pela internet, até contratar detetives particulares e usar técnicas sofisticadas de espionagem que informam cada movimento de sua parceira no computador e cada chamada excluída no telefone celular. É possível que você queira usar o CheckMate, um produto capaz de detectar traços de sêmen que permanecem por muitas horas depois do sexo. A empresa sugere testes criativos: não verifique somente as roupas íntimas, teste as toalhas e as meias. O Love Detector é um "serviço simples e amigável" que analisa os sentimentos de seu parceiro para com você utilizando tecnologia de análise de voz. Você telefona para o Love Detector e depois para sua namorada traíra, quando vocês acabam de conversar, a companhia fornece uma análise em profundidade do grau de constrangimento dela. Mas a empresa não vai lhe dizer se ela estava transando com aquele cara com quem você está preocupado.

Atividades mais tradicionais como revistar as coisas dela (por exemplo, extratos de cartão de crédito ou diário), observar comportamentos suspeitos ao computador ou celular e cheirá-la para identificar uma loção de barba diferente da sua são mais baratas. Com relação custo-benefício ainda mais favorável existe a abordagem sugerida pelo site menstuff.com, segundo o qual, em 85% dos homens e 50% das mulheres, o instinto detecta com precisão a infidelidade. Esse número não tem respaldo científico, mas é muito real o nó na barriga que sentimos quando a pessoa com quem estamos fica um pouco diferente. A infidelidade pode deixar os indivíduos profundamente irritados e tristes.

Ela também é muito comum. No livro *Handbook of Divorce and Romantic Relationship Dissolution*, os pesquisadores Julie H. Hall e Frank D. Fincham afirmam que mais de dois terços dos estudantes universitários são infiéis. Os estudos sobre casados em geral trazem números de infidelidade que variam de um quarto até 60% dos homens e até 40% das mulheres. A variação nos resultados das pesquisas e estudos é muito grande porque a metodologia empregada condiciona a maior ou menor honestidade dos pesquisados. Os pesquisadores costumavam pensar que os homens tinham casos pelo sexo e as mulheres pelo amor que não encontravam em casa. Agora todos sabemos que as mulheres também gostam de sexo e os pesquisadores acham que o motivo da infidelidade de homens e mulheres é apenas sexo. Muitos casos começam no trabalho. O instituto de pesquisa de opinião One Plus One afirma que as mulheres têm três vezes mais probabilidade de ter um caso se trabalharem fora de casa, mesmo que não viajem com frequência. Um estudo australiano analisou 119 indivíduos entre 17 e 25 anos e descobriu que as traições nos casais de namorados eram mais prováveis quando estavam cercados de gente atraente com quem poderiam ser infiéis e quando o relacionamento não era muito feliz. As duas razões são superficiais demais para causar preocupação.

Você pode conseguir provas e resolver confrontar sua namorada ou pode deixar o barco correr. Uma pesquisa da rede MSNBC com 70.288 leitores descobriu que os casos quase sempre terminam em seis meses. Se você confrontá-la, talvez ela minta ou, pior ainda, o acuse de paranoia. A pesquisa da MSNBC descobriu que mais ou menos metade dos dois gêneros já havia traído, mas apenas 6% admitiram a traição quando diretamente confrontados. O número de pesquisados não foi fornecido. Apesar de tudo, talvez você queira melhorar seu relacionamento. Diga a sua namorada o quanto ela é importante para você — se não for, a infidelidade não irá feri-lo muito. Saia com ela, telefone para o trabalho dela para dar um alô, evitando dizer: "Oi, você está sentada no colo do fulano?", interesse-se pelo que ela faz, mas não a assuste. Se você descobrir que ela de fato está tendo um caso, essa é a parte mais fácil. Muito mais difícil é fazer o relacionamento dar certo depois disso.

EU OU A MADAME?

Estou apaixonada por um homem casado e pai de dois filhos. Eu o conheci no trabalho e ficamos amigos, mas há dois anos somos amantes. Ele não se dá bem com a mulher há anos e diz que não manterá um casamento infeliz quando as crianças forem mais velhas. No entanto, para ser realista (e egoísta), tenho alguma chance de que ele deixe a mulher por mim?

Será que seu amante e pai de dois filhos abandonará a mulher para ficar com você? Será difícil encontrar alguém que a estimule a pagar para ver. Não porque ter um caso com um homem casado e pai de dois filhos seja errado (mas também não é o comportamento ideal, não é mesmo?), mas porque as probabilidades estão contra você. Não existem muitas estatísticas, mas as que existem são desanimadoras.

Só consegui encontrar estudos publicados em livros, nenhum em revistas de psicologia, que normalmente submetem seus artigos a críticas de outros psicólogos antes de publicá-los. Para começar, existe um estudo muito citado da doutora Jan Halper, uma psicóloga norte-americana, encontrado no livro *Quiet Desperation — The Truth About Successful Men*. Halper entrevistou 4.126 diretores de empresas e executivos bem-sucedidos e descobriu que 88% deles tinham tanto sucesso na sala de reuniões quanto na cama, já tendo se envolvido em pelo menos um caso amoroso anteriormente. Mas ela descobriu também que apenas 3% desses homens trocavam as esposas pelas amantes. Em seu livro

Affair-Proof Your Marriage, a doutora Lana Staheli afirma que menos de 10% dos indivíduos se divorciam dos cônjuges para se casar com os amantes. Quando isso acontece, até 70% desses casamentos também terminam em divórcio. Um índice de fracasso ainda mais pessimista, de 75%, é mencionado pelo psiquiatra Frank Pittman em seu livro *Mentiras privadas*, que tem por base entrevistas com cem casais de adúlteros — o termo foi usado pelo autor, não por mim. Pittman declara que esses casamentos não dão certo, seja porque a realidade é dura (a convivência diária não é tão glamourosa quanto o amor proibido em um hotel) seja pelo excesso de culpa ou pela desconfiança de que quem começou o caso pode fazer isso de novo. Como se costuma dizer, quando casa com a amante, o homem deixa uma vaga em aberto.

Com isso não quero dizer que seu homem esteja sendo desonesto com você — apenas que ele pode vir a ser. Ruth Houston, uma especialista em infidelidade que criou o infidelityadvice.com, entrevistou quase 10 mil traidores e traidoras ao longo de 13 anos. Ela afirma que a maioria dos homens que têm casos não estão infelizes no casamento — fazem isso principalmente pelo sexo ou para massagear o próprio ego. Houston está em sintonia com outros pesquisadores: esses homens não querem abandonar as esposas. A pesquisa dela (iniciada quando descobriu que o marido, atual ex-marido, estava tendo um caso) concluiu que, quando as esposas descobrem o caso e o casamento acaba, os maridos querem recomeçar do zero. Com tudo novo.

Naturalmente, você poderá ter uma experiência diferente. O problema de perguntar "Ele vai deixá-la por mim?" é o fato de que a pergunta está errada. É melhor perguntar

"Devo sair em campo e começar a ver outras pessoas?", o que suscitará uma resposta mais positiva: sim.

MUITOS AMORES

Depois de diversos relacionamentos monogâmicos malsucedidos, meu parceiro acredita que, para ele, a prática declarada do poliamor é a maneira mais natural e honesta de se permitir amar mais de uma pessoa. Existe alguma comprovação de que esse tipo de relacionamento pode funcionar de forma satisfatória e ainda ser melhor que relacionamentos secretos, que são frequentes e resultam no fracasso de grande número de relações monogâmicas?

O poliamor é a prática de ter mais de um relacionamento ao mesmo tempo, com o conhecimento e consentimento de todas as partes envolvidas. Pressupõe-se que sempre haja "amor", o que distingue o poliamor da troca de casais. Os adeptos dessa prática devem ter atividade sexual dentro de outro relacionamento amoroso e não simplesmente jogar as chaves do carro numa tigela na sala de estar de algum estranho.* Eles argumentam que a monogamia é desonesta,

---

* Referência às "Key Parties" (festas da chave), que foram moda nos anos 1970. Nestas festas, os casais depositavam suas chaves (de seu carro ou apartamento) em um recipiente e definia-se, pelo sorteio dos chaveiros, com quem cada um do casal faria sexo. (*N. do E.*)

porque muitas pessoas são infiéis. Também, segundo eles, a monogamia seria antinatural (não é de se estranhar, como dizem, que a infidelidade seja tão comum). A escassa pesquisa sobre o assunto mostra que, para o poliamor dar certo, vocês dois devem desejá-lo. Mais ainda: devem ser capazes de se comunicar bem, de respeitar-se mutuamente e de concordar que seu relacionamento é o "primário" e deve ser preservado. Você também precisa ser pouco habituada a crises de ciúme e possessividade, muito mais comuns do que a infidelidade. Se seu relacionamento for forte, imaginamos que ele seja capaz de sobreviver à monogamia.

Alguns adeptos do poliamor vivem em comunidades, compartilhando a geladeira e o cuidado das crianças, mas a maioria não faz assim. Como a maioria não usa um crachá com a frase "sou poliamorista", é difícil identificá-los e pesquisar seu estilo de vida. As estimativas de ocorrência dessa prática provavelmente são muito imprecisas — não existem estimativas confiáveis no Reino Unido. Os entusiastas dos EUA estimam a existência de meio milhão, mas concordam que muitos deles não sabem o que é poliamor e pensam que estão apenas praticando sexo com outras pessoas de vez em quando. O poliamor é mais comum entre casais do sexo masculino. Os adeptos, e somente eles, estimam que um terço desses casais sejam praticantes.

Não há provas de que os adeptos do poliamor sejam mais felizes que os casais monogâmicos. Um estudo publicado no *Journal of Family and Economic Issues* com 150 casais holandeses em casamentos abertos, que não foram definidos como poliamoristas mas pareciam seguir regras semelhantes, mostrou que esses casais eram tão felizes e ajustados quanto os casais monogâmicos, não que eles fossem mais felizes. Como ninguém precisa mentir para ter um caso, será que esses relacionamentos duram mais que os monogâmicos?

Os adeptos do poliamor citam constantemente um estudo de Elaine Cook, publicado no *Electronic Journal of Human Sexuality*. Segundo eles, esse estudo mostra que as relações poliamorosas duram pelo menos tanto quanto as monogâmicas. Mas o estudo envolve apenas sete casais que estavam juntos há cinco anos e Cook é uma adepta do poliamor, além de amiga de quatro desses casais. Portanto, suas conclusões de que a prática funciona porque, apesar de outras opções, as pessoas continuam na relação primária por amor e por haver uma "conexão" não são confiáveis. Sinto muito. Há outros estudos: um deles, de 1975, veiculado pelo periódico *Family Coordinator*, com 380 indivíduos que mantiveram relacionamentos abertos durante dez anos, mostrou que eles estavam felizes e o relacionamento com o parceiro havia melhorado. Mas não havia nenhum grupo para comparação e nenhum estudo sobre pessoas que abandonaram a prática.

Existem muitos admiradores do poliamor, mas a maioria ainda prefere a monogamia. Um estudo com mais de 33.500 pessoas em 24 países, publicado no *Journal of Sex Research*, descobriu que 85% reprovavam a prática de sexo extraconjugal. Se você consegue aceitar a reprovação da sociedade em escala global, ótimo! Apenas tenha certeza de que não está se tornando uma poliamorista para segurar o parceiro, pois não há provas de que isso aconteça.

O MONSTRO DE OLHOS VERDES

Tenho um namorado adorável que acho lindo, mas fico com ciúme quando ele fala com outras mulheres nas festas. Quando ele sai depois do trabalho, fico me torturando ao pensar que ele pode estar paquerando outras mulheres. Não tenho nenhuma razão para julgar que vou ser traída e ele sempre me tranquiliza. Agora meu ciúme começou a irritá-lo. Como posso parar com isso?

O ciúme é tão angustiante e tão generalizado que somos levados a pensar que ele existe por algum motivo. Ele deve ter um propósito criativo, já que poetas como Keats muitas vezes sofreram de ciúmes terríveis (enquanto estava de cama, doente, Keats sempre suspeitava de que sua amada Fanny Brawne estava se divertindo com outros homens, embora ela não estivesse). Os psicólogos evolucionistas afirmam que o ciúme é um comportamento resultante da evolução e se manifesta quando surge uma ameaça aos recursos reprodutivos (seu namorado, no caso). Garantir que ninguém queira seu namorado, o que é chamado de "guarda do parceiro", pode ser um comportamento muito comum nas mulheres na época da ovulação. A ameaça pode ser real ou imaginária, embora não se tenha clareza do motivo pelo qual a guarda do parceiro precisa deixar-nos com náusea ou querendo mutilar as roupas dele. Mas, como sabemos, a evolução é um processo imperfeito.

As mulheres costumam se sentir ameaçadas por rivais atraentes e os homens por rivais que ganham mais do que eles. No âmago do ciúme está o medo de ter perdido o controle sobre os sentimentos do parceiro, o medo de que ele vá embora e se interesse ou apenas se divirta com outra. Mas os estudos descobriram que algumas pessoas são doentiamente ciumentas com os passatempos e a família dos parceiros ou com qualquer coisa que roube tempo deles.

A maior parte das pesquisas pergunta aos entrevistados quanto ciúme sentiriam em situações hipotéticas, portanto seus resultados não são confiáveis. Um questionário aplicado a 132 sujeitos pela University of Wisconsin-Madison examinou as conexões entre o ciúme e a insegurança no relacionamento. Foi descoberto que os indivíduos em relacionamentos menos seguros tinham mais ciúme de pessoas com quem achavam que o parceiro gostaria de ter relações sexuais. Casais mais seguros sentiam mais ciúme da possibilidade de que o parceiro se tornasse emocionalmente próximo de outra pessoa. Os pesquisadores descobriram que a insegurança pessoal não torna alguém ciumento — portanto não é com um problema de autovalorização que você precisa lidar.

Você deveria se perguntar com que está preocupada. Você teme que alguém esteja desfrutando a companhia dele ou que alguém veja isso acontecer? Ou será que tem medo de perdê-lo? Outros estudos mostram que o ciúme pode ser corrosivo para o relacionamento. Se você exagerar no interrogatório, ficará enlouquecida e irá afastá-lo ainda mais. Precisa lembrar que, além de estar com você e com mais ninguém, ele parece querer evitar provocar-lhe ciúmes. É possível ser mais dedicado do que isso?

Faça o possível para minimizar seu ciúme, mas saiba que, em pequenas quantidades, ele pode temperar o relacionamento. Um estudo com 226 indivíduos, publicado na revista *Communication Reports*, descobriu que nem sempre o ciúme é negativo — os casais podem rir dele e considerar positivo o fato de o parceiro julgá-lo desejável para outras pessoas. Para os frívolos, um episódio de ciúme pode tornar o sexo mais animado. Tente lidar com esse sentimento usando humor e honestidade, em vez de se distanciar e ficar zangada. Não parece haver motivo para ciúmes e você parece decidida a parar com isso. Pelo menos por enquanto, seu ciúme parece irritar mais a você do que a ele.

ALERTA DE FLERTE

Meu namorado está sempre flertando com outras mulheres. Ele tem fama de paquerador e estou sempre torcendo para que não haja nenhuma mulher atraente por perto quando saímos, porque ele vai conversar com ela e me ignorar. Ele sempre recebe mensagens de texto sedutoras no celular. Devo aceitar que ele é assim e não ficar com ciúme, ou posso fazê-lo parar com isso?

Segundo um relatório do Social Issues Research Study, de Oxford, o flerte "é o alicerce da civilização". É claro que o relatório foi financiado pela Martini e não fornecia referências, mas você consegue ver que flertar pode ser essencial para a sobrevivência da espécie humana. No entanto, por que seu namorado não pode flertar apenas com você?

Para acusar alguém de flerte, é preciso pensar que existe uma intenção sexual. Caso contrário, ele seria apenas um bom interlocutor com as mulheres (ou homens). Em um flerte existem comportamentos também encontrados em uma boa interlocução: ouvir com atenção, olhar nos olhos, tocar — um braço, não uma coxa — para reforçar um argumento. Outras técnicas como erguer as sobrancelhas dando a entender que: "Eu conheço você muito bem, não conheço?", dizer "Você fica linda com essa roupa", inclinar o corpo na direção de alguém e olhar-lhe o decote (isso acontece) são atitudes 100% de flerte. O discurso de paquera é mais animado, os paqueradores gostam de rir e olhar para a boca da pessoa com quem estão flertando. Esse comportamento pode e costuma ser inócuo e divertido, além de teoricamente ser uma habilidade essencial à vida.

Dito isso, embora uma pesquisa da revista *Men's Health* com 1.500 homens tenha descoberto que 94% deles não consideram o flerte uma infidelidade, isso não os autoriza a fazê-lo na presença da namorada. Mais de dois terços dos homens disseram que se sentiriam lisonjeados e não enciumados se um homem atraente paquerasse sua namorada. Será?

Mas existem algumas distinções sutis. A mesma proporção declarou que comentários sugestivos e mensagens eletrônicas sedutoras eram aceitáveis, mas beijos não eram, o que não surpreende. Um estudo internacional publicado no *Journal of Sex Research* analisou 877 homens e 1.194 mulheres, estudantes de países como a Irlanda e a Holanda, descobrindo que abraçar e dançar com outra pessoa não provocava ciúme nos parceiros, enquanto flertar provocava. Nem mesmo o fato de o parceiro discutir fantasias sexuais causava tanto ciúme quanto o flerte. E isso pode incomodar mais as mulheres do que os homens. Outro estudo com 219 estudantes universitários publicado na revista *Personal Relationships* mostrou que elas, mais do que eles, consideravam o flerte uma forma de infidelidade. No entanto, isso não significava que elas não flertassem.

Como você sabe, também se flerta por meio das redes sociais, como o Facebook, e do celular, embora somente 8% dos indivíduos usem esse recurso, de acordo com uma pesquisa do portal de pesquisas YouGov com mais de 5 mil britânicos. A distância e a irrealidade desses meios permitem que as mensagens rapidamente se tornem mais explícitas.

Mesmo que seu namorado seja um paquerador inocente, ele pode baixar um pouco o tom. Você pode perguntar-lhe por que faz isso: ele é inseguro (naturalmente, você deve usar outro termo), está tentando provocar uma reação sua, tem ideia do quanto isso a incomoda? Provavelmente, ele não leva o flerte adiante, mas nem por isso você deve aceitá-lo. Se não conseguir fazê-lo parar, pelo menos observe como ele age e aprenda alguns truques úteis que possam lhe ajudar a ganhar seu próximo namorado.

JOGO DA VERDADE

Tive um caso rápido com uma mulher com quem trabalhava (estivemos juntos em um projeto complicado). Realmente me arrependo, mas não sei se conto isso para minha mulher ou não. Existe alguma "boa" maneira de contar?

Nesse tipo de situação, se correr o bicho pega e se ficar o bicho come. No fim das contas, talvez você prejudique mais o relacionamento se não contar, mas as evidências nesse sentido são fracas demais para serem confiáveis. A infidelidade é universalmente impopular. As pesquisas mostram que mais de 80% dos indivíduos consideram a infidelidade um erro, principalmente por razões morais. No entanto, muitos incorrem nele. A pesquisa Sexual Attitudes and Lifestyle Survey, no Reino Unido, descobriu que 14,6% dos homens e 9% das mulheres foram infiéis no ano anterior ao estudo. Os índices são ainda mais altos quando o relacionamento é incidental.

A maioria dos envolvidos em relacionamentos sérios tem outra visão, embora pouco entusiasmada, sobre manter a relação depois de um caso. Aparentemente, a maneira como um dos parceiros descobriu o caso faz diferença, mas não está claro até que ponto isso influencia o resultado final. Um estudo com 105 estudantes universitários dos dois gêneros, publicado no *Journal of Social and Personal Relationships*, mostra que quando alguém admitiu espontaneamente o caso, 56% dos casais permaneceram juntos. Por outro lado, quando o parceiro descobriu por meio de uma pergunta direta, só 14% dos casais mantiveram a relação. Ter de perguntar e ouvir a resposta resulta em um choque duplamente doloroso: o parceiro não apenas traiu, mas também mentiu. Relacionamentos sobrevivem à infidelidade e o casamento aumenta essas chances de sobrevivência. Contudo, ser infeliz no casamento durante anos ou ter um caso para se vingar do parceiro não garante o mesmo resultado.

Não existe nenhuma "boa" maneira de contar à sua esposa, somente uma maneira menos ruim. Essa é uma situação horrível. Sua mulher ficará zangada, mas o pior para o relacionamento é que ela se torturará repassando na mente os insuportáveis detalhes e se perguntando o que há de errado com ela que o obrigou a procurar sexo com outra mulher. Ela acreditará que não pode mais confiar em você.

Não existem dados sobre o que acontecerá se você não contar, nem sobre a probabilidade de que ela descubra mesmo assim. Mas os estudos sobre relacionamentos secretos mostram que é preciso um grande esforço para não falar sobre eles. A concentração necessária para manter a boca fechada pode criar uma distância entre vocês. Mas se divorciar depois da traição também cria uma distância.

Contar a ela lhe dá algum controle sobre a maneira como ela descobrirá. Você pode contar uma história coerente, tendo o cuidado de parecer imensamente arrependido e de explicar por que você a traiu — fale das circunstâncias, em vez de culpá-la. Prometa que jamais tornará a enganá-la e que fará o possível para compensá-la. Quando o horror tiver diminuído, você talvez tenha uma chance honesta de reparar e melhorar seu relacionamento, mas não espere receber um perdão instantâneo. A paz de espírito que você vier a sentir depois de contar será conquistada à custa de sua mulher. A partir daí, ela é quem vai arcar com o peso da situação.

Agora, a total honestidade não é a melhor política, portanto, limite-se aos fatos essenciais. Nunca se deixe arrastar a detalhes como a aparência da outra mulher, os brinquedos eróticos que usaram e em que hotéis de luxo os usaram. Talvez isso seja óbvio. Pior ainda seria ter uma discussão franca sobre o quanto você gostava da mulher com quem teve o caso — a não ser que seja muito pouco. Existe um limite para as confissões que um relacionamento pode suportar por mais bem-intencionadas que elas sejam.

APENAS BONS AMIGOS

Meu namorado tem uma amiga íntima, colega de seu emprego anterior, com quem ele se encontra sem mim. Não gosto disso e minhas amigas acham que sou idiota por deixar que ele a veja. Quase todos os homens que namorei começaram sendo meus "amigos". Devo confiar nele ou é ingênuo achar que eles são apenas amigos?

A pergunta "uma mulher e um homem podem ser apenas amigos?" é muito complicada. Os números mostram que muitos relacionamentos românticos (mais da metade) começam como amizade. Mas isso pode acontecer porque um dos envolvidos sente atração pelo outro e escolhe agir como amigo em vez de partir para uma ação direta. Uma pesquisa do *website* feminino handbag.com identificou uma extraordinária aprovação (83% de 1.811 votos) para a ideia de que homens e mulheres podem ser amigos. No entanto, quase metade das mulheres disse que alguns de seus amigos do sexo masculino eram ex-amantes e um terço das entrevistadas nutria uma paixão secreta pelos amigos do sexo oposto, mas não tomava providências temendo pôr em risco a amizade. Os homens têm mais probabilidade de sentir atração pelas amigas do que o inverso: uma pesquisa da agência de marketing MarketTiers com mil estadunidenses descobriu que um terço dos homens tem interesse sexual por alguma de suas amigas íntimas.

Alguns psicólogos acreditam que as relações entre pessoas de sexos opostos podem realmente ser verdadeiras graças ao fenômeno da atração amigável. Os indivíduos esperam encontrar nos amantes as mesmas características que valorizam nos amigos, mas nos relacionamentos românticos existe mais ênfase no desejo e na atração física. Na amizade, qualquer atração física precisa ser ignorada ou pelo menos não ser transformada em ação. Boas amizades são muito valorizadas: os homens dizem que gostam de conversar com alguém sobre algo mais que esportes e as mulheres sentem que compreendem um pouco mais os homens.

No entanto, esses relacionamentos mistos são potencialmente mais complicados que as amizades entre pessoas do mesmo sexo. Vickie Harvey, uma pesquisadora da California State University, decidiu estudá-los por manter uma intensa amizade com alguns colegas do sexo masculino. Ela pediu a 120 estudantes universitários que durante 16 semanas registrassem em um diário uma amizade mista. Harvey descobriu que embora algumas amizades comecem como campo de provas para o relacionamento, esse momento em geral é superado. Contudo, em algum estágio, um quarto dos envolvidos trocou beijos ou andou de mãos dadas, embora em geral o relacionamento rapidamente tenha voltado a ser apenas amizade. A maioria dos pesquisados queria manter a amizade, mesmo sentindo atração pelo outro.

Portanto, seu namorado provavelmente é apenas amigo dessa colega e você pode confiar nele, porque ele escolheu ficar com você. Alguns homens têm mais capacidade que outros para fazer amizade com mulheres e você poderá saber se seu namorado é um deles, principalmente se um dia convidar-se para sair com eles. Seria inteligente da parte dele apresentá-la a você (se ele não fizer isso, você poderá pressioná-lo), já que, a conhecendo, você provavelmente se preocupará menos com a amizade deles. Enquanto isso não acontece, fique atenta a frases que revelem um aumento da intimidade, como "Contei a X tudo sobre a nossa briga no carro/ transa no jardim". Ninguém gosta que uma amiga do namorado conheça detalhes pessoais do relacionamento. Talvez você queira adotar algumas medidas preventivas para proteger a relação de vocês, como fazer a ele perguntas específicas sobre o trabalho e os interesses dele ou sobre o que ele pensa de questões tanto triviais quanto profundas. Não deixe de reservar tempo para o convívio, para sair e se divertir. Basicamente, procure também ser amiga dele.

6

Separações ou reconciliações?

A VINGANÇA É AMARGA
Meu namorado sempre paquerou na minha frente e deixou claro que se interessa por outras mulheres. Agora ele me trocou por uma colega de trabalho. Estou tão furiosa que só consigo pensar em dar-lhe o troco e fazê-lo sofrer. Será que, se me vingar, vou me sentir melhor? Nesse caso, como devo me vingar?

Você sabe bem por que quer se vingar — e sempre é bom ter metas bem definidas. Contudo, a ideia de se sentir melhor depois disso pode ser equivocada. No entanto, vale a pena fazermos uma revisão dos métodos femininos mais comuns de vingança, que incluem telefonar para o tele-sexo e deixar o fone fora do gancho, queimar as roupas dele, dizer aos colegas e amigos que ele é viciado em cocaína (se ele não for) e transar com o melhor amigo dele. Publicar vídeos íntimos na internet costuma ser uma vingança masculina.

Em um estudo com 88 canadenses, realizado por pesquisadores da University of Calgary, o método de vingança mais popular foi flertar com os amigos ou inimigos do ex, riscar o carro dele, quebrar alguma coisa que ele adore (não vale quebrar braços ou pernas), mandar-lhe mensagens desagradáveis e divulgar (com ajuda de um megafone) como ele não vale nada na cama. Os métodos de vingança mais populares para pessoas zangadas com um parceiro com quem ainda vivem foram flertar na frente dele ou dar-lhe o tratamento do silêncio, o que não é muito útil quando vocês já estão separados.

Portanto, escolha sua arma de vingança, mas será que ela vai fazê-la sentir-se melhor? Ao tentar dar o troco, você deseja que ele se sinta ferido e humilhado. De preferência, muito mais do que como você está se sentindo. Um estudo de Stephen Yoshimura, da University of Montana, perguntou a 152 pessoas com idade média de 20 anos que atos de vingança haviam realizado, o que procuravam conseguir com isso e como se sentiram depois. A pesquisa descobriu que quase todos os que haviam espalhado boatos sobre o ex, escondido objetos ou danificado propriedades dele depois ficaram ansiosos e arrependidos, em vez de felizes. Mas o principal é que todos ainda continuavam com raiva. Com a vingança, as pessoas queriam punir o ex e sentir-se mais no controle da situação. No entanto, depois de vingar-se sentiram muito pouco alívio. Pelo contrário, ficaram completamente infelizes. É difícil fazer coisas que você normalmente considera erradas, mesmo quando a vítima é um completo canalha. Infelizmente, para a maioria das pessoas a vingança não é uma feliz retribuição.

Portanto, por que não procurar os meios tradicionais: procure se sentir sexy e dessa forma faça o ex lamentar o que fez — passe fome até virar manequim 34 ou compre um par de implantes de silicone. Estou brincando. Por mais furiosa que você esteja agora, é provável que continue igualmente zangada depois de se vingar. Da mesma forma como você se sentiria mais ferida com ele do que sem ele. Pelo jeito, foi bom se livrar dele. Você se sentirá muito melhor se mandar-lhe um cartão de agradecimento.

ESTRESSE PÓS-TRAUMA AMOROSO

Existe uma síndrome de estresse pós-trauma amoroso? Se não existe, deveria existir. Eu me separei de minha namorada há três anos, depois de um relacionamento tumultuado, e não tornei a vê-la desde então. Mas não consigo parar de pensar nela e sinto imensa falta dela todo dia. O que há de errado comigo?

O rompimento de uma relação pode ser um dos acontecimentos mais traumáticos da vida. Muitos estudos documentam a depressão e os problemas cardíacos sofridos por algumas pessoas depois do divórcio. No entanto, não é só o divórcio que pode detonar o bem-estar físico e emocional de alguém. Um estudo canadense, publicado no *Journal of Marriage and Family*, pesquisou 5.254 mulheres e 4.521 homens entre 20 e 64 anos e descobriu os mesmos efeitos em pessoas que se separaram depois de viver juntas: aumento da depressão e declínio da saúde física, que por esses números foram sentidos mais pelos homens. O fim de qualquer relacionamento intenso pode ser imensamente traumático.

Provavelmente deveria haver uma síndrome do estresse pós-trauma amoroso. Ela seria considerada uma disfunção menos grave que o transtorno de estresse pós-traumático (TEPT), porque não envolve um incidente com risco de vida como um ato de terrorismo (ser refém do amor não conta) ou a queda de um avião. No entanto, os sintomas podem ser semelhantes: ficar revivendo o momento, evitar contato com pessoas e lugares que tragam recordações do que aconteceu, perder a sensibilidade emocional, e ficar hiperalerta com medo de que isso torne a acontecer.

Em termos menos psiquiátricos e mais triviais, você ficará menos acessível, mais irritado e mais ansioso. Talvez se sinta distante de outras pessoas e menos interessado em praticamente tudo. Ficar traumatizado depois de qualquer acontecimento tem relação com sentir-se desamparado enquanto os fatos ocorriam — então você pode se sentir incapaz de mudar os fatos, mesmo que queira. A iniciativa da separação foi sua? Uma pesquisa da University of Colorado com 144 maridos e esposas recentemente separados descobriu que quem não tomou a iniciativa da separação provavelmente sofria mais depois, sentindo-se impotente e mais angustiado. Não parece fazer diferença se o relacionamento era infeliz. As pessoas sofrem do mesmo jeito. Você sente que teve pouco ou nenhum controle sobre o rompimento da relação, mas sua namorada provavelmente se sente da mesma forma.

Assim como as vítimas do TEPT tendem a se sentir deprimidas e a ter problemas com drogas e álcool, o mesmo acontece com homens divorciados. Isso aconteceu a você? Levar três anos para superar a separação não chega a ser patológico, mas não é saudável. Para superar esse acontecimento você precisa de uma reorganização de seus pensamentos e de sua vida. Você deveria falar sobre isso com alguém em quem possa confiar. Se isso não ajudar, você precisará se treinar para pensar de outra maneira sobre a questão. O mais importante é que você precisa evitar se envolver em pensamentos sobre sua ex-namorada. Mais de 75% das vítimas de TEPT se recuperam com o tempo e agora que já passou tanto tempo, você precisa pensar em algum tratamento. Entre os que podem ajudar um amante traumatizado estão a terapia de relaxamento, a terapia cognitiva (conversar com o terapeuta leva você a ver as coisas de outra maneira) e o tratamento com movimento dos olhos, que dessensibiliza o paciente para o trauma. A psicoterapia tradicional é um investimento maior, que pode levar outros três anos. Muitas pessoas pensam no ex-parceiro todos os dias. Você saberá que a esqueceu quando pensar nela sem sentir dor.

LÁGRIMAS ANTES DE DORMIR

Nos últimos três anos fui com amigos a festas de Ano-Novo maravilhosas. Só que, perto da meia-noite, subitamente me sinto dominada pela lembrança de meu ex-namorado de quem me separei há três anos. Vivi com ele quase quatro anos e embora ache que o esqueci, nessa época do ano é como se tivesse acontecido ontem. É tão embaraçoso — geralmente, começo a chorar muito alto na cozinha. Por que isso ainda me fere tanto? Será que algum dia vou me sentir melhor?

Minha dúvida é: por que você chora tão alto, em vez de cobrir a boca com lenços de papel para abafar o ruído? Depois de três anos de soluços audíveis, você deve ter excelentes amigos para ainda ser convidada para as festas.

O álcool, a contagem regressiva e o "adeus ano velho" são catalisadores infalíveis da nostalgia. A véspera de Ano-Novo pode ser uma ótima desculpa para chorar qualquer perda. A tristeza pelo que passou ou a celebração do novo. E se existe um momento em que os pensamentos sobre seu ex-namorado vão eclodir, é na hora do "Feliz Ano-Novo!", quando você começa a pensar "estou feliz?", "não estava mais feliz com o fulano?" e "o que será que ele está fazendo neste momento?".

Não estou sendo pouco solidária. Existe uma pesquisa muito citada, cujo relatório original nunca consegui encontrar, segundo a qual para esquecer alguém precisamos de um mês para cada ano de relacionamento. Outra pesquisa sobre casamentos desfeitos sugere a necessidade de um ano e meio para que as pessoas comecem a se sentir felizes novamente. Se você ainda não está com alguém, é provável que logo esteja. Mas não existe nenhuma proteção segura contra lembranças no Ano-Novo. Será que devemos bloquear pensamentos desconfortáveis sobre ex-amantes? Os dados quanto a isso não são conclusivos. Os estudos são bastante primitivos. Um deles, da University of Virginia, mediu os impulsos elétricos na pele de setenta jovens e descobriu que suprimir pensamentos sobre ex-amantes quando ainda se sente falta deles aumenta o estresse e os níveis de ansiedade. Alguns neurocientistas da University of South Carolina ficaram animados quando, ao medir a atividade cerebral de

11 mulheres que estavam sofrendo pela perda recente de um relacionamento, localizaram o ponto exato do cérebro que sentia a dor da perda. Portanto, uma neurocirurgia pode ajudar (brincadeirinha!).

Muitos estudos mostram que é mais fácil superar a separação se foi você quem tomou a iniciativa, se tiver uma carreira que a mantenha ocupada, se tiver uma grande rede social de amigos dizendo-lhe que você pode conseguir alguém bem melhor, e, até certo ponto, se tiver um novo amante. Os novos relacionamentos geralmente ajudam, embora na noite de Ano-Novo exista o risco de que alguns copos a mais e uma pequena dose de memória seletiva possam fazer o parceiro atual parecer menos desejável que o anterior. Os psicólogos publicaram uma imensidão de documentos sobre a teoria do apego nos relacionamentos, declarando que estes criam uma ligação biológica forte que provoca desconforto físico e emocional na separação. Algumas pessoas, e talvez seja esse o seu caso, estão predispostas a reagir à perda de um relacionamento com mais intensidade. Isso pode acontecer porque você se apegou tanto que ainda não conseguiu abrir mão. Ele não é seu pai ou sua mãe, portanto não faz mal se você esquecê-lo.

Por favor, não chore este ano. Se ele surgir na sua cabeça, jogue-o para fora e concentre-se em seus aspectos negativos. Caso contrário, seus soluços perturbarão as pessoas que não a conhecem e, pior ainda, quando o relógio bater as 12 badaladas, ninguém vai querer lhe dar um beijo de Ano-Novo.

CASO INFELIZ

Tive um relacionamento rápido com uma mulher que era amiga de um de meus colegas de trabalho. Ela terminou a relação porque "não estava levando a lugar algum". Fiquei arrasado porque estava me apaixonando e agora não consigo parar de pensar nela. Faz um mês e às vezes passo de carro em frente à casa dela de propósito e me sinto como se a perseguisse. Como pude me enganar tanto e como faço para esquecê-la?

O amor não correspondido é uma experiência quase universal. É tema de literatura: Cyrano de Bergerac sofreu muito, mas agiu com nobreza e as heroínas de Jane Austen foram altamente suscetíveis ao sentimento, mas em geral tudo acabou bem. Na vida real, em que esse tipo de amor costuma continuar não correspondido, ele é causa de desespero. Um estudo com 155 homens e mulheres realizado pela Cape Western Reserve University, em Ohio, e publicado no *Journal of Personality and Psychology*, descobriu que somente 2% dos entrevistados nunca tiveram a experiência do amor não correspondido, definido como um sentimento intenso e passional que não é retribuído. O estudo contabilizava como "experiência" tanto ser rejeitado quanto rejeitar. Os homens tinham um terço da probabilidade das mulheres de ter sofrido de amor não correspondido. Os que rejeitaram alguém sentiam culpa, em geral alegando sentir-se pior do que os rejeitados, mas também se sentiram irritados com qualquer tentativa de ser reconquistados.

Algumas pessoas são mais propensas que outras a nutrir esse sentimento de rejeição, portanto tenha cuidado para não transformar isso em um hábito, apesar de estar sofrendo. Pode parecer óbvio, mas se você é ansioso nos relacionamentos, emocionalmente carente e se apaixona a troco de quase nada, então o que você está buscando é principalmente uma decepção. A paixão é ótima, mas excesso de paixão cedo demais pode afastar as pessoas. Um pouco de autocontrole, além de atraente, é essencial para a autopreservação. Um estudo do *Journal of Social and Personal Relationship* envolvendo a experiência de se apaixonar de mais de trezentos homens e mulheres descobriu que esse estado de bem-aventurança era causado não só pelas qualidades da outra pessoa, mas também pela confiança de que o sentimento de amor era mútuo. Os indivíduos quase sempre se apaixonam por alguém que, na opinião deles, também os ama. As coisas funcionam melhor dessa forma. É possível interpretar mal os sinais que alguém nos manda. Outros estudos mostram que os amantes rejeitados costumam achar que foram intencionalmente enganados. Mas se você está sempre passando por isso, então é consigo mesmo e não com os outros que precisa esclarecer a questão.

Também é possível que um relacionamento longo termine com um dos parceiros ainda apaixonado pelo outro. Isso é mais doloroso e o anúncio do fim costuma surgir como uma surpresa. Mas, no caso de um relacionamento curto, você deve ser capaz de superar a perda relativamente sem sofrimento. Amar e perder é romântico, mas perseguir o outro é obsessão. Pare com isso. Sofra durante mais uma semana no máximo, saia, mantenha-se ocupado, tente outra vez e diga a si mesmo que isso acontece com qualquer um. Ninguém está querendo diminuir seu entusiasmo pelo amor, mas essa é uma atividade em que receber é tão importante quanto dar.

DEFICIÊNCIA AFETIVA

Meu parceiro e eu estamos juntos há quase quatro anos e nos amamos muito. Infelizmente, ele tem dificuldade para demonstrar os sentimentos. Sua falta de carinho faz com que eu me sinta solitária e pouco atraente. Ele diz que não precisa de afeição, embora me abrace durante o sono. Ele é incapaz de relaxar durante a atividade sexual e na cama se comporta como um adolescente tímido. Como posso fazê-lo perceber que sou uma mulher e preciso de um pouco de carinho e de um elogio de vez em quando?

Seu parceiro não gosta de intimidade e quanto mais você se aproxima dele, pior ele fica. Mas ele parece ser um cara legal. Talvez o fato de abraçá-la na cama o redima. Você também parece ter certeza de que ele a ama e essa confiança deve ter origem em algo que ele diga ou faça. Ele deve se comportar como se a amasse. A dificuldade de demonstrar sentimentos, pelo menos fisicamente, não é pessoal, portanto é uma pena que você se sinta solitária e pouco atraente.

Você se sentirá melhor se souber que, nos relacionamentos, em geral as mulheres tocam mais que os homens? No entanto, as provas disso não são claras. Em um estudo publicado no *Journal of Social and Personal Relationships*, pesquisadores escolheram 154 casais em filas de cinema e observaram quantas vezes eles se tocavam durante período de dois minutos. Então se dirigiram ao casal para perguntar há quanto tempo estavam juntos. Os pesquisadores descobriram que não havia diferença na frequência com que homens e mulheres começam a tocar o parceiro. Como era de se esperar, os casais juntos há mais tempo mostraram menos tendência a se tocar. Mas daí não se infere uma falta de proximidade entre eles. Os casais mais antigos se consideraram mais unidos que os outros casais — apenas não demonstravam muita afeição mútua. Pelo menos, enquanto esperavam numa fila. Os pesquisadores não os seguiram até suas casas.

A intimidade é importante nos relacionamentos porque, quando é compartilhada, faz as pessoas se sentirem bem, confiantes e comprometidas com o relacionamento. Você sente solidão porque quer essa proximidade. Um estudo da University of Nevada perguntou a 248 indivíduos como eles mostravam seu envolvimento com o parceiro. O que ganhou o primeiro lugar? Demonstrar afeição, com abraços e beijos e declarações de amor. Nesse estudo, as mulheres afirmaram demonstrar mais afeição que os homens, mas a diferença era pouco significativa. Não foram mencionados os elogios, embora, como forma de demonstrar o envolvimento, a fidelidade tenha sido muito popular. Outros estudos mostram a importância de conversar abertamente com os parceiros sobre suas opiniões. Se vocês não conseguem conversar, isso é mais preocupante do que a falta de abraços.

Existem provas de que, quanto mais afetuosos somos, mais afeto receberemos, portanto, não desista. Continue a abraçar e fazer carinhos — comece no sofá e não faça movimentos bruscos. Você precisa assumir a iniciativa sem criticá-lo, explicando o que sente por ele como amante e o que precisa encontrar no relacionamento. Explique-lhe que embora o ame, sente solidão. Não seja crítica, mas deixe claro o que está pedindo que ele faça. Talvez seja preciso procurar ajuda de um terapeuta para o sexo, embora muitos livros tragam exercícios que ajudam a relaxar e ser receptivo na cama. Talvez você preferisse ter encontrado alguém tão afetuoso quanto você, mas isso não aconteceu, portanto, ou você abandona esse homem que ama ou continua tentando.

MACHO ALFA À VISTA

Há um ano e meio estou envolvida em uma relação a distância com um homem que admiro muito. Ele é inteligente e atraente, mas é um tremendo macho alfa. Adoro bater papo e trabalho com arte, mas ele é um engenheiro que gosta mais de futebol do que de conversar comigo. Evidentemente, ele nunca disse uma palavra sobre suas emoções, declarando que "não é uma mulherzinha". Embora eu sinta que ele goste de mim, ele nunca disse nada. A solução provavelmente é seguir em frente e encontrar alguém que realmente se comunique. Existe alguma esperança?

Sempre deve haver esperança, seja qual for a catástrofe que você esteja enfrentando. No entanto, você quer mais do que esperança, quer um bom papo. Bem, para inúmeras mulheres os machos alfa são muito atraentes, mesmo quando são engenheiros. Esses homens são dominadores (tal como os machos alfa entre os animais) e podem escolher a mulher. Por outro lado, de acordo com muitas pesquisas, as mulheres costumam ter sensibilidade suficiente para procurar outros atributos em uma relação duradoura: compaixão, apoio, intimidade, amor e segurança. Um exemplo é um estudo publicado no *Journal of Personality and Social Psychology* em que se perguntou a 751 estudantes universitários quais as qualidades que mais gostariam de encontrar nos parceiros. Atributos como hostilidade e desdém (por exemplo: rosnar "não sou mulherzinha!") não receberam muitos pontos. Foi percebido que as pessoas sentem atração por quem compartilha suas atitudes, mas o que torna um relacionamento feliz são semelhanças nos traços de personalidade. Se você é falante e ele não gosta de conversar, então as chances não são favoráveis. Se você quer intimidade e ele não, os dois ficarão aborrecidos. Nessa era de incontinência emocional, a recusa em demonstrar emoção pode até parecer reconfortante, mas não quando você está tentando estabelecer um nível básico de intimidade.

Se vocês são fundamentalmente diferentes, talvez a situação permita menos otimismo do que você espera. Um estudo no periódico *Proceedings of the National Academy of Sciences* pediu a 978 homens e mulheres entre 18 e 24 anos para dar notas aos atributos do parceiro e atribuir notas às mesmas características em si mesmos. Os atributos incluíam riqueza, envolvimento com a família e fidelidade. Aqueles que achavam certo atributo importante, também se atribuíam uma nota alta naquela categoria. O resultado foi mais uma suposição que uma pesquisa de realidade, mas sugere que os indivíduos escolhem parceiros com quem se pareçam.

Há quem evite intimidade deliberadamente por não querer ou ter medo de precisar da outra pessoa. Esses indivíduos podem escolher parceiros com a mesma atitude, de quem possam manter uma distância segura. Existem muitos relatórios de pesquisa associando a fuga da intimidade com a insegurança nos relacionamentos da infância. Você não pode psicanalizar os relacionamentos de infância dele, mas pode dizer-lhe que não irá rejeitá-lo se ele quiser falar de sentimentos. Foi demonstrado que um relacionamento apoiador (que inclui sexo) com alguém melhora a saúde física e mental e pode corrigir alguns dos traumas da infância. Apesar do que ele diz, talvez ele fique mais feliz se em algum momento falar como uma mulherzinha.

Você pergunta se seu parceiro pode se tornar menos macho alfa. Ele vai mudar? Ele pode mudar, se quiser, mas será que você deve tentar? Outros homens conseguem falar, falam e até mesmo às vezes dizem "eu te amo". Talvez esse cara goste de você, mas você está dizendo que isso não basta. Façam um esforço conjunto. Se isso fracassar, pense em aumentar a distância do relacionamento.

SE FOI PARA SEMPRE?

Vivi com meu namorado durante dois anos, mas ele faz parte de uma banda e estava sempre viajando. Ele disse que quer um pouco de espaço para ver como se sente sobre o relacionamento e levou parte de seus pertences. No entanto, ao telefone ele diz que sente falta de mim. Será que ele volta?

Você quer que ele volte? Parece que ele esqueceu que um relacionamento envolve duas pessoas e tomou uma decisão unilateral sobre o que quer. Você deve estar se perguntando: onde fica esse espaço que ele deseja, na cabeça dele ou na cama de outra mulher?

Segundo imagino, você espera que ele mude de ideia, mas as pesquisas indicam que quase sempre as separações são permanentes. Um estudo de 2003 encontrado no *Journal of Marriage and Family* descobriu que somente um terço dos relacionamentos desfeitos são reatados. E os que costumam ser refeitos são os mais estabelecidos, que já têm filhos e financiamento de casa própria. Se você tem menos de 30 anos, o índice de reconciliações no longo prazo é um para dez.

Ninguém pode prever o que acontecerá com você, mas, embora esses dados sejam apenas resultados de diversos estudos, alguns deles realizados com estudantes universitários (e se for mais velha os resultados se aplicam ainda menos) as estatísticas provavelmente são mais rígidas do que você espera. Por que seu ex-namorado não mudaria de ideia? Ele diz que sente falta de você e não trocou o número do telefone. Infelizmente, tudo indica que deixar um relacionamento é um ato mais emocional do que físico. Quando alguém vai embora, geralmente já queria fazer isso há alguns meses. Ele não acordou uma bela manhã e quis sair do relacionamento.

Pesquisas publicadas no *Journal of Personality and Social Psychology* e realizadas pela Texas University mostram um padrão claro na morte de um relacionamento. Seu namorado deve ter pensado sobre o que o relacionamento lhe proporcionava, se tinha futuro e, lamento dizer, se seria fácil encontrar outra pessoa. Ele ensaiou os argumentos que usou para deixá-la na própria cabeça e com os amigos. Minimizar a incerteza dele torna mais fácil para ele ir embora, mas também mantém um pé na porta para o caso de mudar de ideia e querer transar com você mais uma vez.

Portanto, se você fizer parte da maioria dos casais que não se reconcilia, precisará esquecê-lo. A confusão e a dor da separação não são condições terminais. A pesquisa mostra que, quando tiver certeza de que ele foi embora de fato, você se sentirá menos infeliz.

Não existe nenhuma comprovação científica clara do tempo necessário para esquecer alguém. Alguns psicólogos afirmam que é preciso um mês para cada ano que vocês passaram juntos. Muitos de nós conhecemos pessoas que parecem ter-se recuperado muito mais depressa. Seu namorado teve alguns meses de vantagem para decidir que a relação está terminada. Agora você precisa recuperar o tempo perdido.

Se você quer saber se ele está sofrendo tanto quanto você: não está. Mesmo que afirme estar mal, ele não se sente tão mal quanto você. Um estudo da Texas University mostra que quem é abandonado se sente pior porque não teve escolha. Mas isso não quer dizer que daqui a seis meses você não possa estar mais feliz do que ele.

INGÊNUA OU ARRASADA?

Meu marido voltou de uma viagem de negócios há dois meses e declarou que é gay. Estivemos casados e felizes por cinco anos, sempre tivemos relações sexuais, portanto fiquei arrasada quando ele me falou. Estamos nos divorciando de forma amigável e fiz um teste de HIV que deu negativo, o que me tranquilizou. Mas tenho certeza de que meus amigos não acreditam quando digo que não sabia. Sou idiota por não ter percebido nada?

A maioria das mulheres cujos maridos saem do armário não tem ideia de que eles são gays. A maior parte das pesquisas nessa área foram realizadas por Amity Pierce Buxton, cujo marido se declarou gay depois de 25 anos de casamento. Buxton, que vive em São Francisco, percebeu que não havia muito apoio para esses casos (os amigos dela ficaram tão constrangidos quanto ela), portanto criou uma rede de apoio chamada Straight Spouse Network. A rede conta hoje com mais de 65 filiais em todo mundo. Buxton é a maior especialista do mundo, tendo entrevistado 11 mil cônjuges gays e heterossexuais e publicado suas pesquisas no livro *The Other Side of the Closet* e em revistas acadêmicas como o *Journal of Homosexuality*.

A pesquisa dela mostra que, como você, a maioria das mulheres fica arrasada quando os maridos revelam que são homossexuais. Se isso ainda não aconteceu, você passará por um doloroso processo de perda, sentindo-se enganada, zangada e indignada, antes de aceitar que perdeu o parceiro e o futuro que julgava ter. Segundo Buxton descobriu, algumas mulheres acham que a infidelidade é pior por ter sido com um homem, mas outras se sentem melhor porque não poderiam ter feito nada para evitar a situação. Nas pesquisas de Buxton, um terço dos casais se divorcia imediatamente, outro terço se separa depois de um ano e o restante permanece junto, geralmente em um casamento aberto.

Seus amigos estão errados se acham que você deveria ter sabido. Um estudo com 21 mulheres casadas com homossexuais ou bissexuais, realizado pela University of Pennsylvania e publicado no *Journal of Homosexuality*, descobriu que somente cinco suspeitavam que os maridos sentiam atração por homens. Esse foi um estudo pequeno (não é fácil encontrar mulheres nessa situação) porém útil porque pediu às mulheres detalhes sobre o relacionamento. A maioria declarou que o sexo era bom e o casamento era feliz. Embora em retrospecto muitas sentissem que ao longo dos anos os maridos se tornaram distantes e desinteressados de sexo, elas desconfiaram de casos com outras mulheres — não com homens. Não havia letreiros em neon cor-de-rosa. Outras pesquisas mostram que os gays casados podem ser ativamente homofóbicos, na tentativa de esconder sua preferência sexual. Todas as mulheres sentiram raiva e tristeza, agravada pelo fato de se sentirem enganadas e idiotas por não terem percebido a verdade. A maioria descobriu por informação direta do próprio marido.

Você pode querer perguntar a seu marido por que ele se casou com você. A pesquisa de Buxton mostra que mesmo hoje alguns homens gays se casam com mulheres porque querem uma vida de família e filhos. Eles também podem nutrir uma paixão intelectual por uma mulher enquanto desejam sexo com homens. Muitos casais na sua situação continuam amigos porque esse amor de companheirismo persiste.

Buxton estima que de 1 a 2% dos casamentos têm um cônjuge gay. Essa estimativa é confirmada por outros estudos, como o publicado no *Social Problems Journal*, que encontrou taxas similares na Europa. Portanto, isso não é raro e você não é idiota — essa é uma revelação devastadora.

É GENÉTICO?

Minha namorada e eu estamos pensando em casar. Estamos juntos há cinco anos e eu gostaria que casássemos antes de ter filhos. Meus pais estão casados e felizes há trinta anos, mas os pais dela se separaram quando ela estava com 12 anos e ela teme que isso aumente as chances de nos divorciarmos. Aumenta mesmo?

Detesto dizer isto, mas sua namorada tem razão. As pesquisas mostram claramente que quem tem pais divorciados tem mais probabilidade que se divorciar também. Muitas vezes é difícil quantificar os fatores de risco, mas infelizmente isso não acontece nesse caso. Um grande estudo realizado nos Estados Unidos acompanhou mais de 2 mil indivíduos durante mais de vinte anos, descobrindo que as chances de um casal se divorciar aumentam em quase 70% se os pais da esposa se separaram. Quando os pais dos dois cônjuges se divorciaram, o risco de que o casal se separe aumentaram em 190%. Outros estudos parecem confirmar esse resultado.

Como você pode imaginar, os pesquisadores tentaram compreender por que o divórcio pode ser, segundo eles, "transmitido de uma geração para outra". E isso não acontece somente a uma geração. Um estudo da Pennsylvania State University com 691 famílias mostra que o divórcio é mais provável em casais cujos avôs se divorciaram. No entanto, essas estatísticas não são uma sentença de morte para suas perspectivas de casamento. Elas podem fornecer uma previsão genérica, mas não o seu risco específico. Pelo lado positivo, estando avisado, você está mais preparado.

Talvez você possa imaginar as teorias subjacentes a esses padrões de divórcio. Caso não possa, converse com sua namorada sobre a separação dos pais dela. Os estudos norte-americanos e muitos outros mostram que a sombra lançada sobre os casamentos das gerações subsequentes depende da maneira como os pais se comportaram um com outro. Os seis principais comportamentos que arruinavam a chance de felicidade conjugal dos avôs, dos pais e do próprio investigado foram o ciúme, a tirania, a raiva, o criticismo, o mau humor e a incapacidade de conversar com o cônjuge. Tais comportamentos perturbam os filhos, que crescem ignorando que os casais podem ser apoiadores e resolver os problemas de forma amigável. Esses estudos levaram em conta como foi a criação dos filhos: é possível ser um bom pai ou mãe sem ser um bom cônjuge (embora os conflitos de um relacionamento não ajudem crianças). No entanto, os filhos parecem copiar as maneiras dos pais e não a maneira como foram criados. Não admira que os filhos de um casal que levou suas diferenças até os tribunais não acreditem em relacionamentos para a vida toda e vejam com entusiasmo o divórcio assim que termina o período da lua de mel. Eles mostram menos tendência a confiar e a assumir um compromisso com o relacionamento. Não viram os pais superar as dificuldades ou lidar de forma construtiva com os conflitos. O divórcio, na verdade, é acidental: segundo as pesquisas indicam, são os danos sofridos no passado que afetam o relacionamento adulto dos filhos de pais separados.

Mesmo os divórcios amigáveis aumentam o risco de que os filhos de pais separados se divorciem. Não está claro se a prole de um casal que vive infeliz mas não se separa tem mais risco de divórcio, mas provavelmente terá mais chance de vivenciar relacionamentos infelizes.

Então, voltando ao seu caso: muitos filhos de pais divorciados têm casamentos sólidos. O sucesso conjugal depende de muitos fatores e não apenas da história familiar. Talvez sua namorada esteja insegura por suspeitar de que tem dificuldade para confiar e assumir um compromisso, mas você não tem esses problemas. Juntos, talvez vocês tenham adaptabilidade suficiente para ter um casamento longo e feliz. E se as coisas ficarem complicadas, você sempre poderá culpar seus sogros.

SORTE PELA TERCEIRA VEZ

Vou me casar com um homem maravilhoso, que é tudo o que meu primeiro marido não foi. Ele conversa comigo, fazemos programas em família com meus filhos e acho que teremos um grande futuro juntos. Minha única preocupação é ele já ter sido casado duas vezes (também tem dois filhos). Será que ele tem mais tendência a se divorciar novamente, desta vez de mim?

A prática gera perfeição? Infelizmente não, se o que se pratica é o casamento. A cada ano, mais de 40% dos casamentos unem ex-casados, o dobro do índice de trinta anos atrás, de acordo com a One Plus One, uma organização britânica de pesquisas sobre casais e famílias. Infelizmente, esses novos casamentos podem representar uma vitória da esperança sobre a experiência. Praticamente metade dos segundos casamentos fracassa e quase 60% dos terceiros casamentos têm o mesmo destino. Isso não determina que sua união fracassará, mas estatisticamente ela tem mais chance de fracassar que seu primeiro casamento e o segundo casamento dele.

Por que isso acontece? Pesquisas no *Journal of Marriage and Family* mostram que os cônjuges recasados têm mais propensão a criticar e se irritar com o parceiro do que quem está no primeiro casamento. A maioria dos desentendimentos, que são mais numerosos do que em um primeiro casamento, é motivada pelos enteados e em função de problemas insolúveis como disciplina, regras e a quantidade de dinheiro gasto com eles. Casais recasados têm mais problemas quando os dois têm filhos, pois nesse caso existe mais motivo para discussões. "Você trata seus filhos melhor do que trata os meus" é um bordão em muitas famílias reconstituídas. Quem se casa de novo também pode ter uma atitude mais impulsiva e pouco realista sobre o que faz um relacionamento funcionar, vendo o divórcio como uma solução fácil para todos os problemas. Alguns, eu diria que a maioria de nós, além de não aprender com os erros, também os disseminam no novo relacionamento, onde mais uma vez causarão problemas.

No entanto, existem indicações de que os recasamentos são mais equilibrados no que diz respeito à tomada de decisões e à distribuição das tarefas domésticas. De acordo com uma pesquisa da University of Texas com quase 2 mil entrevistados, apesar dos desentendimentos, as segundas núpcias que não terminam rapidamente em divórcio são quase tão felizes quanto as primeiras (quando comparamos a duração total dos dois casamentos).

Portanto, os recasamentos podem ser felizes e a maioria das pesquisas indica que seus cônjuges estão em melhor situação emocional e financeira do que os solteiros e os divorciados (a não ser que seu casamento seja cronicamente infeliz). A maioria dos divorciados tenta estabelecer novos relacionamentos, na esperança de que sejam felizes. Aparentemente, você encontrou alguém com qualidades que deseja muito e que faltaram no primeiro casamento, o que é um bom prenúncio.

Para seu próprio bem e o bem de seus filhos, é preciso garantir que as chances de sucesso sejam tão grandes quanto possível. Se vocês ainda não fizeram uma análise, está na hora de fazê-la: conversem sobre a forma como pretendem criar os filhos, principalmente sobre quem imporá disciplina e de que maneira fará isso. Pergunte a ele como vocês resolverão as diferenças. Embora o amor seja maravilhoso, é melhor também verificar se ele tem dinheiro — os casamentos são caros, mas o divórcio e suas consequências podem ser muito mais dispendiosos.

7
A vida sexual

TRÊS VEZES POR SEMANA

Estou vivendo com minha namorada há mais ou menos dois anos e nos relacionamos muito bem. O problema é que não transamos com frequência. Quando começamos a namorar, tínhamos relações sexuais todo dia e era ótimo. Agora passamos dias sem transar. Isso é normal? Acontece com todo mundo?

Qual será o problema com o sexo, que faz as pessoas se perguntarem se estão tendo uma quantidade "normal"? Na maioria dos casos, inclusive no seu, a resposta é sim. É claro que você e sua namorada costumavam ter uma boa vida sexual — partindo do princípio de que a qualidade era comparável à quantidade. O problema é que, para quase todos os casais, quanto mais longo é o tempo de relacionamento, menor é a atividade sexual. Os pesquisadores responsabilizam em parte um processo chamado "habituação", uma maneira bonita de dizer que o sexo (com aquela parceira) perdeu o valor da novidade. Depois da incerteza e da excitação iniciais, naquele relacionamento a atividade sexual pode ser relegada a segundo plano pelas pressões do trabalho, pelo cansaço do deslocamento entre a casa e o trabalho ou por uma série de TV de longa duração.

É difícil quantificar a vida sexual. Felizmente isso foi feito para nós por pesquisas como o Sexual Attitudes and Lifestyles Survey, o maior estudo realizado no Reino Unido que nos proporciona um pouco de voyeurismo das vidas sexuais de terceiros. O estudo perguntou a quase 19 mil indivíduos com que frequência tinham relações sexuais. Homens e mulheres de vinte e poucos a trinta e poucos anos transavam em média de oito a nove vezes por mês. Depois de dois anos com o mesmo parceiro, essa frequência caía para seis vezes. Portanto, se você passa alguns dias sem sexo, isso realmente é normal. Os jovens com menos de 25 anos têm atividade sexual em torno de 11 vezes por mês, mas até mesmo para eles a frequência diminui com o tempo de vida conjugal.

A média encobre uma faixa muito ampla — na maioria dos estudos ela varia entre nenhum sexo e 45 vezes por mês. A frequência da atividade sexual do casal deve ser estabelecida por vocês e não pela média nacional ou pelo que seus amigos fazem, caso eles lhe digam. Um estudo do Faculty of Arts and Sciences de New Brunswick, no Canadá, publicado no *Journal of Sex Research*, descobriu que nos primeiros anos os casais formam um padrão de frequência de atividade sexual. Se nessa época eles superam a média, continuarão a superá-la mesmo depois de dois anos. Portanto, embora o aluguel e os filhos sejam excelentes anticoncepcionais, um casal às voltas com os dois ainda pode ter mais atividade sexual que o jovem casal sem filhos do outro lado da rua, por mais improvável que isso possa parecer.

Talvez você não tenha negociado com sua namorada a frequência de atividade sexual que gostaria de ter porque isso não seria espontâneo nem sexy. Se você quer mais sexo, diversos estudos, além do bom-senso, indicam que vocês devem discutir a questão. Talvez seja preciso fazer um esforço consciente e reservar tempo para a atividade sexual. O estudo de New Brunswick descobriu que os parceiros que se revezam na iniciativa encontram mais satisfação na vida sexual, o que também acontece se eles conversam sobre o que mais lhes agradou durante o sexo. O estudo mostrou que é melhor falar claro do que usar eufemismos. Não convide sua parceira para "ir para a cama mais cedo", porque você só conseguirá isso mesmo.

TENTE UMA VEZ POR SEMANA

Perdi o interesse por sexo. Amo muito o meu parceiro e vivo com ele há 12 anos (temos dois filhos, de oito e dez anos), mas durante o último ano perdi o desejo. Ainda o acho atraente, mas, se ele começa alguma coisa, tenho que me esforçar muito para ficar excitada. Acho que poderia dispensar completamente o sexo, mas ele não. É normal perder o interesse por sexo? Será que o Viagra pode me ajudar?

Perder o interesse por sexo é normal, mas bastante inconveniente se você está em um relacionamento. Muitas mulheres dizem que depois de ter filhos podem abrir mão da atividade sexual, preferindo dormir, ou sentem mais dificuldade para ficar excitadas. As pesquisas mostram que muitas praticam sexo sem vontade, mas ele deixa de ser uma opção quando se torna um esforço imenso. Um estudo publicado no *Journal of the American Medical Association* investigou 1.749 mulheres entre 18 e 59 anos e descobriu que 43% delas (em comparação com 31% dos 1.410 homens pesquisados) tinham problemas sexuais, principalmente relacionados com a perda do desejo e da excitação. Mas esse número foi bastante contestado, sendo considerado muito alto. As mulheres responderam a perguntas sobre falta de desejo, ansiedade sobre o desempenho sexual e dificuldade de lubrificação durante dois meses ou mais. Considerou-se com problemas sexuais todas as que responderam afirmativamente a qualquer uma das perguntas. Os laboratórios farmacêuticos talvez fiquem felizes se a perda de interesse por sexo da parte das mulheres for considerado um problema médico, mas isso não é realmente uma doença e não é bom pensar na questão dessa forma. Em uma abordagem mais realista, uma pesquisa da empresa ICM Research, promovida pelo jornal *Observer*, envolvendo 1.027 pessoas, descobriu que somente 19% consideraram o próprio desejo sexual reduzido ou muito reduzido.

Existem razões médicas para se perder o interesse pelo sexo: uso de pílula anticoncepcional, depressão, alcoolismo, diabetes, dor durante a atividade sexual, menopausa, inúmeros medicamentos e estresse. Contudo, com muita frequência uma alteração no desejo é uma reação razoável aos desafios da vida. Por exemplo, um estudo do National Institutes of Health dos Estados Unidos descobriu que as mulheres de baixa renda tinham uma probabilidade dois terços maior de terem problemas sexuais que outras mulheres. Mesmo sem problemas financeiros, muitas mulheres têm dificuldade em organizar a vida de modo a abrir espaço para o sexo. Na longa lista de trabalhos femininos — mãe, trabalhadora, amiga, filha — o papel de amante, infelizmente, vem em último lugar.

O desejo e a excitação têm complexas vias biológicas que começam no cérebro. O Viagra (que não foi aprovado para mulheres) pode levar mais sangue para a genitália, mas o mesmo efeito é obtido com carícias preliminares e até mesmo com a expectativa dessas carícias. Você precisa fazer todas as coisas bregas: reservar tempo para atividade sexual, evitar a mesmice (transar só na cama, apagar a luz quando ficar pelada) e usar a música como distração para diminuir as inibições. Você precisará se masturbar mais, usar vibradores, massagem, estímulo oral e fantasias. Não é preciso estar excitada para começar. Acredite que seu interesse aumentará durante o processo. Mas você precisa, acima de tudo, conversar com seu parceiro. Não só sobre sexo ou o que você faz e não gosta, mas sobre a proximidade de vocês e como vai o relacionamento. Ele está fazendo a parte dele nas tarefas domésticas? Muitas pesquisas mostram que as mulheres com mais de 30 anos sentem mais interesse sexual pelo parceiro que sabe passar aspirador de pó na casa. Isso não é conveniente? Vocês sabem como vai a vida profissional um do outro? A ideia de que o sexo é uma atividade natural que qualquer um pode fazer é um mito. Depois do primeiro impulso de juventude, ele se transforma em um jogo de habilidade. Se você não quer ter um relacionamento sem sexo, os dois precisaram trabalhar para recuperar seu interesse.

TENTE MENOS DE UMA VEZ POR SEMANA

Estou noiva de um homem que conheci há dois anos. Vemos a vida da mesma forma, mas há um grande porém: a química sexual não é satisfatória. Tenho mais tesão do que ele e, nas raras ocasiões em que transamos, raramente consigo um orgasmo. Falamos sobre isso muitas vezes e ele diz que não se interessa muito por sexo. Ele já mencionou que acha o sexo sujo. Posso me casar com alguém com quem tenho esse tipo de questão?

Você não deve se casar com alguém com quem tenha problemas sexuais, porque há provas incontestáveis de que essa dificuldade causa conflito e infelicidade nos relacionamentos e você já parece estar bastante infeliz. Os problemas sexuais são comuns. Seu parceiro parece sofrer do transtorno chamado desejo sexual hipoativo (DSH). Um artigo publicado no *British Medical Journal* revelou que, de quinhentos homens que procuraram um médico, um em cinco tinham problemas sexuais. Os problemas mais comuns eram a dificuldade de ter uma ereção e a perda do desejo.

A mitologia sexual nos leva a acreditar que os homens nunca perdem o desejo por sexo, mas isso não é verdade. Essa perda pode ter diversas razões: doença (até um terço das ocorrências são resultado de fatores físicos ou do efeito colateral de remédios), estresse e, em alguns casos, uma aversão antiga a sexo ou a falta de uma verdadeira atração física entre os cônjuges. Uma pesquisa com oitocentos indivíduos realizada pelo site netdoctor.com descobriu que um quarto dos pesquisados cresceram acreditando que o sexo era "sujo", portanto, a negatividade de seu noivo não é um caso raro. Existe o mito de que a química sexual torna o sexo uma atividade que não demanda esforço. Isso não é verdade, portanto, não se convença de que a culpada por seu problema é a ausência dessa substância efêmera. Por mais que você desconheça a causa, esteja certa de que essa questão será motivo de problemas em seu relacionamento. Um estudo com 72 casais publicado no periódico Archives of Sexual Behavior descobriu que aqueles com maior diferença na libido tinham os relacionamentos mais infelizes.

Quem tem DSH tende a não ter fantasias sexuais e não sentir muita necessidade de sexo. Esses indivíduos não compreendem como funciona o desejo e pensam que ele surge como um raio de luz, em vez de crescer durante a atividade sexual. Eles podem não associar o sentimento de intimidade com o desejo por sexo, acreditando que somente sentimentos eróticos explícitos devem iniciar a atividade sexual. As pessoas com DSH costumam ser emocionalmente reticentes, embora isso possa ser mais um efeito do que uma causa do problema. Você também parece bastante distante dele e talvez ele precise de todo o amor e a compreensão que você possa lhe proporcionar. O sexo pode aproximar vocês, mas às vezes é preciso ter intimidade antes de desejá-lo.

Portanto, não se trata de quantidade, mas de qualidade do sexo. Talvez o problema não seja só dele. Os problemas sexuais tendem a envolver duas pessoas e, em um terço dos casais em que existe DSH, o outro parceiro também tem suas dificuldades sexuais. O fato de que vocês sejam compatíveis em outros aspectos é encorajador e talvez possa motivá-los a tentar resolver o problema sexual.

Você tem muito a fazer e precisará de ajuda. Uma terapia de casal ou um médico da família que seja compreensivo pode ser um bom começo, já que sexo pode ser apenas uma parte do problema. Certamente, é bem melhor começar a resolver os problemas do relacionamento por aí e não pela festa de casamento.

CONTINUE A SONHAR

Meu parceiro gosta de me falar sobre suas fantasias sexuais. Muitas vezes elas envolvem alguém que não sou eu, o que me deixa irritada. Isso é uma coisa que os homens fazem mais do que as mulheres?

Quase todo mundo tem fantasias sexuais, mas não deve se sentir compelido a falar sobre elas. As fantasias são pensamentos pessoais e, do ponto de vista sexual, podem ser tão inibidoras quanto liberadoras. No entanto, ficar ofendida por uma fantasia é dar-lhe importância demais. É só um pensamento (a menos que seja muito depravado, caso em que você deve chamar a polícia). Se a fantasia envolver uma amiga sua, é melhor que ele não a conte, já que esse tipo de devaneio costuma ser muito mal recebido. Mesmo assim, é apenas uma fantasia.

Existem centenas de livros sobre fantasias sexuais, portanto, o assunto certamente desperta interesse. E não se trata de um assunto exclusivamente masculino: a sexóloga Nancy Friday ganhou a vida com seus best-sellers sobre fantasias femininas, intitulados *My Secret Garden* e *Forbidden Flowers*.

No entanto, os estudos mostram o que poderíamos esperar: existem diferenças entre os gêneros, com os homens apresentando mais fantasias. Um deles, realizado pelos pesquisadores da University of Vermont, com 350 pessoas de 18 a 70 anos (todos eram estudantes ou professores de uma universidade em New England, portanto o estudo não é representativo da maioria da população), descobriu que quase todos os homens da amostra e 80% das mulheres tinham fantasias sexuais com pessoas que não eram seus parceiros. Portanto, os homens fazem isso com mais frequência, mas as mulheres também o fazem. Isso é interessante porque no ano de 2000 praticamente a metade dos leitores que responderam a uma pesquisa do *New York Times* disseram que "não é legal" ter fantasias sexuais com outras pessoas.

No estudo de Vermont, as mulheres mostraram mais tendência que os homens a ter fantasias com ex-parceiros — embora esses casos fossem raros. Quanto mais longo o relacionamento e quanto mais parceiros os cônjuges tiveram, maior a probabilidade de que tenham fantasias com outra pessoa que não seu parceiro. O tempo médio de duração dos relacionamentos dos pesquisados era de nove anos e quatro meses. Portanto, talvez você não goste, mas isso é normal e você não deve sentir ciúme. O estudo descobriu que quem fantasia com outras pessoas tem mais probabilidade de trair o parceiro, mas não existe prova de que uma coisa leve à outra, portanto não fique zangada. Nesse estudo, a infidelidade foi definida de forma abrangente: incluía beijos, o que talvez não esteja de acordo com a ideia geral sobre o que constitui infidelidade.

Homens e mulheres podem não ficar excitados com a fantasia do outro porque esses pensamentos costumam ser diferentes para cada um dos gêneros. Isso foi mostrado em outros estudos segundo os quais as fantasias masculinas estão mais centradas no ato sexual e têm menos emoção e romance que as femininas. Um deles, da University of California, publicado no *Journal of Sex Research*, pediu a 162 pessoas entre 21 e 45 anos que escrevessem fantasias sexuais (como parte de um levantamento de dados sobre a relação entre o poder nas fantasias sexuais e a aceitação de mitos sobre o estupro) e descobriu que os homens descreveram cenas mais explícitas, que envolviam mais parceiros sexuais e tinham temas de dominação. Mas os homens também tendiam a imaginar que a parceira era fácil de agradar e excitar. Portanto, seu parceiro também tem a probabilidade de fantasiar que você esteja tendo um enorme prazer sexual. Talvez você precise lembrá-lo de que, na vida real, é preciso mais esforço para realizar essas fantasias e que elas são as únicas sobre as quais você quer ouvir falar.

VICIADO EM AMOR

O namorado de uma amiga minha sempre é infiel a ela — outra amiga nossa o surpreendeu transando com outra mulher em uma festa. No entanto, ele agora disse a ela que é viciado em sexo. Ele afirmou que a ama e que vai entrar para um grupo de apoio para dependentes sexuais. Essa história de "vício em sexo" não é uma desculpa esfarrapada para a incapacidade de ser fiel? Será que minha amiga não deveria simplesmente abandoná-lo?

Será difícil para sua amiga continuar com um namorado que está sempre transando com outras pessoas. Ninguém gosta disso. Quanto a esse problema ser causado por uma "dependência" de sexo é mais questionável. O campo da dependência sexual é um viveiro de discussões acadêmicas: alguns afirmam que o fenômeno é como a dependência de drogas, outros, que se trata de um comportamento compulsivo (semelhante a lavar obsessivamente as mãos durante horas) havendo ainda uma terceira escola segundo a qual esse é um tipo de comportamento impulsivo ou descontrolado. O que ninguém contesta é o fato de que a fixação em sexo prejudica os relacionamentos. Aqueles que se declaram dependentes de sexo dizem que sua vida diária é dedicada a consegui-lo. Eles não conseguem parar de procurar por novos parceiros (inclusive pagos), por mais pornografia ou pelas duas coisas. Esse vício faz com que as pessoas erotizem acontecimentos triviais, usem os outros para sexo de forma egoísta e se sintam cada vez mais enojados de si mesmos.

Em vez de trabalhar, ver o parceiro, sair com os amigos ou preencher a declaração de imposto de renda, eles procuram oportunidades ou se dedicam a praticar o sexo, inclusive consigo mesmos, se não houver mais ninguém à disposição.

Contudo, a sexualidade admite tantas variações que essa condição também pode se assemelhar ao comportamento de indivíduos relativamente normais (apesar de sexualmente egoístas). Algumas pessoas são muito sexuais e gostam de ter orgasmos diversas vezes por dia. No entanto, aqueles que se confessam dependentes de sexo não gostam do que estão fazendo e podem se sentir compelidos a buscar atividade sexual quando estão deprimidos ou ansiosos. Para eles, o sexo não é uma questão de prazer, mas de preencher um vácuo emocional. Peço perdão por essa descrição curta e superficial. Para quem se interessar, existem livros sobre o assunto, porém, ao contrário do que ocorre com os comportamentos sexuais anormais, como o hábito de bolinar estranhos, esse fenômeno não tem uma definição psiquiátrica formal.

Existem alguns estudos no Reino Unido, mas um artigo publicado na revista *Postgraduate Medicine* estima o índice de dependentes de sexo na faixa de 3 a 6%. Existem mais pesquisas nos Estados Unidos que mostram as mesmas taxas e que de um a dois terços dos indivíduos com um comportamento sexual fora de controle sofreram abuso quando crianças — embora não se tenha definido as características desses maus-tratos. Até dois terços dos indivíduos com um comportamento sexual descontrolado têm outros tipos de dependência.

Os tratamentos são diversos e controvertidos. Existe um programa de 12 passos, adaptado do bem-sucedido programa dos Alcoólicos Anônimos, porém com a abstinência limitada a um período de trinta a noventa dias, que restringe também a masturbação. Os fóruns de discussão na internet sugerem que essa restrição é constantemente violada. Abstinência total de sexo pode ser um tanto limitante na vida. Uma combinação de drogas, às vezes utilizadas para tratar depressão e ansiedade, e a psicoterapia podem ajudar, mas não existe uma cura e persiste o risco de que o comportamento seja repetido. Sua amiga precisa decidir se quer continuar a namorá-lo — alguns casais conseguem. Nesse caso, ela irá precisará de um imenso estoque de compreensão e perdão, e também de amigos apoiadores.

BRINQUEDOS ERÓTICOS

Minha esposa e eu estamos na faixa dos 50 anos e nos amamos muito, mas nossa vida sexual sempre passou por altos e baixos, principalmente quando os filhos eram mais novos. Há dois anos, em uma tentativa de reavivar nossa interação sexual, comprei um vibrador para ela, esperando que pudéssemos usá-lo juntos. No entanto, agora estou com medo de que o tiro tenha saído pela culatra, porque sei que ela está usando o aparelho, mas parece ter ainda menos vontade de fazer amor comigo.

Que legal de sua parte dar um vibrador para ela! Infelizmente, ela descobriu que é muito mais fácil ter um orgasmo com um vibrador do que com outro ser humano — supondo que ela nunca tivesse usado um desses aparelhos antes. Na verdade, para muitas mulheres, independentemente do que usem, é mais fácil ter um orgasmo por conta própria.

Ao contrário do que se costuma acreditar, quem já passou dos 50 quer transar e transa. Um estudo sobre a sexualidade de quinhentas mulheres mais velhas, realizado por pesquisadores do Royal Brisbane and Women's Hospital, na Austrália, descobriu que mais da metade das mulheres com idade entre 40 e 80 anos mantinha atividade sexual, na maioria dos casos algumas vezes por mês. Mas nem todas as descobertas foram positivas, principalmente para os homens australianos. Os pesquisadores descobriram que 56% das mulheres sexualmente ativas que não tinham um parceiro obtinham um orgasmo toda vez que se masturbavam, em comparação com apenas 24% das mulheres que tinham relações sexuais com um parceiro. Isso pode parecer óbvio, já que a masturbação não é uma atividade que as pessoas costumem iniciar e não terminar, mas sugere que alguns homens não são tão cuidadosos ou habilidosos quanto deveriam ser para estimular as parceiras. Mas ninguém está afirmando que um mortal qualquer possa prover a intensa estimulação de um vibrador. Um estudo da City University de Nova York sobre a qualidade e a velocidade do orgasmo comparando diferentes tipos de vibrador descobriu que o tempo de obtenção do orgasmo variava entre vinte segundos e uma hora. Por outro lado, um parceiro deve oferecer uma experiência sexual mais abrangente e íntima, já que um vibrador não pode ser romântico e isso seria o que você poderia esperar que sua mulher desejasse. O que você precisa perguntar (a si mesmo e também a ela) é se suas relações sexuais são prazerosas.

À medida que mulheres e homens envelhecem, o desejo por sexo pode diminuir um pouco. Eles podem se sentir menos atraentes ou ter problemas de saúde que tornam a atividade sexual um esforço. Depois da menopausa, às vezes o sexo é um pouco mais difícil para as mulheres: o sangue leva mais tempo para chegar aos locais corretos e a lubrificação é mais lenta. Os brinquedos eróticos podem eliminar a necessidade de sentir desejo, já que só se precisa ligá-los, mas existe o risco de que a gratificação instantânea seja mais mecânica do que emocional.

Todos os casais têm vidas sexuais com altos e baixos, mas você precisa ver qual é o grau de proximidade emocional de vocês agora, depois de tantos anos, e quanta afeição sentem um pelo outro. As mesmas questões que afetam a vida sexual dos casais jovens também se aplicam aos mais idosos. Você precisará descobrir se sua vida sexual se tornou monótona, se vocês não conseguem satisfazer um ao outro ou se perderam a proximidade emocional. Sem isso, nunca será capaz de se livrar daquele vibrador. Se você tem com ela intimidade suficiente para comprar-lhe um vibrador, deve ser capaz de obter resposta para essas questões.

SÓ PARA CELIBATÁRIOS

Meu marido e eu paramos de ter relações sexuais. Não tenho certeza do motivo pelo qual adotamos o celibato, porém não fazemos sexo há mais ou menos um ano (sei que ele não está tendo um caso). Estamos trabalhando muito em nossos empregos e temos filhos adolescentes, portanto não acho que eu sinta falta de sexo. Ele não parece preocupado, mas como nosso relacionamento poderá durar se nunca mais transarmos?

Se você não sabe por que vocês se tornaram um casal celibatário, experimente pensar nos motivos mais comuns. Um estudo da Dra. Denise Donnelly, publicado no *Journal of Sex Research*, com 6.029 indivíduos casados, descobriu que era menos provável o casal fazer sexo quando os cônjuges estavam infelizes (é difícil saber o que vem primeiro, existe uma reciprocidade), tinham filhos pequenos e não faziam muitas coisas juntos. Infidelidade, doença, preocupação com a aparência e idade, além da gravidez, também podem afastar as pessoas do sexo. Considerando tudo isso, é surpreendente que os casais ainda consigam transar. Mas eles transam, e quando o celibato vence o sexo, raramente a decisão é mútua ou é uma questão amplamente discutida. Quando acontece, em geral um dos cônjuges se sente rejeitado, frustrado e infeliz.

Você precisa verificar se está enquadrada na categoria que o site incelsite.com define como "celibato involuntário". Você estará enquadrada se desejar ter atividade sexual, no caso com seu marido, mas não puder tê-la, seja porque se apagou "a chama" (esse ponto nebuloso dos casamentos modernos) ou porque seu marido não quer mais transar. Ou, quem sabe, não é *ele* o celibatário involuntário e você aquela que se sente bem sem sexo? Infelizmente, tal como você suspeita, o relacionamento talvez não esteja bem. Outro estudo da Dra. Donnelly, publicado no *Journal of Marriage and Family*, aplicou um questionário na internet investigando 77 casais sexualmente inativos (casados ou comprometidos há muito tempo), perguntando-lhes por que continuavam a manter um relacionamento assexuado (assim definido por estar sem atividade sexual há pelo menos seis meses). O estudo não foi representativo da população em geral porque nem todo mundo usa internet e os entrevistados eram membros de um grupo de discussões online. No entanto, como não é fácil encontrar celibatários involuntários, o resultado é útil. Mais de 64% dos pesquisados afirmaram que o sexo foi gradualmente minguando para eles por causa de uma mistura de cansaço e desinteresse. Como resultado, mais ou menos 26% tiveram casos, um terço procurou terapia (em geral sem sucesso), e apenas um terço aceitou manter um relacionamento casto. Os celibatários involuntários se declararam infelizes e incompletos sem sexo.

Seu relacionamento pode durar sem atividade sexual, mas não ache que ele vá ser melhor por isso. Quanto mais tempo você passar sem sexo, menos falta sentirá, portanto não se iluda achando que essa é uma escolha ponderada. No estudo de Donnelly, metade dos pesquisados disseram que o parceiro ideal seria o atual, se pelo menos voltassem a fazer sexo. Outros estudos mostram que quase sempre quem decide parar é o homem — em geral sem discutir previamente a questão. Isso ocorre às vezes porque é mais difícil para ele ter uma ereção ou se sentir sexualmente interessado. Se esse for seu caso, pelo menos converse com seu marido e tente reativar a vida sexual. De início, isso pode parecer um esforço imenso, mas com o tempo ficará muito mais fácil.

É O DIÂMETRO, NÃO O COMPRIMENTO

Desde os tempos de escola fico em dúvida se meu pênis é menor que os dos outros caras, mas minha namorada diz que isso é maluquice minha e que ele é normal. As estatísticas indicam que ele é de tamanho médio, mas ouvi dizer que o importante para as mulheres é o diâmetro e não o comprimento. Isso é verdade? Pode-se aumentar o pênis?

Muitos homens se preocupam com o tamanho do pênis. No entanto, provavelmente você está dentro da faixa normal, de acordo com um ou outro estudo. O fabricante de camisinhas Lifestyles Condom Co. realizou um estudo com trezentos homens e descobriu que dois terços dos pênis, quando eretos, mediam entre 12,7cm e 15,2cm. Os pênis foram medidos por enfermeiros e não pelos próprios homens, portanto esse estudo tem mais probabilidade de ser preciso do que outros que confiam nas mensurações dos próprios homens. Não é fácil medir o pênis ereto, mas você pode tentar usar uma fita métrica, medindo da base do órgão, onde ele toca o osso púbico (pressionando, principalmente se a região for estufada), até a ponta. Alguns especialistas sugerem que medir o pênis esticando-o quando estiver flácido pode fornecer uma estimativa mais precisa do comprimento que ele terá quando estiver ereto. O relatório *New Report on Sex* do Kinsey Institute estabelece que o comprimento médio do órgão masculino em ereção varia entre 13cm e 17cm, e sua circunferência varia entre 10cm e 15cm. A regra prática estabelece que o pênis ereto tem duas vezes o tamanho do pênis flácido.

Os homens parecem subestimar o tamanho do próprio pênis e superestimar o tamanho do pênis alheio. Isso acontece porque, literalmente, olha-se o próprio órgão de cima para baixo, mas olha-se o dos outros homens de perfil. Olhe o seu no espelho, de perfil, e sua preocupação pode desaparecer: instantaneamente, ele ficará maior. Um estudo no *International Journal of Impotence Research*, realizado na Itália com 67 homens que se candidataram à cirurgia para aumentar o pênis, descobriu que nenhum deles tinham um órgão anormalmente pequeno. Uma vez tendo visto em um gráfico que seus pênis se enquadravam na faixa normal, 48 homens (72%) foram embora felizes, mas 19, (ou seja, 28%) ainda quiseram se submeter à cirurgia. Os pesquisadores ofereceram um aconselhamento psicossexual prévio, mas apenas 11 concordaram, já que os cirurgiões alegaram que não realizariam a operação sem esse aconselhamento. O estudo não diz quantos homens acabaram por passar pela cirurgia, embora tenham sido muito menos que os 67 que a procuraram inicialmente. Pesquisas mostram que mesmo os homens com verdadeiros micropênis (ocorre a menos de um em duzentos homens) têm uma boa vida sexual. De qualquer forma, é improvável que a cirurgia ajude a qualquer homem cujo pênis já tenha tamanho normal.

Pioneiros da pesquisa sexual, William Masters e Virginia E. Johnson afirmaram que o tamanho não é importante porque a vagina acomoda o que for oferecido. Em um estudo publicado no *British Medical Journal*, imagens de ressonância magnética de casais mantendo relações sexuais mostram que a base do pênis ocupa grande parte do espaço (o que ajuda a estimulação do clitóris) e que o órgão se dobra na forma de um bumerangue. O comprimento pode parecer sedutor (se for longo demais poderá parecer ameaçador), mas o fato é que a maior parte dele não é necessária. Por outro lado, a circunferência parece ser importante. Em um pequeno estudo com cinquenta mulheres de idades entre 18 e 25 anos, realizado na University of Texas-Pan American, 45 delas disseram que o diâmetro era mais importante que o comprimento.

Se você ainda quer saber se existe algum recurso para aumentar o comprimento do pênis, a resposta é não. É possível cortar ligamentos, de modo que o órgão fique mais pendurado (na verdade, não fica mais longo), injetar gordura para deixá-lo mais volumoso, ou utilizar acessórios que alonguem o pênis. Bombas de sucção fazem o órgão inchar, mas pode ficar dolorido. Existem outras técnicas cirúrgicas, porém com resultados medíocres e procedimentos um tanto arriscados.

No que diz respeito às mulheres, elas realmente não se importam. É melhor investir em técnicas agradáveis de carícias preliminares do que se preocupar com o aumento do pênis. O órgão está longe de ser tão importante quanto um amante carinhoso e hábil anexado a ele.

SALVEM O SEXO

Tenho 17 anos e a maioria das minhas amigas já transou. Não me sinto preparada para perder a virgindade. Minha mãe diz que, quando era jovem, elas esperavam mais antes de fazer sexo. Para o relacionamento não é melhor esperar?

As atitudes sexuais mudaram desde o tempo de sua mãe. A pesquisa National Survey of Sexual Attitudes and Lifestyles, realizada em 2000, descobriu que a média de idade para o início da atividade sexual atualmente é de 16 anos para meninos e meninas. O organismo Economic and Social Research Council (ESRC) afirma que a mediana da idade da primeira relação sexual diminuiu em mais ou menos quatro anos nos últimos quarenta anos. Portanto, as pessoas esperavam mais tempo, principalmente antes da pílula anticoncepcional.

Por outro lado, hoje se espera mais para assumir um compromisso. No passado, sexo significava compromisso — e não estou afirmando que isso seja bom, certo? O ESRC estima que nos últimos quarenta anos o tempo transcorrido entre tornar-se sexualmente ativo e viver com alguém (qualquer um, não necessariamente o primeiro parceiro) aumentou de um para quatro anos, no caso das mulheres, e de quatro para sete anos, no caso dos homens. O lado negativo da atividade sexual mais precoce é o aumento de doenças sexualmente transmissíveis (pense no risco atual de se contrair clamídia), a propensão à gravidez adolescente e, na Grã-Bretanha, o alto índice de abortos nessa faixa etária. Portanto, é possível defender a ideia de que não é muito bom transar mais cedo, já que não estamos fazendo isso de maneira muito adequada — uma razão para esperar.

Além disso, como tantas outras coisas, o sexo fica melhor com a prática, portanto é improvável que seja um grande sucesso no início. A pesquisa mostra que, por mais legal que seja ver o sexo como atividade recreativa, ele costuma ser melhor com alguém que se conhece, de quem se gosta, em quem se confia e com quem se pode conversar e não ser sempre atraente. Talvez você não precise esperar muito para encontrar alguém assim, mas será muito melhor se o fizer.

Pode me chamar de antiquada, mas não vejo motivo para pressa. Se a pressão do grupo ficar insuportável, você sempre pode ser evasiva — não é raro as pessoas exagerarem a própria experiência sexual. Uma pesquisa do instituto MORI para o jornal *Observer* mostrou que, em 1.628 indivíduos, 18% das mulheres esperavam mais de dois meses para começar a transar em um relacionamento, mas somente metade da mostra respondeu — a maioria declarou que esse tempo variava. Na época de sua mãe, um estudo da East Carolina University com 555 estudantes descobriu que três quartos das mulheres achavam que até os carinhos deviam esperar até o quarto encontro, enquanto quase um terço dos homens pensavam que deveriam acontecer no primeiro encontro. As coisas em geral eram mais lentas naquele tempo.

O relatório do ESRC afirma que as mulheres têm duas vezes mais probabilidade que os homens de se arrependerem da primeira vez que fazem sexo e três vezes mais probabilidade que os homens de dizer que estavam menos interessadas em transar que os parceiros. Portanto, é muito sensato não transar antes de estar preparada. O sexo é tão onipresente que seu interesse em esperar pode parecer estranho para um potencial namorado, mas isso não implica que você não possa esperar, se quiser.

NEURÓTICO ERÓTICO

Outro dia, peguei o garoto que namoro há nove meses olhando pornografia na internet. Perguntei a ele com que frequência faz isso e ele disse que não muita, mas não tenho certeza se posso acreditar nele. Fiquei muito perturbada, mas agora acho que posso estar exagerando e que muitos homens fazem isso. Eles fazem?

Muitos homens veem pornografia na internet, mas isso não impede que você fique perturbada pelo fato de seu namorado ser um deles. No entanto, você deve saber que esse é um passatempo masculino bem comum. Uma pesquisa da Nielsen NetRatings mostra que um em quatro homens entre 25 e 49 anos visitou uma página de pornografia no mês passado. Outras pesquisas estimam esse índice em mais de 60%. Pergunte a qualquer homem e ele dirá que está surpreso por esse número ser tão baixo. Quem não vai querer dar uma espiadinha, se está à mão e é de graça?

A pornografia na internet pode variar desde o tipo encontrado em revistas masculinas até as coisas mais desagradáveis. Estou partindo do princípio de que seu namorado estava olhando pornografia convencional e há mulheres bastante tranquilas com o fato de seus homens fazerem isso. Um estudo com cem mulheres cujos parceiros consumiam material pornô, publicado no *Journal of Sex and Marital Therapy*, descobriu que a maioria delas não se importava, mas que isso incomodava a uma faixa de um quarto a um terço das pesquisadas. Essas últimas se sentiam como se os parceiros as estivessem traindo ao olhar pornografia, principalmente se as mulheres que eles estavam apreciando fossem magras e com seios grandes. Elas se preocupavam em parecer gordas e pouco atraentes em comparação (quem não pareceria?), sendo portanto menos interessantes. Algumas levavam a insegurança mais além, achando que os parceiros usavam pornografia porque elas não eram desejáveis. As pesquisas mostram que isso não é verdadeiro: a maioria dos homens consome pornografia porque está disponível. Elas também achavam que o parceiro fazia isso porque considerava a própria vida sexual insatisfatória. Aquelas com tendências feministas, para quem a pornografia transforma as mulheres em objetos, questionavam se não seriam vistas da mesma forma pelos cônjuges.

No entanto, a Dra. Ana Bridges, que realizou esse estudo, pensa que a maioria dos homens vê pornografia somente porque ela existe. Isso não revela nada sobre os sentimentos deles pelas parceiras ou pelo relacionamento. Eles simplesmente gostam do estímulo visual. Bridges estima que em um quarto dos relacionamentos o uso de pornografia significa alguma coisa, mas é difícil saber o quê.

Tenha em mente que isso pode ou não significar algo. Tente descobrir por que você está tão perturbada e adote uma abordagem prática, em vez de moral. As pessoas são diferentes em inúmeros pontos, inclusive naquilo que consideram excitante. Seu relacionamento é feliz em outros aspectos? Vocês estão tendo relações sexuais de boa qualidade e suficientes? Os homens que consomem material pornô podem ficar preguiçosos e fazer sexo apenas consigo mesmos. Você precisa conversar com seu parceiro e dizer-lhe que está preocupada. Talvez ele possa convencê-la de que o fato de usar pornografia não é problema, ou possa negociar. Por exemplo, talvez você não se incomode se ele consumi-la quando você não estiver presente, mas não quando você estiver disponível no quarto ao lado. Diga-lhe com o que você concorda, mas não tente controlar o uso, porque isso pode terminar em lágrimas.

A pesquisa do Nielsen NetRatings mostrou que as mulheres também gostam de estímulo visual. Anualmente, 1,4 milhão de mulheres consomem pornografia na internet. Os homens podem ficar tão desconfortáveis quanto as mulheres se as parceiras fizerem isso. Outras pesquisas mostram que números iguais de homens e mulheres ficam inseguros quando o parceiro vê material pornô. Bridges sugere que o casal faça fotografias um do outro para usar como estímulo visual. Mas somente se ambos tiverem certeza de que o outro nunca irá publicá-las na internet.

NASCIDO PARA PORNOGRAFIA?

Gosto de pornografia. Gostaria muito que minha namorada olhasse comigo, porque acho que poderia tornar o sexo mais excitante, mas ela não parece interessada. Já vi pornografia com outras namoradas. Como posso fazê-la experimentar?

Gostar ou não de pornografia é uma questão individual. A maior parte do material pornô é produzido e vendido para homens, e os estudos mostram que eles começam a consumi-lo antes das mulheres e são mais entusiásticos. As feministas argumentavam ou que a pornografia explora as mulheres ou que as deixa excitadas, mas elas são muito reprimidas para admiti-lo. O certo é que as discussões sobre o assunto costumam ser carregadas de moralismo.

Os números sobre o uso de pornografia por mulheres não são muito confiáveis. A Dra. Clarissa Smith, autora do livro *One for the Girls* e professora titular de comunicação e cultura na University of Sunderland, declara que 40% é uma estimativa razoável. Esse número se baseia em uma pesquisa da Nielsen NetRatings sobre uso de material pornô na internet por mulheres, realizada em 2006, enquanto um artigo publicado no periódico *Archives of Sexual Behavior* declara que, dos 40 milhões de adultos que acessam páginas pornográficas todos os anos, 72% são do sexo masculino e 28% são do sexo feminino. A pesquisa da própria Dra. Smith, entrevistando mulheres que compraram a revista pornô feminina *ForWomen*, descobriu que elas quase sempre olhavam a revista sozinhas: não queriam nenhuma distração quando estivessem excitadas. Smith declara que as mulheres não devem ser coagidas a olhar material pornográfico somente porque o parceiro quer, mas se você deseja despertar o interesse de sua namorada, experimente os filmes de diretoras como Candida Royalle e Ana Span, que se especializaram em filmes eróticos para casais. Segundo Span, as mulheres querem homens mais bonitos e mais telenovela em sua pornografia. Elas também preferem que as estrelas dos filmes pornográficos usem roupas e acessórios melhores.

A pesquisa mais rigorosa nessa área foi realizada na Dinamarca, país isento de culpa no uso de material pornô. Um estudo de Gert Martin Hald com 688 homens e mulheres de idades entre 18 e 30 anos, publicado no *Archives of Sexual Behavior,* descobriu que quase todos os homens e 80% das mulheres consumiram pornografia pelo menos uma vez — 50% das mulheres no mês anterior. Hald define pornografia como um material que inclui "exposição explícita ou descrição de genitália", mas também mostre o ato sexual. Olhar a *Playboy* ou a *Playgirl* não conta. As mulheres apresentaram mais tendência a olhar material pornô com o parceiro do que sozinhas — duas vezes mais do que os homens. Segundo Hald, não é a vergonha o que impede as mulheres de ficarem tão excitadas com pornografia quanto os homens: elas apenas pensam em sexo de outra forma. Ele afirma que a maior parte desse material é usada pelos homens para se masturbar, pois mostra uma mulher disponível em quem eles não precisam investir. Enredos ordinários sobre entregadores de pizza que aparecem e prestam serviços quando solicitados geralmente agradam mais ao sexo masculino do que ao feminino.

Depois que tiver pedido a sua namorada para olhar pornografia com você, não insista se ela não concordar. Deixá-la culpada e reprimida não vai ajudar sua vida sexual. Se ela não estiver interessada, você terá de pensar em outra forma de melhorar a vida sexual de vocês. Tradicionalmente, sexo com sentimentos é um campeão com as mulheres. E você sempre pode se vestir de entregador de pizza.

8
Sobrevivendo aos filhos

SÓ ALEGRIA?
Meu parceiro está convencido de que termos um bebê vai arruinar nosso relacionamento e a vida dele. Existem provas de que isso possa ser verdade? A chegada de um bebê pode separar um casal que é completamente feliz?

Em geral, os casais acham que um bebê vai torná-los ainda mais felizes, mas estão enganados. Para a maioria dos casais, um filho pode ser uma má notícia. Existe muita pesquisa sobre a "transição para a paternidade". Parte dessas pesquisas é contraditória. No entanto, um estudo meta-analítico sobre a qualidade dos relacionamentos depois dos filhos, publicado no *Journal of Marriage and Family*, resumiu os resultados de noventa outros estudos envolvendo 31.331 indivíduos e descobriu que, em geral, os casais com filhos eram menos felizes do que os sem filhos. As mães de crianças com menos de 1 ano eram as menos felizes: somente 38% delas alcançavam níveis de satisfação acima da média com o relacionamento, em comparação com 62% das que ainda não tinham filhos. Os homens não mostraram níveis reduzidos de felicidade até o segundo ano da vida do bebê. Contudo, quando a criança passava dos 2 anos de idade, tanto os homens quanto as mulheres já estavam mais satisfeitos com o relacionamento outras vez.

As razões são óbvias: os filhos privam os pais de sono, o que é suficiente para causar conflito. Eles corroem o tempo de convívio do casal e atrapalham a vida sexual. As mulheres em geral carregam o peso da responsabilidade de cuidar das crianças, tendo mais probabilidade de se sentirem oprimidas e ressentidas (especialmente se precisam conciliar maternidade e carreira). O estudo também mostrou que, quanto maior o número de filhos, menos feliz tende a ser o casal. Outros estudos mostram que os conflitos não terminam quando os filhos passam da primeira infância — a adolescência pode ser a fase mais difícil.

Portanto, quais são as boas notícias? Bem, os filhos trazem alegria. Embora não sejam conclusivas, as pesquisas indicam que no nível pessoal eles tornam os pais mais felizes, em vez de menos. O fato de vocês já serem um casal muito satisfeito, definitivamente, ajuda. Um estudo no *Journal of Family Psychology* que avaliou 82 casais descobriu que aqueles cujo relacionamento já era bom estavam protegidos dos efeitos destrutivos dos bebês. Os cônjuges mais felizes depois da chegada do bebê eram aqueles mutuamente menos críticos, que procuravam resolver os problemas juntos e com gentileza, afetuosos e principalmente aqueles em que o homem procurava ajudar. Isso comprova as descobertas de outros estudos segundo os quais os pais que competem pela atenção dos filhos e sabotam a autoridade do outro têm maior probabilidade de se sentir infelizes. Um excelente indicador de felicidade é o fato de a decisão de ter o bebê ser conjunta. Portanto, fique avisada, principalmente porque as crianças não prosperam quando os pais estão sempre brigando.

Espero que seu relacionamento possa suportar um bebê, mas quem avisa amigo é: a organização One Plus One tem um excelente artigo chamado *The Transition to Parenthood — The Magic Moment* segundo o qual os bebês nem causam a deterioração dos bons relacionamentos, nem unem um casal infeliz. Essa organização cita algumas pesquisas que mostram um aumento na satisfação com o relacionamento entre 18 e 30% quando o casal tem filhos. Ainda mais importante é a pesquisa mostrar que os casais são mais bem-sucedidos se souberem o que os espera.

MUDANÇA DE IDEIA

Eu adoraria ter filhos, mas meu parceiro diz que não quer. Chego a desejar que nunca tivéssemos discutido essa questão e que a gravidez tivesse simplesmente acontecido. Se eu ficar grávida, será que ele não se acostumaria com a ideia?

O problema é que ele vai precisar se acostumar não só com a ideia, mas também com o próprio bebê. Por outro lado, você pode se maldizer por ter mencionado a questão. De acordo com um estudo publicado na revista *Lancet*, pelo menos um terço das gravidezes no Reino Unido não foram planejadas, portanto você poderia tê-lo confrontado com uma situação do tipo "Oh, não, a camisinha deve ter rasgado!" ou "Eu nunca deveria ter tomado aqueles antibióticos junto com a pílula". No entanto, vale a pena saber o que seu parceiro pensa sobre ter filhos, porque eles perturbam os relacionamentos. Sabemos disso porque as pesquisas insistem em afirmá-lo. Uma grande revisão de 99 estudos, abrangendo 47.692 indivíduos, publicada no *Journal of Marriage and Family*, descobriu que a condição de ser casado e ter filhos implicava relacionamentos menos felizes do que ser casado sem filhos. Contudo, as crianças dissuadem os pais da separação, pelo menos no início, portanto talvez isso torne os resultados tendenciosos. Mesmo assim, um total de 55% dos casais sem filhos tinham níveis de felicidade com o relacionamento acima da média, em comparação com 45% dos pais. O trabalho adicional, a privação de sono e a perda da liberdade cobram um preço, por mais lindinho que seja o bebê.

Portanto, você realmente precisava perguntar a opinião dele sobre ser pai. Os estudos mostram que os homens podem ser pouco entusiásticos com a paternidade, tendo uma expectativa de satisfação muito maior do que a satisfação real. Os homens também se sentem mais ansiosos quanto à necessidade de sustentar a prole, razão pela qual em vez de conviver com a criança, erradamente, trabalham até altas horas no escritório.

O que a pesquisa deixa claro é que os homens que não desejam uma gravidez (e desejam menos ainda o bebê produzido por ela) tendem a não demonstrar muito entusiasmo pela ideia. Um estudo com 6.816 pais que viviam com os filhos mediu com que frequência eles trocavam fraldas, acalentavam a criança quando esta chorava (atividade protetora), seguravam e brincavam com o bebê (atividade de afeto), investigando também se a gravidez foi desejada ou não. Mais ou menos 8% dos pais não queriam a gravidez e outros 20% queriam, mas não tão cedo. O estudo descobriu que ter um filho não desperta o instinto paternal: aqueles que não queriam o bebê tinham muito menos probabilidade de acalentá-lo ou demonstrar-lhe carinho.

É possível que os pais se envolvam mais à medida que os filhos cresçam. Algumas pesquisas mostram que eles são mais participativos se a criança for um menino. Eles também se envolvem mais se o relacionamento for forte e feliz. É improvável que uma relação seja feliz se for baseada em decisões unilaterais. Você precisa conversar sobre o significado de ter um filho — o impacto que isso terá sobre seu estilo de vida, as ambições e o relacionamento. É mais justo para seu parceiro e para o bebê que você deseja ter, o qual (segundo imagino) preferiria ser desejado pelos dois genitores.

O IMPACTO DA INFERTILIDADE

Depois de muitos anos, estamos finalmente desistindo de tentar ter um bebê e tentando aceitar uma vida sem filhos. Nossa infertilidade foi "inexplicável" e passamos por períodos traumáticos, mas ainda permanecemos juntos. O que acontecerá agora que abandonamos a esperança de ter filhos? Nosso relacionamento e nossas vidas conseguirão se recuperar?

A infertilidade é imensamente traumática. Os testes e tratamentos são estressantes e pode ser preciso muitos anos até que você pare de sofrer pela vida que esperava ter. O que as pesquisas parecem demonstrar, porém, é que os casais sobrevivem.

De acordo com um artigo de autoria de pesquisadores do Helsinki University Central Hospital, publicado na revista *Human Reproduction*, de 10 a 17% dos casais têm algum problema de fertilidade. Seja de quem for o problema, a pesquisa mostra que eles lidam melhor com a situação quando ambos pensam da mesma forma sobre a infertilidade (seja com tristeza, com raiva ou com resignação). Vocês também terão melhores resultados se conversarem sobre seus sentimentos, mas é claro que você sabe disso.

O problema é o tempo necessário para recompor a vida. Um estudo publicado no *Journal of Counselling and Development* avaliando 37 casais de canadenses que interromperam o tratamento perguntou-lhes a intervalos de dez meses como estavam levando a vida. Foram necessários até três anos para que os cônjuges pudessem voltar a ver a vida com otimismo, passando pela exaustão e desespero (nos primeiros dez meses) e pela frustração e raiva (pois alguns sentiam ter paralisado a vida para ter filhos). Embora tivessem questionado o relacionamento, muitos casais declararam ter ficado mais unidos. Contudo, esse estudo era pequeno e não revelou quantos casais permaneceram juntos.

É mais fácil falar de ter sensibilidade para com os sentimentos do outro do que manifestá-la se você está chorando as próprias mágoas. Um estudo publicado no periódico *Family Relations* sobre 420 casais que ainda estavam fazendo tratamento descobriu que as mulheres ficavam mais infelizes quando os maridos se isolavam e os homens achavam difícil tolerar quando as mulheres evitavam falar sobre os próprios sentimentos. Os casais mais preparados para se apoiarem eram aqueles cujos cônjuges não se culpavam nem culpavam o outro pelos problemas de fertilidade. A capacidade de lidar com a situação também vai depender parcialmente das expectativas da família e do que você pensa sobre a adoção e a gravidez de aluguel. As clínicas de infertilidade recomendam que se procure grupos de apoio e terapia de casal.

Não consegui encontrar nenhuma comprovação de que a infertilidade aumenta o risco de divórcio. O mais importante é que o professor Arthur L. Greil, sociólogo e especialista em infertilidade da Alfred University, em Nova York, também não encontrou nenhuma comprovação. Ele me declarou que os casais ficam estressados, mas muitos afirmam que o relacionamento fica mais forte. A probabilidade de felicidade — inclusive satisfação sexual — é tão grande quanto a de qualquer outro casal, por mais difícil que seja para você acreditar nisso agora.

DISTÚRBIOS SAZONAIS DO NASCIMENTO

Estamos tentando ter um bebê. Temos consciência de que talvez não seja possível planejar exatamente quando engravidar, mas, se pudermos escolher uma época do ano, qual o melhor mês para ter o bebê?

A resposta depende do ponto de vista. A melhor resposta para o bebê pode não ser a melhor resposta para quem irá gestá-lo. Para a mulher, ficar ofegante no calor do verão com uma barriga que esconde tornozelos ainda mais inchados é desconfortável. Por outro lado, um estudo da University of Southampton que examinou durante uma década 1.750 homens e mulheres nascidos em Hertfordshire descobriu que os homens nascidos no inverno têm um risco de obesidade mais elevado. Você não iria querer isso para seu filho, não é mesmo? Dados do Office for National Statistics mostram que as crianças previstas para o inverno também podem ter um risco mais alto de nascerem mortas ou morrer no primeiro mês de vida. Contudo, essas tragédias são raras e ninguém vai aconselhá-la a evitar um parto no inverno por causa delas.

A maior parte das pesquisas sobre os efeitos da "sazonalidade" do nascimento não analisa se é mais agradável empurrar um carrinho de bebê sobre as folhas do outono ou sob a chuva de primavera. Elas avaliam aspectos mais sérios, como a relação entre a data de nascimento e doenças graves. Os pesquisadores procuraram e encontraram algumas relações sazonais com o mal de Parkinson (primavera), esclerose múltipla (aumento de 10% em maio, de acordo com um estudo no *British Medical Journal*), epilepsia (inverno), tumores cerebrais (janeiro/fevereiro), doença celíaca (verão) e risco de suicídio (abril, maio e junho). Existem muitos outros estudos sobre outras doenças, mas a força da maioria dessas associações não é clara já que parece haver algum risco teórico associado à maioria dos meses.

Existe uma preocupação mais real: a criança nascida no final do ano escolar tem dificuldade para acompanhar os colegas. Um estudo do Institute of Fiscal Studies confirma isso, tendo descoberto que as crianças nascidas em agosto obtêm resultados piores nos testes escolares durante a maior parte da vida acadêmica e têm mais probabilidade de abandonar os estudos aos 16 anos. A culpa não é do mês de agosto,[*] mas do fato de que essas crianças têm uma idade relativa mais baixa entre os nascidos no mesmo ano que frequentou aquela série no colégio. Aos 11 anos, as meninas nascidas em agosto têm uma probabilidade dois terços maior que outras crianças de receber um diagnóstico de dificuldade de aprendizagem. Como declarou o secretário-geral da Association of School and College Leaders da Inglaterra: "Não se faz nenhum favor aos filhos ao tê-los em julho ou agosto." Por outro lado, o clima é mais favorável e você pode fazer caminhadas.

Dados do Office for National Statistics mostram que os meses mais comuns para o nascimento de crianças vão de maio a agosto, com outro pico em setembro. Isso está de acordo com a hipótese dos serões de inverno,[**] nos quais os casais, limitados a ver televisão todas as noites, sentem frio e tédio suficiente para ter relações sexuais. Todo mundo sabe que não é o tempo quente que nos deixa sexualmente insaciáveis — ele só nos deixa suados e aborrecidos. Esse padrão de sexo no inverno dando origem a nascimentos no verão é observado em muitos países europeus. Na Holan-

---

[*] O ano letivo na Inglaterra começa em setembro e vai até julho. (*N. do E.*)

[**] No hemisfério norte, o inverno começa em dezembro. (*N. do E.*)

da, a empresa que coleta dados demográficos, a Statistics Netherlands, relata que os meses mais comuns para os nascimentos são julho, agosto e setembro.

Se você planejar a época do parto, estará sendo altamente organizada. Só essa qualidade já vai deixá-la em boa situação, seja qual for o mês de nascimento do seu bebê.

FILHOS COMO ANTICONCEPCIONAIS

Meu marido e eu temos um filho de dois anos e meio e um bebê de seis meses que ainda estou amamentando. Meu marido está infeliz com a frequência com que fazemos sexo. Ele diz que nossa média é de três vezes por semana, mas que deveríamos estar transando cinco vezes por semana para compensar o tempo perdido na gravidez e no pós-parto. Eu peço que ele me deixe em paz para dormir quando tenho uma chance. Não quero perguntar às outras mães na pracinha, mas o que será que elas estão fazendo?

A maioria das mães de crianças pequenas não está correndo atrás de mais sexo. Elas estão desesperadas por um pouco de sono e não pela chance de recuperar a ação erótica que perderam quando estavam muito grávidas ou dando à luz. As outras mães da praça ficariam impressionadas com a quantidade de sexo que você está tendo, porque a média citada por seu marido não é a de quem tem filhos. É a média de casais na faixa dos 20 anos e sem filhos.

A quantidade de atividade sexual dos indivíduos varia de acordo com muitos fatores, tais como: ser solteiro (menos sexo), viver com alguém há muito tempo (quanto mais tempo, menos sexo), faixa etária (menos sexo depois dos 50), ter preocupações (quem não as tem? Significa menos sexo) e ter filhos (menos também, quando os filhos são pequenos). A maior pesquisa sexual do Reino Unido, realizada na década de 1990, investigou a vida sexual de 18.876 indivíduos. Na média, quem tem menos de 40 anos tem relações sexuais seis vezes por mês. A média esconde uma variação bastante grande: por exemplo, os casais com menos de 25 anos transam 11 vezes por mês, o que parece não ser suficiente para seu marido.

Ter filhos, principalmente pequenos, sem dúvida reduz a atividade sexual do casal. Uma pesquisa recente com 20 mil pais e mães promovida pelo site BabyCenter descobriu que, seis meses depois do nascimento de um filho, a média é de três a cinco vezes por mês. Outra, com 570 mulheres e 550 de seus parceiros, publicada no *Journal of Sexual Research*, descobriu que os casais tinham relações sexuais de quatro a cinco vezes por mês durante a gravidez, paravam durante sete semanas depois do parto e voltavam aos níveis do meio da gravidez quando os bebês estavam com 4 meses de idade. Foi preciso um ano para que eles sentissem que o sexo era tão bom quanto antes da chegada do bebê. Outros estudos descobriram que, mesmo depois de um ano, até 95% dos casais ainda tinham menos atividade sexual do que antes da gravidez. No entanto, a amamentação não parece reduzir a atividade sexual dos casais.

Dados de questionários não são muito úteis porque os casais estabelecem o próprio nível de atividade sexual e é isso o que eles esperam. Esses dados, porém, dão força à tese de que os homens sempre querem mais sexo do que estão conseguindo. Será que a qualidade não vale nada? Uma pesquisa com mais de oitocentos adultos promovida pela página de saúde Netdoctor descobriu que quase 80% dos homens achavam a atividade sexual insuficiente, em comparação com 60% das mulheres.

Bebês e crianças cheias de energia (será que existe outro tipo?) diminuem a paixão por causarem exaustão. É evidente que seu marido está dormindo demais se se sentir apaixonado quase todas as noites da semana. O impulso sexual varia, e você não disse se seu marido sempre quis mais sexo do que você. No entanto, você precisa negociar com ele não só a frequência da atividade sexual, mas também se ele pode ajudá-la a dormir mais.

ETAPAS NECESSÁRIAS

Meu enteado de 17 anos usa minhas roupas e meus DVDs, chega em casa às três da manhã e dorme até meio-dia. Ele não está na faculdade, não trabalha, é mal educado e egoísta. Minha namorada não faz nada, embora saiba que fico aborrecido. Temos uma filha pequena e isso não é bom para ela. Como posso fazer minha namorada entender que o filho dela está arruinando nosso relacionamento?

É difícil ser padrasto de um adolescente. No entanto, talvez você tenha esquecido como era na adolescência: o egoísmo faz parte da descrição do cargo. Isso vai passar. Os adolescentes podem ser difíceis de despertar afeto, mas as pesquisas mostram que isso é mais difícil para os padrastos do que para os pais biológicos. O padrasto ou a madrasta tem um papel indefinido e complicado. Em geral, eles acham que sua atuação é sabotada pelo genitor biológico. Ter os próprios filhos pode tornar os padrastos ainda mais intolerantes com os enteados, por sentirem o contraste com os sentimentos mais paternais que nutrem pelos primeiros. É um problema comum. A organização beneficente Parentline Plus estima que mais de uma em dez famílias sejam reconstituídas, com um total de 2 milhões de crianças. Nos Estados Unidos, o órgão de recenseamento US Census Bureau afirma que a metade das crianças com 13 anos ou menos vive com um padrasto ou madrasta. Breve, em muitos países, tal como já acontece nos Estados Unidos, esse será o tipo mais comum de família.

Estudos mostram que os casais em famílias reconstituídas enfrentam mais dificuldades que os de famílias tradicionais. Um estudo de Joseph Rowntree avaliou 878 indivíduos que criam filhos nesse tipo de organização familiar e descobriu que tanto os pais biológicos quanto os padrastos tinham mais problemas de relacionamento e discutiam mais sobre a criação dos filhos. Os recasamentos com enteados têm mais probabilidade de separação que os recasamentos sem eles. Mas chega de falar dos adultos — essa situação é mais difícil também para os enteados. A organização beneficente britânica Children's Society afirma que os enteados têm duas vezes mais probabilidade de fugir de casa que as outras crianças. Pode ser desconfortável aceitar isso, mas pesquisas de peso demonstram que padrastos e madrastas são menos afetuosos e apoiadores com os enteados, em suma, estão menos interessados. Isso fica pior quando esses pais por afinidade têm os próprios filhos com o parceiro, principalmente porque crianças menores precisam de monitoração constante. No entanto, outros estudos são mais otimistas e mostram que os relacionamentos ficam mais afetuosos com o tempo, embora a adolescência costume ser um período problemático.

Sua namorada sabe que você está irritado e que o comportamento do filho é inaceitável, mas ela tem para com ele uma lealdade que você não compartilha. Talvez ela suspeite de que, diga o que disser, você seria mais tolerante se sua própria filha estivesse se comportando daquela maneira. Ela também pode perguntar se no passado você demonstrou interesse suficiente pelo enteado para justificar tanto aborrecimento agora. Você não pode ignorar isso. Mas se você contestar o comportamento de seu enteado, só irá piorá-lo.

Não é só o comportamento dele que está arruinando seu relacionamento: sua forma de lidar com a questão também está. Você precisa negociar a formação de uma ação unida e determinar para seu enteado limites que você e sua namorada possam fazer valer. Não é bom para o adolescente trocar o dia pela noite e não ter uma vida estruturada. Ele pode ser um garoto egoísta de 17 anos, mas talvez não esteja feliz. Se ele se relacionar bem com o pai biológico, procure envolver este último na questão. Algumas famílias estabelecem com os adolescentes contratos de comportamento que incluem recompensas, e não apenas sanções. Você pode conseguir ajuda com organizações que trabalham com as famílias na elaboração desses contratos, eles podem ajudar a estabelecer limites e garantir que, como família, vocês continuem a dialogar uns com os outros. Você pode tentar criar um relacionamento com seu enteado, mesmo se precisar procurar sua camiseta favorita no chão imundo do quarto dele. Se servir de conforto, muitos homens de meia-idade ficariam orgulhosos se um adolescente quisesse usar as roupas deles.

FAÇA PELOS FILHOS

Tenho vivido infeliz com meu marido há muitos anos e nosso casamento, na verdade, está terminado. Não brigamos muito, mas não existe afeição ou atração entre nós. No entanto, ele é um bom pai e as crianças ficariam arrasadas se nos divorciássemos. É melhor deixar a separação para depois que os filhos saírem de casa?

Optar pelo divórcio não é uma decisão fácil, mas manter um casamento infeliz por causa dos filhos também não é. Um relatório do projeto National Marriage Project, da State University of New Jersey, menciona uma pesquisa norte-americana de âmbito nacional realizada há 14 anos, segundo a qual apenas 15% da população concordava com a afirmativa de que "quando há crianças na família, os pais devem ficar juntos mesmo que não se entendam". O conceito de não se entender foi mudando ao longo dos anos.

Se você vai colocar a felicidade dos filhos acima da sua, é preciso ter certeza de que manter o casamento é mensuravelmente melhor para eles. Principalmente agora que ninguém mais parece fazer isso. Segundo o Office for National Statistics, as estatísticas do Reino Unido mostram que 10% de todas as famílias são reconstituídas e praticamente uma criança em quatro vive num lar com um único responsável. Nos Estados Unidos, um artigo publicado em 2003 na revista *Social Work* estimou que um terço da população faz parte de uma família reconstituída. Há vasta literatura de pesquisas descrevendo os efeitos do divórcio sobre os filhos. Embora algumas crianças se desenvolvam muito bem depois, os indicadores vão principalmente na direção oposta.

Um estudo realizado pela University of Pennsylvania e pela London School of Economics sobre o adiamento do divórcio utilizou dados de 11.407 pessoas que participaram da pesquisa National Child Development Study. Os pesquisados tinham 33 anos e foram divididos em dois grupos: os que eram crianças de 7 a 16 anos quando os pais se divorciaram e os que eram mais velhos. Os que testemunharam o divórcio dos pais na infância tiveram resultados escolares menos favoráveis e apresentaram mais probabilidade de serem pobres e terem filhos cedo. Mas os pesquisadores argumentam que todos os estudos destacam os efeitos do divórcio porque não conseguem levar em consideração a forma como as crianças foram criadas antes do evento.

Não existem comprovações sólidas de que o adiamento da separação evite consequências graves. Embora, de acordo com um relatório do Vanier Institute of the Family, os efeitos gerais do divórcio incluam um aumento no risco de pobreza, depressão, baixo desempenho escolar, delinquência na adolescência, gravidez adolescente e problemas de relacionamento. Entretanto, o relatório afirma que não são expressivas as diferenças médias entre esses infortúnios nos filhos de divorciados e nos filhos de famílias preservadas. De um ponto de vista do cotidiano, porém, as crianças sentem falta do genitor ausente. Às vezes, sentem terrivelmente. O relatório do Vanier Institute também afirma que embora os divórcios que dão fim ao conflito entre os pais possam ter efeitos positivos para as crianças, nas famílias cujos pais se relacionam razoavelmente bem, a separação pode ser traumática para os filhos, que não esperavam por isso.

Em geral, considera-se melhor que haja dois pais, em vez de um, se ambos se apoiam na tarefa de criar os filhos. Deve-se observar que o divórcio causa tanto estresse que, pelo menos por algum tempo, fica difícil cuidar dos filhos. Se você estiver suficientemente motivada para manter o casamento em benefício dos filhos, será que é tão difícil tentar melhorá-lo para si mesma? Pode ser melhor para todos se você conversar com seu marido, procurar ajuda externa (mas será preciso estar disposta a fazer um esforço) e tentar salvar o casamento.

9

Tempos difíceis

PRIMEIRO AMOR

De repente recebi um e-mail de minha primeira namorada. Nós nos separamos quando fui para a universidade. Ela diz que está casada e feliz e só queria dar um alô, mas fiquei muito abalado. Sou casado e tenho dois filhos. Não sei se devo responder. Devo simplesmente apagar a mensagem?

Sim, se você quiser preservar o relacionamento que tem agora. O primeiro amor é incrivelmente poderoso e, com a internet, ele também está cada vez mais acessível. Em uma pesquisa publicada em 2000 na revista *Time*, com 3 mil pessoas, quase 60% declararam que pensavam com frequência no primeiro amor. A doutora Nancy Kalish, da Califórnia State University, fez uma ampla pesquisa sobre o que ela chama de "amores perdidos", depois da própria experiência que não deu certo. No estudo realizado por ela em 2004 com 1.300 adultos selecionados de forma aleatória em todos os Estados Unidos, um terço dos pesquisados declararam que, se pudessem, voltariam a se unir ao primeiro amor. Ela estima que 10% dos indivíduos procuram entrar em contato com um amor perdido. Não sabemos quantos fazem isso e cinco minutos depois recordam exatamente por que se separaram antes.

Pela publicação de um anúncio na mídia, Kalish obteve dados de 2.500 casais que voltaram a se unir. A maioria (em torno de 84%) voltou a ter um relacionamento com alguém que tinha amado antes dos 22 anos. Em geral, esses casais se separaram porque eram jovens demais, se mudaram ou os pais não aprovavam a relação. As razões foram externas, geralmente fora do controle dos interessados, e não por problemas de relacionamento. Muitos desses casais passaram anos indignados com a separação. Os que se separam porque foram traídos, sentiam-se infelizes ou porque estavam entediados aparentemente não voltam para receber mais do mesmo tratamento.

Na maioria dos primeiros mil casais que Kalish pesquisou na década de 1990, os parceiros eram solteiros quando encontraram os amores perdidos. Uma vez tendo-se reencontrado, os acontecimentos se precipitaram e 40% deles passaram a viver juntos em menos de três semanas. A maioria se casou e 70% ainda estavam juntos em 2004. Esses números podem ser enganosos, entretanto, porque Kalish incluiu todo mundo na contagem, mesmo os que ficaram casados somente durante alguns meses. Os casais declararam que se sentiam emocionalmente estimulados e à vontade um com o outro. Mas a familiaridade não tornava as coisas monótonas. Sexualmente, esses casais se sentiam mais para escarpins vermelhos de salto fino do que para um par de pantufas bege.

Por que esses relacionamentos são tão cativantes? Segundo os psiquiatras da University of California, as primeiras experiências amorosas ficam quimicamente fixadas no cérebro. Sua ex-namorada cresceu com você, conhece sua família e provavelmente formou seu padrão amoroso. Vocês compartilhavam amigos, esperanças e programas de televisão favoritos. Há muito sobre o que falar e esses relacionamentos não eram insignificantes na época. Kalish descobriu que muitos dos primeiros amores encontrados por ela ficaram juntos na primeira vez por períodos de dois a cinco anos e o tempo que passaram sofrendo com a separação chegou a três anos.

No entanto, antes que você torne a abrir aquele e-mail, os casais mais recentes na pesquisa de Kalish, que são muito diferentes do primeiro grupo pesquisado, não estão felizes. A maioria encontrou o outro quando navegava à toa no Google e não havia pensado no que faria se encontrasse o amor perdido. Quase todos já estavam comprometidos com relacionamentos quase sempre felizes e 80% terminaram tendo casos com os amores do passado. Kalish não terminou de analisar os dados, mas acredita que somente uma pequena proporção parece ter chance de criar um relacionamento duradouro. A destruição que isso causa nas famílias torna a pesquisadora quase fundamentalista na opinião de que as pessoas não devem responder a esses chamados, a menos que sejam solteiras. E você não é.

ATRAÇÃO FATAL

Eu me interessei por meu namorado porque ele é lindo e tranquilo. Tenho um cargo de poder em meu emprego e gostei da falta de ambição dele. No entanto, agora isso está me deixando louca e fico envergonhada quando ele diz aos amigos que trabalha em um bazar de caridade e vê a sessão da tarde na televisão. Estou sendo irracional por querer me separar dele por esse motivo, quando foi o que o me atraiu nele?

Ser lindo é sempre atraente e pode justificar qualquer deficiência em outras áreas. Não sei há quanto tempo vocês estão juntos, mas o tesão e o fato de estarem ambos se comportando em seu melhor significa que talvez seja preciso muito tempo para avaliar o potencial de vocês para um relacionamento duradouro.

Apaixonar-se por qualidades que depois se passa a detestar foi objeto de pesquisa da socióloga Diane Femlee, da University of California, em Davis, que chamou o fenômeno de "atração fatal", por inspiração do filme em que uma mulher inicialmente sensual e fogosa se transforma numa obsessiva alucinada, capaz de cozinhar um coelhinho. Numa pesquisa publicada na revista *Personal Relationships*, Femlee pediu a mais de trezentos homens e mulheres, estudantes da American West Coast University, que recordassem o último relacionamento sério que tinham terminado. Ela perguntou quais as qualidades específicas que atraíram o entrevistado. Mais adiante no questionário ela perguntou que qualidades do parceiro o entrevistado considerava menos atraentes. Um terço mencionou a aparência, um em cinco citou o senso de humor e 12% declararam que era a inteligência. Somente 2% consideraram atraente ser tranquilo, portanto você está em minoria. No entanto, quando analisadas em retrospecto, muitas qualidades parecem negativas (embora devamos ver esses resultados com ressalvas, porque são opinião de ex-parceiros). As qualidades com maior potencial para ser inicialmente adoradas e posteriormente detestadas foram "empolgante", "diferente" e, adivinhe: "tranquilo". "Autoconfiante" se transformou em "arrogante", "divertido" virou "imaturo", "espontâneo" passou a ser "esquisito". Até mesmo uma característica que julgamos universalmente amada como "atencioso" foi metamorfoseada em "possessivo". Quanto mais entusiasmo as pessoas demonstraram com uma qualidade, maior a probabilidade de que ela mais tarde aparecesse na lista das mais detestadas. Quando alguém chamava uma qualidade de única, essa característica tinha três vezes mais chance de ser o motivo do término do relacionamento.

Um terço dos pesquisados relatou ter terminado o relacionamento por causa de uma qualidade que deixou de ser atraente. Em especial, são as diferenças entre os parceiros (ele é tão tranquilo e eu sou tão ambiciosa), inicialmente atraentes, que se tornam mais incômodas quando a primeira atração se dissipa. Além disso, os estudos mostram que a duração do relacionamento está relacionada ao apoio dos amigos e da família. Se seus amigos são todos ambiciosos, talvez sabotem seu relacionamento de forma sutil ou explícita. Talvez eles sejam incapazes de entender o que você viu em seu namorado.

Só você sabe se queria alguém mais ambicioso. Pelo menos comece a falar-lhe de seus sentimentos. Não de forma crítica, mas como uma tentativa genuína de ver se essa insatisfação é real. Os relacionamentos flutuam, principalmente nos primeiros tempos. Talvez você tenha uma surpresa. Talvez ele ache que você quer encontrá-lo em casa quando chegar mas na verdade você quer muito que ele tenha um emprego na área bancária. O estudo de Femlee localizou uma mulher que se queixava de que o ex-namorado era excessivamente gentil e cheio de consideração. Ela descobriu que estava errada quando ele saiu com a melhor amiga dela.

CALOS NOS DEDOS
Meu parceiro não reconhece o quanto eu trabalho na casa e no cuidado das crianças. Nós dois temos empregos em tempo integral e meu trabalho é tão exigente quanto o dele. Como posso fazê-lo parar de ver como uma simples obrigação tudo o que faço em casa?

Existe um ditado antigo: "Gosto de beijos, gosto de abraços, mas o que amo mesmo é ajuda com os pratos." Infelizmente esse ditado ainda é atual. A empresa de pesquisa de opinião Pew Research Center realizou em 2007 uma pesquisa com 2 mil norte-americanos e descobriu que ajuda nas tarefas domésticas estava em terceiro lugar entre os fatores mais importantes para tornar um casamento feliz. Ele vinha antes do dinheiro, de uma boa casa e até mesmo de filhos. Um total de 62% dos entrevistados disseram que isso era importante, enquanto apenas 7% consideraram esse fator irrelevante.

Ajudar nas tarefas domésticas está quase empatando com o segundo fator mais apreciado: uma boa vida sexual. A fidelidade ganhou primeiro o lugar. Para uma mulher, a quantidade de sexo e a quantidade de trabalho doméstico realizado pelo parceiro podem não estar desvinculados. Algumas mulheres sentem mais interesse sexual pelo parceiro quando ele ajuda nas tarefas domésticas, não porque remover a poeira seja erótico, mas porque compartilhar as tarefas domésticas torna o relacionamento mais equilibrado e profundo, o que é erótico. Não admira que tenha feito tanto sucesso o divertido livro intitulado *Porn for Women*, que mostra belos homens completamente paramentados, usando aventais e executando tarefas domésticas.

A quantidade de trabalho doméstico realizado pelos homens tem aumentado progressivamente. O organismo Council on Contemporary Families in America afirma que, segundo um estudo de vinte países industrializados cobrindo um período de 1965 a 2003, a contribuição masculina para o trabalho familiar aumentou de menos de um quinto em 1965 para mais de um terço em 2003. A pesquisa Time Use Survey sobre o emprego do tempo no Reino Unido, realizada pelo Office for National Statistics, mostra que as mulheres fazem dois terços do trabalho doméstico, somando 178 minutos por dia, em comparação com 100 minutos dos homens, que fazem mais consertos e jardinagem, também computados como tarefas domésticas. As mulheres que trabalham em tempo integral ainda trabalham mais em casa: 42% da limpeza e arrumação, em comparação com os 17% dos serviços executados pelos homens.

Sendo assim, o que acontece com os casais de mulheres homossexuais, principalmente as que têm filhos, caso em que ocorre a maior incidência de atrito na divisão de trabalho? Um pequeno estudo com 29 casais de mulheres homossexuais, publicado no *Journal of Social and Personal Relationships*, descobriu que, depois dos filhos, os casais de mulheres ainda compartilham o trabalho doméstico de forma equilibrada, mas a mãe biológica passa mais tempo cuidando da criança. Em geral, os estudos mostram que os homens dedicam mais tempo aos filhos do que em qualquer outra época, mas o mesmo acontece com as mulheres.

Portanto, se o trabalho doméstico é visto como opcional pelos homens (principalmente pelo seu), cabe a você mudar isso. Você precisa discutir o que precisa ser feito e o que cada um deve fazer. Se vocês têm opiniões diferentes sobre o que é considerado sujo e o que precisa ser limpo, será preciso negociar. Você também deve dar-lhe crédito pelos consertos que faça. Se você continuar a se sentir explorada, seu relacionamento será ameaçado. Mas se as coisas melhorarem, não se sinta tentada a se casar. Em geral, os homens que apenas vivem juntos com alguém fazem mais tarefas domésticas do que os casados.

PEGAR NO PÉ OU NEGOCIAR?

Sinto que pressiono meu parceiro o tempo todo. Estou sempre dizendo "Você pode jogar o lixo fora?" ou "Será que você pode dar o *almoço das crianças, para variar?". Tenho certeza de que ele me acha uma chata, o que não adianta de nada porque ele "se esquece". Como posso fazê-lo ajudar sem precisar pegar no pé dele?*

Como você já viu, pegar no pé não funciona e, além disso, é bastante desagradável. Para quem não tem esse hábito, pegar no pé é pedir a alguém que faça alguma coisa, repetidamente e de vários jeitos, usando diferentes maneiras de falar que parecem cada vez mais irritadas. Justamente pela necessidade de pedir vezes seguidas, essa prática não é eficaz e torna a vítima irritada e defensiva. Não estamos dizendo que seu pedido original não é válido, mas os especialistas em relacionamentos sugerem dizer ao parceiro quatro frases positivas para cada frase negativa, de modo a manter um relacionamento satisfatório. Pegar no pé dificulta muito seguir essa orientação.

Em geral, as mulheres são acusadas de pegar no pé e os homens não. Será que isso é justo? Um estudo da University of Florida, publicado no *Journal of Pragmatics*, pediu a estudantes que coletassem exemplos desse tipo de pressão durante o Dia de Ação de Graças — o encontro de família que é a causa por que o "pegar no pé" foi inventado. Dentre setenta exemplos dessa prática, relatou-se que as mulheres responderam por dois terços, quase sempre na tentativa de obrigar o parceiro a fazer (ou não fazer) uma vasta gama de tarefas domésticas. No terço restante de exemplos da prática (realizados pelos homens) havia somente seis casos das coisas que levam os homens a pegar no pé, quase todos relativos a questões não domésticas, como bater a porta do carro. Os pesquisadores sugerem que as mulheres devem ter mais motivos para atazanar o parceiro.

Essa prática é um exemplo daquilo que os psicólogos chamam de "comportamento de demanda-retirada". Quando algo é importante só para um dos cônjuges, o outro o ignora. Um estudo com cinquenta casais, publicado no *Journal of Marriage and Family*, mostra como isso ocorre. Os pesquisadores filmaram os casais enquanto discutiam quais eram as cinco mudanças de comportamento mais importantes de um cônjuge para melhorar o relacionamento. Quanto mais o cônjuge tivesse a perder com a mudança de comportamento, mais ele se eximia da discussão. Esse comportamento obriga o outro a pegar no pé. Ou seja, seu parceiro ignora sua solicitação de que ele jogue fora o lixo porque não quer passar pelo incômodo de se levantar e carregar para fora de casa uma lixeira fedorenta. Você já sabia disso?

Ninguém está sugerindo que esse comportamento seja bom, mas pode ser mais fácil tentar contorná-lo. Um estudo publicado no *Journal of Experimental Social Psychology* por uma professora universitária que desejava entender por que o marido fazia o contrário do que ela pedia mostrou que em geral isso é feito de forma inconsciente. Faz parte da natureza de algumas pessoas evitar atender às solicitações alheias como forma de manter a autonomia. Bater de frente com um imperativo psicológico pode ser frustrante para os dois.

Você pode tentar expressar suas solicitações de outra maneira, ou se focalizar na questão mais importante e negociar a divisão das tarefas domésticas. Permaneça calma e discuta sua maneira de cobrar as coisas. Diga a ele com clareza como você se sente com o que cada um realiza das tarefas domésticas. Será melhor se você puder formular sua argumentação de forma positiva, dizendo, por exemplo: "Gostaria demais se você pudesse retirar o lixo, já que é uma coisa que detesto fazer." Evite o tom de acusação e de irritação. Se você se escutar dizendo "Você nunca pensa em fazer...", a discussão não estará caminhando bem. Se nada disso funcionar, talvez você tenha problemas mais fundamentais. Esperemos que isso não aconteça, pois você não conseguirá resolvê-los pegando no pé do seu cônjuge.

QUEM SE QUEIXA MAIS?

Acabei de voltar de um fim de semana com minhas amigas. No grupo, aquelas que tinham namorado passaram muito tempo conversando sobre os problemas com os parceiros, eu inclusive. Sei que os amigos de meu namorado em seus fins de semana juntos não passam muito tempo falando sobre seus namoros. As mulheres se queixam mais do que os homens sobre os relacionamentos? Por quê?

É claro que as mulheres reclamam mais do que os homens sobre os relacionamentos. A pesquisa mostra que as mulheres não só se queixam mais de problemas, mas também se sentem mais solitárias quando estão envolvidas em um relacionamento (elas são programadas para a intimidade) e têm mais probabilidade de terminá-lo. Os números do Office for National Statistics do Reino Unido mostram que dois terços dos divórcios são iniciados por mulheres, que, em sua maioria, culpam o comportamento irracional dos maridos, categoria que pode incluir a incapacidade de estar à altura das expectativas delas. Os homens, por outro lado, se divorciam quase sempre pela razão menos criativa e menos crítica de que o casal já está separado há dois anos. Em geral, os homens parecem mais fáceis de agradar.

Para se lamentar tanto, as mulheres devem ter ideias claras sobre o que desejam nos relacionamentos, sendo capazes de identificar exatamente quando e como seus homens deixaram de atender-lhes as expectativas. Mas será que a expectativa das mulheres no relacionamento é diferente daquilo que os homens querem? Um estudo publicado em *Personal Relationships* que analisou 122 indivíduos envolvidos em relacionamentos há 11 anos, em média, e com idades que variavam de 23 a 59 anos, pediu-lhes que definissem a importância de trinta padrões para relacionamentos. Os padrões eram bastante óbvios: que os parceiros demonstrassem mutuamente seu amor, dialogassem — inclusive sobre sentimentos e não somente em sobre a conta de energia elétrica — e fossem fiéis. O estudo descobriu que homens e mulheres concordavam com a importância relativa de cada padrão, mas que elas sentiam que seus padrões eram atingidos com menos frequência do que eles. Como a maioria dos padrões dizia respeito à comunicação e intimidade, atributos tradicionalmente femininos, é natural que as mulheres se saíssem melhor.

Mesmo quando os homens sentiam que seus padrões não estavam sendo atendidos, isso os incomodava menos do que incomoda às mulheres. As mulheres na verdade são mais conscientes da qualidade do relacionamento. Outros estudos mostram que elas acompanham mais de perto que eles a evolução do relacionamento. Portanto, elas têm mais probabilidade de perceber se a relação não vai bem e de se ressentir da situação.

Os psicólogos — dos dois gêneros — diriam que as mulheres não estão se lamentando: estão "trabalhando no relacionamento". Pelo menos nos estudos psicológicos, os homens dizem que suas amizades são baseadas em "atividade": com outros homens, eles conversam mais sobre o desempenho de seu time de futebol do que sobre o desempenho de seu relacionamento. As mulheres tendem mais a confiar praticamente tudo a suas amigas íntimas, em mais detalhes do que os homens gostariam. Existem comprovações sólidas de que, ao conversarem sobre seus relacionamentos, as mulheres sentem que estão recebendo apoio. Talvez isso ocorra porque essas conversas as ajudam a elaborar os problemas que possam ter com os parceiros ou porque a amizade lhes fornece aquele "algo a mais" que está faltando na relação. As amigas podem apoiar o relacionamento, em vez de denegri-lo, principalmente se gostam do parceiro. Mas é claro que a verdadeira razão pela qual as mulheres se queixam de seus relacionamentos é porque, quando eles vão bem, não há nada a ser dito e isso não despertaria o interesse de nenhuma de suas amigas.

TOMANDO TODAS

Meu marido e eu temos mais de 60 anos e nosso casamento é bom. No entanto, ele está bebendo mais. Ao meio-dia ele já tomou uma garrafa de vinho e enxuga duas a três garrafas por dia, escondendo o copo. Se falo dessa questão, ele responde: "E daí, não estou mais trabalhando!" Nosso relacionamento se deteriorou — a bebida o deixa muito beligerante. Ele diz que isso não é um problema, mas eu acho que é. O que posso fazer?

Aparentemente, são muitos os idosos que estão bebendo mais do que deveriam. Os psiquiatras cunharam o termo "Saga louts" para designar homens como seu marido, que gastam o dinheiro da aposentadoria colocando em dia o consumo de álcool, em vez de se dedicarem a atividades socialmente mais úteis. No entanto, eles são um fenômeno oculto, já que em vez de vomitar no centro da cidade em uma noite de sábado, eles bebem em excesso na privacidade dos próprios lares. Um estudo comunitário publicado no *International Journal of Addiction* descobriu que de 2 a 4% dos idosos eram alcoolistas, enquanto dados da pesquisa General Household Survey estimam que, desses, 17% são homens e 7% são mulheres que se enquadram na categoria do consumo excessivo de álcool.

Um artigo publicado em 2006 no *British Journal of Psychiatry* diz que os idosos são um dos grupos menos informados sobre as unidades de álcool e isso pode ser parte do problema. No entanto, mesmo que o idoso consiga se lembrar do número recomendado de doses diárias, esse nível de ingestão de bebida pode não ser adequado porque a idade e algumas medicações diminuem a capacidade de metabolização do álcool. Por outro lado, a prática norte-americana de recomendar como limite de consumo para os idosos uma dose por dia, embora simples, é considerada por muitos médicos europeus tão rígida que chega a ser draconiana.

O álcool deixa as pessoas defensivas (tanto quanto ofensivas), portanto é improvável que seu marido admita que está bebendo demais. Quem bebe em excesso quase sempre não admite o fato porque associa problemas com álcool a moradores de rua bêbados engolindo metanol e não a pessoas respeitáveis como eles, que bebericam vinho de boa qualidade. É difícil definir quanto álcool é demais, a menos que você esteja adotando o número máximo recomendado de unidades (no momento, 21 unidades por semana para homens e 14 para mulheres). No entanto, se você sente que ele está bebendo demais, provavelmente está certa. Talvez o mais importante: você faz ideia da razão pela qual seu marido está bebendo mais? É simplesmente porque pode ou será que, ao se aposentar, ele passou a se sentir deprimido e solitário? A aposentadoria pede alguns ajustes. E esse problema com a bebida talvez tenha sido precipitado por algum acontecimento estressante.

As pesquisas sobre relacionamentos em que um dos parceiros bebe muito mostram que eles são infelizes, cheios de discussões, em geral sobre a quantidade de bebida que um deles consome. Sempre existe o risco de que as brigas se tornem violentas. Hoje em dia os médicos estão mais atentos para essas questões e alguns oferecem intervenções rápidas que pretendem reduzir a quantidade de bebida que as pessoas consomem. Essas intervenções envolvem algumas sessões educacionais sobre limites seguros e a manutenção de um diário de ingestão de bebida, mais para documentar a ingestão do que para registrar os momentos em que o paciente esteve bêbado. Os idosos em geral conseguem ser ajudados a voltar a beber dentro de limites. Mas, para que possa ocorrer a intervenção, o indivíduo precisa estar consciente do fato de que tem um problema, talvez por ter caído quando estava bêbado ou ter sido apanhado dirigindo depois de beber mais do que o limite autorizado. Também existe a opção dos Alcoólicos Anônimos. Os AA têm um sistema de grupos familiares chamado AL-Anon, para pessoas como você, cuja vida é afetada pelo alcoolismo de outros. Talvez seja melhor você começar por aí, já que é improvável que seu marido vá a um encontro do AA, se está negando o problema. Você pode lhe dizer que está frequentando o grupo porque está preocupada com o consumo de bebida dele e sugerir-lhe que ele próprio procure ajuda. O que não pode ser feito é passar sua aposentadoria com um parceiro que está sempre bêbado.

TEMPO PARA NÓS

Meu namorado e eu trabalhamos muito e, apesar de vivermos juntos, raramente passamos tempo razoável na companhia um do outro. Ele diz que isso não é importante, que se trata de uma fase, o trabalho é exigente e isso vai mudar. Não acredito que outros casais vivam dessa maneira. Quanto tempo os casais costumam passar juntos? Isso é importante?

Os casais passam juntos muito menos tempo do que você poderia imaginar. O órgão Office for National Statistics faz pesquisas regulares sobre o emprego do tempo pela população — aquele tipo de análise capaz de revelar que passamos dois anos da vida cortando as unhas dos pés. Essas pesquisas mostram que nosso tempo é dividido principalmente entre dormir, trabalhar e ver televisão. Em média, passamos de duas a duas horas e meia por dia com nossos parceiros, o que inclui os fins de semana. Se houver filhos, mais do que uma dessas horas desaparecerá enquanto se brinca de escolinha e se montam dinossauros de plástico. E o que fazemos quando estamos a sós com nossos amados? Vemos televisão (um terço do total do tempo de convívio), comemos (30 minutos) e fazemos juntos tarefas domésticas (24 minutos). Viva! Os casados passam juntos meia hora a mais do que os que apenas vivem juntos. (É um mistério a razão pela qual os casais de aposentados convivem por apenas quatro horas por dia. Será que eles estão se evitando?)

Para muitos, essa falta de tempo para convívio com os parceiros é um problema. Uma pesquisa com 2.004 adultos realizada em 2007 pelo instituto ICM descobriu que 64% dos homens e mulheres citaram como sua maior preocupação (à frente do dinheiro e da saúde) a necessidade de dedicar mais tempo à família ou de encontrar tempo para os relacionamentos importantes. Portanto, é claro que isso preocupa muita gente, embora não afete seu parceiro.

Ao pedir a ele um "tempo razoável", provavelmente você está se referindo a um tempo de interação. A televisão pode ser uma atividade passiva, a menos que vocês conversem ativamente sobre os programas que veem. Um estudo das universidades Brigham Young University e Colorado State University analisou as atividades de lazer e o relacionamento de 318 casais, casados ou que vivem juntos. Ele descobriu que as mulheres se preocupam mais do que os homens com a necessidade de convívio, deixando claro que isso envolve conversar. Se você não consegue se lembrar de como seria uma atividade de convívio, pense numa visita a um lugar interessante (uma galeria de arte e não um bar) ou em cozinharem juntos. Seja o que for que vocês dois façam juntos, para que essa atividade conte como tempo de convívio é preciso que vocês falem um com o outro. Simplesmente estar ao lado dele não melhora o relacionamento.

Portanto, é claro que é importante o fato de vocês não passarem muito tempo juntos ou dedicarem esse pouco tempo a comer comida congelada ou trabalhar em laptops adjacentes. Um estudo publicado no *Journal of Sex Research* analisou as entrevistas de 6.029 casais na pesquisa US National Survey of Families and Households e descobriu que, quanto menos tempo o casal passa junto, menor é a sua atividade sexual — o que parece um tanto óbvio. A coisa fica pior se você e seu parceiro sentem que trabalham demais. Um estudo da Penn State University avaliou a qualidade do relacionamento de 190 homens com suas mulheres e filhos adolescentes. Descobriu que existe uma imensa diferença na felicidade do casal quando os cônjuges trabalham muitas horas extras (talvez para pagar uma casa nova) e quando não o fazem.

Não se limite a esperar que as coisas melhorem. As fases costumam se transformar na ordem natural das coisas. Sugiro que vocês passem pelo menos uma tarde por semana juntos, seja em casa conversando, seja fora de casa, em um "encontro". A pesquisa do Office for National Statistics mostra que, se o casal não encontra tempo para convívio, o relacionamento todo, e não apenas uma fase, se limitará a dormir e ver televisão.

RENDA E DIVÓRCIO

Minha mulher ganha mais do que eu. Isso já acontecia quando nos conhecemos e nunca me incomodou. Desde que tivemos filhos, passo mais tempo do que ela cuidando das crianças e da casa. Li em algum lugar que os casais cuja esposa ganha mais têm 50% a mais de chance de se divorciar, em comparação com os casais cujo marido ganha mais. É verdade?

O número de mulheres que trabalham e seus salários aumentaram, embora, de acordo com o Office for National Statistics, os homens ainda ganhem em média 12,6% a mais. O índice de divórcios também aumentou, mas não existe aí uma relação de causa e efeito.

As mulheres que são as principais provedoras ainda são minoria. Quase todas as mulheres nessa categoria não têm altos cargos na área de negócios, são assalariadas cujos parceiros ganham menos ainda ou estão desempregados. Estudos dos Estados Unidos não são conclusivos e aparentemente não existem pesquisas equivalentes no Reino Unido. Um deles mostrou que para cada US$5 mil de aumento na renda da mulher, a probabilidade de divórcio aumentou em 5%. Outros estudos mostram que a renda feminina reduz o risco de divórcio, proporcionado ao casal uma vida mais confortável. Além disso, em termos financeiros, o casal tem mais a perder com a separação. Um artigo do centro de pesquisas britânico Family Policy Studies Centre mostra que a maioria das famílias precisa de dois rendimentos para manter um padrão de vida razoável. Quando as circunstâncias mudam, inclusive a proporção das contribuições dos cônjuges para a renda, os casais negociam o tempo que cada um vai dedicar ao trabalho.

Antigamente pensava-se que não era natural a mulher ganhar mais do que o marido e que isso o levava a ficar ressentido e afeminado, e que uma mulher com um alto salário iria embora por qualquer motivo porque poderia se permitir isso. Sempre se pensou que a dependência econômica tornasse a mulher mais comprometida com o casamento. No entanto, essas atitudes mudaram. Uma pesquisa do site de encontros True.com, que tem 2,7 milhões usuários, descobriu que um terço dos usuários do sexo masculino (os números exatos não foram informados) na verdade queriam mulheres que ganhassem mais do que eles.

A maioria dos estudos que citam índices mais altos de divórcio são antigos e tendenciosos porque entrevistaram indivíduos, e não casais, não podendo portanto averiguar se os divórcios foram causados pelo fato de um dos cônjuges ter uma visão tradicional sobre a renda e o status masculino ou realmente pelo fato de que a esposa ganhasse mais. A importância que homens e mulheres atribuem à vida profissional sem dúvida é significativa. Um dos estudos mais completos, publicado no *Journal of Marriage and Family*, analisando um grupo aleatório de 286 casais em que ambos trabalham fora, descobriu que somente os homens que se sentiam definidos pelo salário (o que ainda descreve muitos homens) ficavam ressentidos se as esposas ganhassem mais. Também foi mostrado que as mulheres não se incomodavam de ganhar mais, e como não têm uma bagagem histórica de associar autovalorização ao salário, as mulheres não se importam se os homens ganham menos. O que as deixa felizes nos relacionamentos são maridos, como você, que dão sua contribuição no cuidado das crianças e das tarefas domésticas.

Outro estudo que incluiu mais de 5 mil casais estadunidenses, utilizando dados do National Survey of Families and Households, descobriu que homens e mulheres eram mais felizes quando o marido ganhava mais (e esse estudo foi realizado há poucos anos). Porém, o principal fator para decidir o grau de felicidade de uma mulher no casamento não tinha nada a ver com renda. Acima de tudo, elas queriam homens emocionalmente envolvidos, o que dinheiro nenhum pode comprar.

BANIR A SOGRA?

Minha sogra me critica e faz comentários depreciativos. Meu marido parece não perceber, mas se preocupa quando fico ressentida. Desde que tivemos nosso filho, que tem 2 anos, a situação piorou e ela nos visita mais. Nós nos entendíamos melhor antes do casamento. Devo bani-la de minha casa, resolver as diferenças com ela, ou superar o problema?

Todas essas opções são razoáveis, se sua sogra faz críticas a você. Infelizmente, embora existam pesquisas (e toneladas de piadas sem graça) sobre os desentendimentos com a sogra, não existe nenhum estudo que mostre como lidar com a situação. Existem páginas na internet, como a sociedade secreta das noras torturadas (www.tortureddaughtersinlaw.com) e outra que anuncia ajuda em caso de fobia aos sogros (changethatsrightnow.com) e oferece um programa de terapia. Essencialmente, é provável que essas páginas aprovem o banimento (se o marido quiser!).

Vocês duas amam o mesmo homem e isso não costuma dar certo. No entanto, agora você é capaz de entender como o amor materno é intenso e incondicional. Imagine seu filho adulto, com uma namorada ou esposa. Pense em como você iria observá-la e talvez julgá-la. Isso não desculpa o comportamento de sua sogra, mas ajuda a entendê-lo. Como garantir que você vai agir de outra maneira quando for a sua vez?

No momento em que você começa a criar sua jovem família, sua sogra já encerrou essa fase da vida. Idealmente, ela deveria ter um interesse limitado em sua família, dando palpites apenas quando solicitada e não quando bem entender. Mas seu relacionamento negativo com ela prejudicará seu casamento. Um estudo da Iowa State University sobre a influência dos sogros no sucesso do matrimônio descobriu que os casais nos quais a mulher e a sogra não se entendem têm mais probabilidade de se separar do que aqueles em que não existe esse conflito. Entre os 403 maridos estudados, 33 se divorciaram em quatro anos e o conflito entre as esposas e as sogras desempenhou um efeito negativo substancial sobre o casamento. Outros estudos mostram que, quando o casal tem filhos, eles frequentemente são uma fonte de tensão com as sogras, que julgam saber mais sobre todos os aspectos de como criar uma criança.

Uma equipe da University of Arkansas entrevistou 23 noras e 19 sogras, descobrindo que a tensão era causada pelos menores motivos. As esposas não gostavam que as mães dos maridos deixassem mensagens telefônicas somente para os filhos. As sogras ficavam feridas se as esposas dos filhos não corressem para recebê-las nos eventos sociais. O relacionamento muitas vezes degenerava por causa dos planos para o casamento ou de ofensas imaginárias.

Todos os estudos mostram que as sogras são menos críticas com relação às noras do que o inverso e muitas vezes ficam perplexas, sem saber como ofenderam. Procurar conhecer a mãe de seu marido como uma mulher com suas próprias características, fora das situações convencionais das reuniões de família, pode tornar mais fácil para ambas se tolerarem. Portanto, antes de bani-la, procure conhecê-la melhor.

Seja gentil com ela e converse com seu marido sobre seus sentimentos. Lembre-se de não falar dela em termos que possam incomodá-lo, porque afinal aquela bruxa é a mãe dele. Peça a ele sugestões sobre a forma de lidar com o problema e de apresentar uma frente unida se for preciso confrontar as críticas. No entanto, felizmente muitas pesquisas mostram que o excesso de contato com os sogros cria problemas, portanto você deve evitar vê-la com frequência — como se você já não soubesse disso!

PRESENTES PATÉTICOS

Adoro o Natal e trabalho muito para torná-lo especial para minha família. No entanto, os presentes de meu parceiro para mim são tão decepcionantes... Ele é um amor e nos damos muito bem, mas seus presentes são tão funcionais e pouco românticos que me sinto ferida. Um ano desses ele me deu um carregador de telefone celular! Fico em dúvida se ele não me conhece nem um pouco ou simplesmente não liga para mim. Devo dizer a ele o que comprar e perder todo o prazer da surpresa?

Será que dizer a seu parceiro o que comprar para você no Natal vai estragar o prazer? Bem, já não é um grande prazer, não é mesmo? A opção mais simples é direcioná-lo para uma pesquisa como a do site Pricegrabber.com, que tem 21 milhões de usuários por mês e mostra que os presentes mais apreciados pelas mulheres são as joias e as roupas. Carregadores de celular, um spa para os pés ou um ferro de passar sem fio não fazem parte da lista de favoritos. Surpreendentemente, 1% das mulheres declararam querer uma ferramenta. Para o caso de você estar interessada, os homens querem o aparelho eletrônico mais avançado, em geral uma televisão. Eles também tendem a achar que, como eles, as mulheres querem alguma coisa útil.

A maioria das pesquisas mostra que as mulheres se empenham mais e gastam mais dinheiro no Natal. A Dra. Anne Wilson, uma psicóloga social da Wilfrid Laurier University, no Canadá, diz que, mais do que os homens, as mulheres pensam que os presentes comunicam um objetivo emocional. Eles ficam felizes se ganharem uma ferramenta porque as ferramentas são úteis. Será que o presente de seu parceiro significa que ele não conhece você? Wilson diz que com muita frequência achamos que nossos parceiros nos conhecem mais do que realmente conhecem. A ideia de que as pessoas que vivem a seu lado podem lê-la como um livro aberto é equivocada, principalmente no Natal.

Você sugere que os presentes tolos dele têm um significado ainda mais relevante: refletem a profundidade (pequena) dos sentimentos dele. Isso provavelmente não é verdadeiro, além de ser injusto. Na verdade, sua reação diz mais a seu respeito que o presente dele. As pesquisas mostram que as mulheres passam mais tempo que os homens avaliando as reações do parceiro. Perdoe a generalização, mas eles partem do princípio de que se eles estão felizes a parceira também está. Em um estudo conduzido pela doutora Sandra Murray, da University of Buffalo, 173 casais fizeram um diário para registrar como se relacionavam, de acordo com sistemas de aferição psicológica. Muitos deles de vez em quando se sentiam feridos pelo parceiro, mas os autoconfiantes reagiam tentando aumentar a proximidade. Os outros agiam de uma forma que comprovadamente afastava o parceiro, adotando uma atitude distante ou malhumorada. A maioria dos que se sentiam desvalorizados subestimava a profundidade dos sentimentos do outro e a felicidade que esse encontrava no relacionamento. Na verdade, os que sofriam com a dúvida sobre o motivo pelo qual o cônjuge continuava com eles eram tão amados quanto aqueles que se sentiam mais seguros. Portanto, cuide de sua autoestima, diga a ele exatamente o que quer ganhar no Natal e, para aumentar a proximidade, saia e compre para ele o último modelo de TV. Se você não tiver dinheiro para tanto, experimente comprar-lhe uma boa furadeira.

UMA QUESTÃO DE SOFRIMENTO

Sofri um aborto há dois meses. Estava grávida de apenas seis semanas e tenho dois filhos pequenos. Embora tenha ficado triste, senti-me quase aliviada. No entanto, meu parceiro ainda parece transtornado e agora estamos muito distantes um do outro. Isso é normal? Será que vai melhorar? Fico um pouco irritada por ele estar tão infeliz quando fui eu quem sofreu o aborto.

Quem sofreu o aborto foi você, mas o bebê era dos dois. De cada quatro mulheres grávidas, uma perde o bebê. Mesmo quando acontece no início da gravidez, o aborto é inquietante e traumático, por mais ambivalentes que sejam os sentimentos da mulher sobre a gravidez. Como qualquer uma entre tantas dificuldades no relacionamento, esse acontecimento tanto pode separá-los quanto uni-los mais. Um estudo publicado no *Journal of Perinatology* mostra que 85% dos casais compartilham de forma limitada, na melhor das hipóteses, seus sentimentos sobre o aborto. Os homens ficam com tanto medo de dizer alguma coisa errada que são capazes de não dizer absolutamente nada.

Tradicionalmente, presta-se menos atenção à reação masculina depois de um aborto porque seus efeitos físicos pertencem exclusivamente à mulher. No entanto, um estudo publicado na revista *Evolutionary Psychology* perguntou a mais de trezentos homens do norte da Inglaterra como se sentiram depois do aborto sofrido por suas parceiras, descobrindo que embora tendo sofrido de forma menos aguda, os homens tiveram mais dificuldade em lidar com a dor ao longo do tempo. Alguns relataram ter sentido angústia e desespero. Durante a gravidez, eles costumam ter uma percepção menos real do bebê, em comparação com o que sentem suas parceiras, mas ainda sofrem a perda do aborto, principalmente se viram o bebê em uma ultrassonografia. Os participantes do estudo afirmaram ter ficado preocupados com a saúde e os sentimentos da parceira. Outros estudos mostram que os homens podem sentir diversas emoções como empatia, impotência, medo do futuro, e às vezes ressentimento por tudo o que aconteceu, e podem até mesmo não sentir nada.

Portanto, essa é a razão da angústia de seu parceiro. Mas por que você está irritada? Sentir raiva depois de um aborto é comum, assim como sentir depressão e ansiedade. Quando sentimos tristeza, é normal, apesar de desagradável, procurar descontar naqueles mais próximos de nós. Mas talvez você sinta que seu parceiro está tão ocupado com a própria tristeza que não lhe dá apoio. Um estudo com 175 mulheres, realizado por Kristen Swanson, uma professora de enfermagem familiar e pediátrica, e por pesquisadores da University of Washington, descobriu que em um terço dos casais, um ano depois da perda de um bebê os cônjuges estavam mais indiferentes, evitando o sexo e ficando tensos na presença do outro. Isso era mais comum quando as mulheres não conseguiam discutir a perda com o parceiro e se sentiam pouco amadas e apoiadas. Elas tendem a sentir mais depressão e raiva se o parceiro não falar sobre o aborto e são mais capazes de superar o problema quando eles demonstram amor — de preferência cobrindo-as de atenção.

É normal que vocês tenham reagido de forma diferente. As mulheres superam melhor um aborto quando podem falar sobre seus sentimentos e os homens muitas vezes pisam em ovos quando tentam falar sobre a questão. O que vocês precisam fazer é ser atenciosos e pacientes um com o outro e conversar sobre o que aconteceu, aceitando a diferença na maneira de sentir. Valerá a pena. O estudo de Washington descobriu que, segundo dois terços dos casais, depois do aborto o relacionamento ficou tão bom quanto ou ainda mais intenso e feliz do que antes.

TER TUDO

Estou em um relacionamento há seis anos, mas recentemente conheci um homem quando nossos filhos brincavam juntos na pracinha. Ele é pai solteiro e nos encontramos algumas vezes com as crianças e uma vez sem elas. Estou completamente fascinada por ele. Acho que me apaixonei e quero ficar com ele, mas amo muito meu namorado. É possível amar duas pessoas ao mesmo tempo?

Talvez você pense que não existe pesquisa para responder à sua pergunta (que é tão filosófica quanto psicológica) e você está certa. Como você pode saber se está apaixonada por ele? Uma pesquisa on-line com mais de 1.100 leitores do periódico *Psychology Today* (em sua maioria, psicólogos) descobriu que dois terços pensavam que se pode amar duas pessoas ao mesmo tempo. Esse conceito é respaldado pelo amor paternal ou maternal, que envolve mais de um filho. Se você acha que isso não é prova porque se trata de um amor assexuado, existem alguns casamentos poligâmicos por amor e a poligamia adota regras estritas para evitar o favoritismo. Muita gente tem amigos que pensam ter-se apaixonado por duas pessoas ao mesmo tempo. Acontece que isso também pode ser conhecido como infidelidade, uma descrição bem menos sublime do fenômeno.

Os psicólogos tentaram medir estilos de amor usando recursos como a Escala de Atitudes Amorosas. No centro dessas escalas, além de paixão e força do sentimento, estão os atributos amizade, dependência, altruísmo e apego. É possível ser altruísta e apegada a dois homens? É possível ter sentimentos tão intensos por alguém que você não conhece bem? A Escala do Amor Apaixonado, que define o amor como uma necessidade intensa de estar com alguém, pergunta o quanto se fica absorvido quando se pensa nessa pessoa, o quanto se deseja agradá-la e estar com ela. Isso envolve quantidades iguais de dor e prazer. Mas qualquer escala tem apenas um valor limitado, é útil para os pesquisadores e não para os indivíduos. Nenhuma escala pode empacotar o amor como um bloco cientificamente mensurável, porque no amor existe emoção e compulsão.

Outro tipo de amor mensurável, o amor companheiro, é definido por psicólogos como o tipo mais comprometido de sentimento, baseado em levar vidas fortemente interligadas. O ideal é haver as duas formas de amor no relacionamento. O que acontece com frequência é o amor companheiro perder uma parte da paixão, suficiente para tornar mais interessantes outras pessoas, que têm a vantagem da atração.

Também é importante saber que os psicólogos afirmam ser mais difícil amar ao mesmo tempo duas pessoas que se pareçam. Seu namorado pode ser pragmático e seu novo amor um poeta. Alguns também dizem (prepare-se!) que as pessoas saudáveis se satisfazem numa relação com uma única pessoa e somente narcisistas e indivíduos com vidas emocionalmente disfuncionais pensam que podem se apaixonar por duas pessoas ao mesmo tempo. Lamento por isso.

Seu relacionamento atual provavelmente ganhará porque você investiu mais nele, a menos que você parta para ter um caso, o que prejudicará seriamente a relação atual.

Pare de ver esse homem e melhore o relacionamento com seu parceiro. Instale de volta na relação a vida que pode ter sido extinta pelos filhos e pela familiaridade. Talvez você seja aconselhada a ir atrás desse novo amor — embora seja pura especulação chamá-lo de amor a essa altura — porque sua felicidade é o mais importante. Mas isso prejudicaria tanto seus filhos quanto seu namorado. A situação é análoga a estar dirigindo um Ford confortável e confiável e ver um Porsche brilhante que faz seu coração bater com força. Optar pelo novo modelo pode ou não ser a escolha certa, mas certamente será a de custo mais alto para todos os envolvidos.

10
Felizes para sempre

MAIS QUE UM FILME

Em outubro completo sete anos de casada. Temos uma filha de 3 anos e nos relacionamos bem melhor que outros casais que conhecemos. Mas eu me pergunto se realmente existe isso que chamam de crise dos sete anos. Se existe, o que posso fazer para evitá-la?

A ideia de uma crise dos sete anos surgiu no filme *O pecado mora ao lado*, estrelado por Marilyn Monroe, que aparecia muito tentadora quando seu vestido foi levantado pela corrente de ar do poço de ventilação do metrô. Na vida real, o Office for National Statistics afirma que 19% dos divórcios acontecem dentro dos primeiros quatro anos de casamento, 27% entre o quinto e o nono ano, e 13% entre o décimo quinto e o décimo nono ano de casamento. Para as mulheres que se casaram entre os 25 e os 34 anos, a mediana da duração do casamento na Inglaterra oscila em torno de sete anos. Nos Estados Unidos, de acordo com Larry Bumpass, catedrático da University of Wisconsin, metade dos casamentos termina antes de sete anos. Os casais que vivem juntos entram em crise mais cedo: John Ermisch, da University of Essex, declara que a média de tempo de coabitação com um parceiro para mulheres na faixa dos 30 anos é de três anos e meio.

A crise dos sete anos expressa mais a desilusão mútua dos cônjuges do que uma busca de alternativas. Mais de 50% das mulheres citam como motivo do divórcio o comportamento inaceitável do parceiro enquanto 31% dos homens alegam o mesmo motivo. Em geral, o período de lua-de-mel termina cedo. Se antes era uma gracinha vê-lo comer feijão frio diretamente da lata, depois isso se torna repugnante. Durante os primeiros quatro anos, é espantosa a quantidade de ilusões perdidas. Muitos estudos examinaram esse fenômeno potencialmente deprimente. Um deles foi realizado ao longo de oito anos por Lawrence Kurdek e publicado na revista *Developmental Psychology*. Kurdek comparou as respostas de 538 casais a mais de trinta perguntas, entre elas até que ponto os parceiros eram afetuosos e confiáveis e qual o grau de concordância do casal nas questões importantes. Um dos problemas desse estudo é que no final do período restavam apenas 93 casais e talvez esses fossem os mais infelizes. Também foram feitas perguntas sobre "crenças problemáticas", portanto, fique atenta porque elas incluem pensar que não é bom discutir (o que conta é como se discute), que o sexo tem de ser perfeito e que seu parceiro deve entender você intuitivamente. Também verificou-se a existência de uma clara redução na felicidade quando os casais tornaram a ser entrevistados depois de quatro anos e aos oito anos de união, principalmente nos casais com filhos e naqueles que eram divorciados antes do casamento. Previsivelmente, ele aconselha os casais a modificar as expectativas. Na verdade, prepare-se para as decepções, porque elas são prováveis.

Estudos realizados por John M. Gottman, um dos mais conhecidos pesquisadores de relacionamentos dos EUA, mostram que simplesmente observar os casais discutirem um assunto espinhoso durante alguns minutos permite prever com uma exatidão de 94 % quais deles se divorciarão, mesmo antes que se casem. Os casais que dizem cinco coisas positivas para uma negativa têm chance de sobreviver. Abaixo disso, eles terão problemas. Gottman também estudou casais homossexuais masculinos e femininos. Em um trabalho publicado no *Journal of Homosexuality*, ele relatou que esses casais são menos beligerantes, mais equilibrados e mostram mais consideração mútua. Em geral, eles mostraram mais capacidade de resolver as disputas. Nos relacionamentos heterossexuais, se o homem escuta o que a mulher diz (é verdade, não estou inventando isso), se os cônjuges conseguem evitar debochar um do outro (segundo Gottman, o desprezo é o ácido sulfúrico dos relacionamentos), criticar ou ignorar o outro (diante disso, que tática nos resta?), a discussão pode ser fútil, mas o risco de uma crise dos sete anos fica reduzido.

NINHO VAZIO

Este ano minha filha vai para a universidade. Meu filho foi embora há dois anos. Logo, meu marido e eu ficaremos sozinhos um com o outro. Apesar de nos entendermos muito bem, isso me dá medo. Já ouvi falar de casais com vinte anos de união que se separaram quando os filhos saíram de casa. O que costuma acontecer aos casais quando os filhos vão embora?

O risco de síndrome do ninho vazio (depressão e perda de objetivo) depois que os filhos saem de casa foi muito exagerado. Os médicos de família costumavam prescrever antidepressivos para as mães antes que os filhos tivessem fechado a porta atrás de si. No entanto, a maioria delas na verdade fica mais feliz depois que os filhos vão embora. Esse cordão umbilical psicológico pode ser forte, mas cabe aos pais a tarefa de cortá-lo, educando os filhos para uma vida adulta independente. O fato de os filhos nunca serem capazes de arcar com o financiamento de uma casa se você não pagar a entrada é mero detalhe.

Sem dúvida, as mães sentem falta da prole, mas conseguem superá-la. Um estudo promovido pelo Battelle Human Affairs Research Center, de Seattle, mediu o bem-estar psicológico de 318 mães antes e depois de os filhos mais novos terem saído de casa. Ele descobriu que depois de transcorridos de seis meses a um ano da saída dos filhos, a maioria das mulheres se sente mais feliz. (Tudo bem, inicialmente você sentirá falta deles.) Elas só ficavam preocupadas se os filhos não conseguissem se sair bem no mundo exterior. Um estudo similar, mais recente, da University of Melbourne envolvendo 438 mulheres também descobriu que as mães declaravam ter menos desentendimentos diários e se sentir melhor depois que os filhos foram embora, mas somente se não estivessem preocupadas com eles.

Contudo, será que mães mais felizes significam casamentos mais felizes? A pesquisa não é clara sobre o sentimentos dos pais, mas tradicionalmente considera-se que eles se aborrecem menos. Alguns especialistas como a Dra. Karen Fingerman, professora adjunta de estudos de desenvolvimento e família da University of Michigan, afirmaram que a maioria dos pais e mães aprecia a "reconexão" com o cônjuge e que eles também se relacionam melhor com os filhos depois que esses saem de casa. Além disso, se decidirem fazê-lo, podem se divertir muito. Uma pesquisa com 1.190 progenitores realizada por uma seguradora de Zurique mostra que 42% dos que têm ninhos vazios tiram mais férias juntos e 36% têm com o parceiro um convívio de mais qualidade (incluindo atividade sexual). E você ainda está com medo?

Com os filhos ausentes, existe o medo de que o relacionamento mostre estar com a data de validade expirada, que vocês não tenham mais nada a dizer um ao outro. Não existem pesquisas conclusivas comprovadoras de que os pais em ninhos vazios têm mais probabilidade de se divorciarem. Alguns casais adiam o momento de desfazer um casamento infeliz até que os filhos cresçam e a geração do pós-guerra tende a buscar a felicidade individual. No entanto, algumas pesquisas mostram que os matrimônios são fortalecidos quando desaparece o estresse causado pela presença dos filhos, e os casamentos mais longos são também mais fortes porque o investimento neles foi maior. Ademais, segundo um estudo estadunidense, a probabilidade de divórcio de casais com vinte anos de união aumenta com a saída dos filhos, no entanto, para os casais com 28 anos de união ou mais ela diminui. Procurar atividades em conjunto e conversar educadamente aumenta a probabilidade de que vocês fiquem juntos. Portanto, tratem de se divertir e começar a gastar a herança dos filhos, antes que eles terminem a universidade e voltem para casa.

SOBREVIVENDO AO DESEMPREGO

Meu parceiro foi demitido há cinco meses. Graças a meu emprego, não temos problemas financeiros e ele está tentando conseguir trabalho, mas anda mal-humorado — acabou a afeição e o sexo. Se ele continuar assim, além de ter perdido o emprego também vai me perder. Quanto disso é inevitável em casos de desemprego? Posso fazer alguma coisa para melhorar a situação?

Não é difícil imaginar como alguém se sente quando perde emprego, a renda, a estrutura da vida diária e a resposta para a pergunta "o que você faz?". A realidade provavelmente é dez vezes pior. Seu parceiro está deprimido? Perdeu a libido? Isso é absolutamente normal. Fique grata por ele não ter ficado ainda pior. Um estudo que saiu no *British Medical Journal* entrevistou 6.191 homens de idades entre 40 e 59 anos e descobriu que os que perderam o emprego durante os cinco anos do estudo tinham duas vezes mais probabilidade de morrer do que os que não ficaram desempregados. Quando se levou em consideração a classe social, o tabagismo, hábitos de bebida e problemas de saúde preexistentes, o risco de morrer diminuiu apenas um pouco. Esses homens tinham empregos estáveis nos cinco anos anteriores ao estudo, portanto eram trabalhadores normais e saudáveis. No entanto, pode relaxar: não queremos dizer que o desemprego mata. Trata-se apenas de uma associação. O que o desemprego faz a muitas pessoas é privá-las de um motivo para sair da cama de manhã.

Outros estudos mostram que a inatividade causa depressão (o que não surpreende) e também uma tendência a consumir mais álcool do que o que faz bem para a saúde. Também existe alguma comprovação de que possa aumentar o risco de suicídio. Porém, tudo isso depende parcialmente das circunstâncias da demissão. Se ela ocorreu como parte de um grande corte de pessoal ou se os índices de desemprego estiverem altos, a demissão é menos prejudicial para o casal porque não evidencia uma falha da pessoa demitida — é consequência da economia. Existem algumas provas de que o desemprego torna o casamento mais precário. Um estudo realizado pelo Institute of Social and Economic Research analisando uma grande base de dados sueca descobriu que a perda do emprego por qualquer um dos cônjuges aumenta em 18% o risco de divórcio no primeiro ano. De acordo com a hipótese do autor, o que corrói o relacionamento não é a própria perda de emprego ou os problemas financeiros, já que o seguro desemprego na Suécia é generoso, mas algo mais sutil, como por exemplo o cônjuge demitido sentir que o parceiro não é compreensivo e que o acha menos atraente.

Os casais que contam com recursos financeiros suficientes e com apoio dos amigos e da família têm mais probabilidade de permanecer juntos depois de uma demissão.

Portanto, busque ajuda. Peça aos amigos dele que o convidem para sair. Converse gentilmente com ele. Diga-lhe que gosta da companhia dele, mas que ele parece infeliz e distante. Peça-lhe para reconsiderar sua maneira de ver o desemprego. Seja afetuosa e deixe claro que o acha atraente. Estimule-o a usar o tempo para organizar alguma coisa em casa, já que todas as casas precisam de alguma organização. Procure tranquilizá-lo, afirmando ser muito provável que ele consiga outro emprego, mas que isso pode levar algum tempo. Diga-lhe que, embora compreenda como a situação é difícil e veja como ele está lutando, você sente falta da pessoa que ele era. E que o emprego perdido nunca foi o que você considerava mais importante nele.

NO DIVÃ

Minha parceira diz que precisamos de terapia para casais. Concordo com ela que estamos nos distanciando: discutimos muito e raramente temos relações sexuais ou passamos algum tempo juntos. Quero manter esse relacionamento (temos dois filhos). A terapia pode salvar nossa relação ou será que ela já se decidiu pela separação?

A terapia de casal pode salvar um relacionamento, mas somente se o casal desejar. As pesquisas sugerem que apenas 9 a 23 % dos indivíduos usam a terapia como recurso para terminar um relacionamento. Um dos problemas é o fato de poucos casais procurarem um aconselhamento. Apenas 20% dos divorciados tentaram fazer uma terapia de casal antes de procurar um advogado. Quando os casais procuram uma terapia, em geral o relacionamento já está agonizante. Estudos mostram que muitos dos que buscam ajuda externa obtêm altas pontuações nas escalas de sofrimento, ou seja, estão muito infelizes.

Muitas pesquisas mostram que a terapia melhora o relacionamento. A própria pesquisa da Relate, a maior empresa britânica de aconselhamento conjugal, indica que 58% dos clientes sentem que o relacionamento melhorou depois do aconselhamento e 80% estão satisfeitos com os resultados da terapia. A ACCORD, um "serviço de cuidados conjugais" católico irlandês, em um relatório detalhado, no qual é analisada a pesquisa existente e incluído o próprio estudo com 1.500 casais e mil indivíduos, também afirma ter sucesso com o aconselhamento. Eles descobriram que metade dos homens e mulheres participantes estava menos estressada depois da terapia e um quarto dos parceiros apresentaram melhora de comportamento, tornando-se menos críticos, discutindo menos e ouvindo mais. Ouvir mais se aplica principalmente aos homens, já que as mulheres geralmente optam pela crítica. No entanto, essa amostra pode ser tendenciosa porque a ACCORD é uma organização católica e os casais podem estar mais motivados a salvar o casamento.

Mais pesquisas são oferecidas pelo experiente John Simons, cujo artigo para o Lord Chancellor's Department é menos otimista. Simons afirma que, embora a terapia, em suas diversas formas, dê resultado nas pesquisas, ela é menos eficiente na vida real. Não é raro descobrir-se que nos estudos científicos os efeitos positivos do tratamento são muito inflacionados, porque as condições não são exatamente as mesmas de um tratamento convencional (por exemplo, os casais deprimidos podem ser excluídos do estudo para facilitar a análise dos resultados). Simons declara que metade dos casais ainda precisa de assistência depois que terminam as seis ou oito sessões de terapia. Também ocorre um alto índice de regressão, com os casais voltando a se insultar e ignorar o parceiro depois de alguns meses de bom comportamento. Ele cita o trabalho de John M. Gottman, segundo o qual a terapia de relacionamento tem um efeito limitado: após dois anos o índice de melhora do relacionamento é de apenas 11 a 18%.

Os casais que procuram a terapia e realmente desejam fazer o relacionamento funcionar se saem melhor do que os menos comprometidos com a união. Uma pesquisa australiana com 1.302 pessoas realizada no final da década de 1980 descobriu que, entre os que desejavam manter um relacionamento, 73% das mulheres e 66% dos homens conseguiram esse resultado. O interessante é que um quarto dos homens e 38% das mulheres que afirmaram querer a separação também mantiveram o casamento. Os casais que têm piores resultados são os que mostram pouca afeição, raramente têm relações sexuais e não dividem o trabalho doméstico e o cuidado das crianças.

Portanto, provavelmente sua parceira está realmente tentando melhorar o relacionamento e é muito possível que a terapia ajude. Muito está em jogo. Considerando-se o que você tem a perder, por que não ser menos agressivo e crítico, fazer mais tarefas domésticas, escutar mais e ser mais afetuoso? Será muito melhor para toda a família.

SEGUNDO CASAMENTO ÀS PRESSAS

Minha mãe morreu de câncer há cinco meses. Meu pai, que tem 68 anos, ficou inconsolável, mas agora está saindo com a melhor amiga de minha mãe, uma divorciada. Sou a filha mais nova e quero que ele seja feliz, mas não é certa insensibilidade da parte dele começar a namorar tão cedo?

Em geral, o que leva os viúvos a procurarem companhia tão depressa é a falta que sentem da esposa. Os homens costumam reagir de forma diferente das mulheres quando o cônjuge morre. Existe um mito segundo o qual as mulheres sofrem com a perda do parceiro e os homens substituem a parceira. O fato é que isso não é completamente um mito, porque os dados, pelo menos no Reino Unido e segundo o Office for National Statistics, mostram que os viúvos têm uma probabilidade pelo menos uma vez e meia maior de tornar a casar, em comparação com as viúvas.

São muitas as razões pelas quais uma viúva tem menos chance de tornar a casar: para começar, o número de homens mais velhos é menor. Contudo, existem fatores mais sutis: um estudo com 25 viúvas e 26 viúvos com mais de 65 anos, publicado no periódico *Ageing International*, revelou que as mulheres sofrem a perda por mais tempo. Nem os homens nem as mulheres gostavam de sentir solidão e todos queriam alguém com quem sair para jantar e tirar férias, mas as mulheres preferiam namorar a tornar a casar. As explicações delas eram semelhantes: tiveram um casamento feliz, os falecidos maridos eram insubstituíveis e elas não queriam ter de cuidar de outro homem.

Os homens tinham mais pressa de preencher a vaga de esposa e companheira. Seu pai só quer alguém que faça o que sua mãe fazia. Talvez você queira saber se isso inclui sexo: às vezes sim e agora mais que antes, graças às drogas que podem ajudar. Mas esses relacionamentos maduros, seguidos de uma perda, têm mais a ver com apoio do que com paixão. Apesar disso, aplicam-se os mesmos fatores de sucesso de qualquer outro relacionamento. Os viúvos saudáveis e com boa situação financeira têm mais probabilidade de encontrar alguém.

A necessidade de apoio dos viúvos foi confirmada por um estudo da University of New Brunswick, publicado no *Journal of Marriage and Family*, que entrevistou 36 deles e 215 viúvas. Após seis meses, mais ou menos 15% dos homens estava namorando, em comparação com apenas 1% das mulheres, 30% dos homens queriam tornar a casar e as mulheres da mesma opinião eram 16%. Elas recebiam ajuda e apoio emocional de amigos e filhos, eles, por outro lado, recebiam muito menos apoio. Tal como os viúvos desse estudo, seu pai está procurando muito menos alguém que prepare o jantar e muito mais alguém com quem jantar. O que ele quer é preencher o vazio decorrente da perda da principal confidente emocional. As viúvas nesse estudo tinham mais probabilidade de querer alguém "com quem sair" do que alguém "para quem voltar para casa".

Segundo esse estudo, os viúvos que recebiam dos amigos e da família o mesmo apoio emocional das viúvas tinham o mesmo nível reduzido de necessidade de um novo relacionamento. Portanto, seu pai pode estar solitário, apesar de seu amor e apoio. Por favor, não o censure por namorar. Os filhos enlutados podem destruir, e muitas vezes conseguem, esses relacionamentos. Um estudo no *Annals of Psychiatry* descobriu que homens e mulheres que estavam namorando ou haviam tornado a casar dois anos depois da morte do cônjuge eram mais felizes que os desacompanhados. Quase todo mundo gostaria de ver o pai mais feliz.

LOUCURAS DA MENOPAUSA

Estou chegando à menopausa e tenho muito medo. Acho que vou ficar ressecada, desistir de sexo e descobrir que meu marido me trocou por uma mulher mais nova. Estou falando sério, porque vi acontecer com mulheres que conheço. Posso fazer alguma coisa para impedir que isso aconteça?

Você não sabia que deixou de ser politicamente correto sugerir que a menopausa é uma condição horrível para as mulheres? Ela faz parte de nosso ciclo vital, embora o fato de chegar tão cedo seja inconveniente, pois deixa as mulheres sem lubrificação durante pelo menos um terço da vida. Antigamente achava-se que ela tornava as mulheres infelizes e idiotas. Na década de 1960, um artigo publicado no *Journal of the American Geriatric Society* dizia que as mulheres na menopausa adquiriam "um sentimento apático e bovino denominado estado negativo".

A menopausa é definida como o momento em que a mulher completa um ano sem menstruar, o que geralmente acontece por volta dos 50 anos, mas é precedido por alguns anos de redução gradual dos hormônios. É difícil considerar positivo algum dos efeitos da perda do estrogênio: alterações de humor, aumento no risco de doença cardiovascular, perda da elasticidade da pele, ressecamento em quase todos os lugares, exceto quando se está lavada em suor por causa das ondas de calor (72% das mulheres), aumento de peso e ansiedade. Sua ansiedade parece girar em torno da perda do marido. Cheguei a mencionar a baixa da autoestima como outro efeito colateral da menopausa? É claro que você já não precisa mais se preocupar com uma gravidez, mas será que você ainda terá atividade sexual?

Felizmente, as pesquisas têm algumas recomendações para se sobreviver à menopausa, embora seja necessário algum esforço. Você precisa fazer exercícios, continuar a ter atividade sexual e não aumentar muito de peso. Correndo o risco de parecer fútil, ter uma aparência descuidada é terrível para mulheres nessa fase da vida. Isso as impede de fazer sexo, esse conhecido adesivo para casais. Um estudo norte-americano do Midlife Women's Health Survey sobre 307 mulheres entre 35 e 55 anos descobriu que quanto menos atraente uma mulher se sentia, maior a probabilidade de que tivesse deixado de ter atividade sexual. Mais ou menos 57% delas queriam menos sexo. De acordo com esse estudo, publicado no *Journal of Sex Research*, quando a mulher chega aos 50 anos, a gordura corporal dobra, a cintura fica mais grossa e os seios maiores. Que coisa! Os homens também ficam mais gordos e mais carecas, mas parecem conservar a autoestima.

Não é provável que seu marido vá embora com alguém. De fato, é mais provável que você faça isso. Em seu livro *Como as mulheres pensam*, a psiquiatra norte-americana Louann Brizendine afirma que 65% dos divórcios de cônjuges com mais de 50 anos são iniciados pelas mulheres. Ela cita como causa provável os níveis mais baixos de estrogênio que as levariam a reavaliar o relacionamento (o que também é conhecido como acordar e encarar os fatos). A razão mais comum para o divórcio no Reino Unido é o comportamento insensato do marido (o adultério é a segunda causa, mas acontece mais nos divórcios por iniciativa do marido).

A maneira como as mulheres enfrentam a menopausa varia, mas a maioria sofre de depressão e de sintomas físicos. Se você quiser ajuda clínica, vale a pena discutir as opções com seu médico, mas a menopausa não precisa ser tratada como uma doença, portanto converse primeiro com seu parceiro, com as amigas e com a família. Melhor ainda é conversar com alguém que já tenha passado por isso. Você está certa em pensar sobre o futuro do relacionamento, embora talvez não precise ser tão negativa. Converse com seu marido, procure garantir que vocês tenham um bom relacionamento e preste atenção à vida sexual. Se todo o resto estava bom antes da menopausa, uma queda no nível de estrogênio não arruinará sua relação.

EM SILÊNCIO

Minha mãe morreu há seis meses e me dói muito ver que meu parceiro não é solidário. Inicialmente, ele foi gentil, mas agora meu sofrimento o deixa irritado e ele nunca pergunta como estou. Estamos juntos há oito anos, mas estou em dúvida se ele sempre foi assim. Como posso fazê-lo ser mais compreensivo?

A perda de um dos genitores costuma ser muito traumática, mas nem todo mundo compreende isso. Seu parceiro pode partir do princípio de que você, sendo adulta, superará a dor muito depressa. Afinal, todos sabemos que nossos pais vão morrer, não é verdade? No entanto, a realidade dessa morte pode deixá-la triste, sentindo-se mal e desamparada. Os estudos dizem que as pessoas enlutadas em geral se queixam de "dificuldade de relacionamento". Junte a isso a descoberta de outros estudos que documentam como qualquer tipo de adversidade tende a tornar os relacionamentos mais infelizes e você verá a inevitabilidade de sua insatisfação. É pena, porque uma das coisas que se espera de um parceiro é um apoio confiável nas horas difíceis.

A maior parte das pesquisas dos efeitos causados sobre o relacionamento pela perda de um dos pais vem dos Estados Unidos. Debra Umberson, psicóloga da Texas University, entrevistou 802 pessoas, das quais 123 haviam sofrido uma perda e as 679 restantes não haviam perdido ninguém e foram usadas como controle. A pesquisadora fez perguntas sobre o apoio e a "harmonia" no relacionamento dos entrevistados. Nesse estudo, publicado no *Journal of Marriage and Family*, ela perguntou até que ponto as pessoas concordavam com uma série de afirmativas como "em nosso relacionamento aconteceram algumas coisas que eu jamais poderei perdoar". A morte da mãe, tal como a morte do pai, deixava os parceiros menos apoiadores e trazia mais infelicidade para os relacionamentos. Esses efeitos eram mais acentuados nos casais de situação financeira melhor e escolaridade mais alta. A pesquisadora propõe que esses casais foram mais protegidos de situações desagradáveis, logo, para eles é uma perda mais destrutiva.

Umberson prosseguiu entrevistando em detalhe 73 adultos e descobriu que todos ficavam decepcionados com a expectativa dos parceiros de que tudo voltasse rapidamente ao normal e também com o desconforto dos parceiros pelas lágrimas e a falta de vontade para ter relações sexuais do cônjuge enlutado. Essa amostra foi recrutada por meio de um anúncio no jornal e provavelmente é tendenciosa, já que os voluntários podem estar mais infelizes, tanto com a perda quanto com a reação do parceiro. No entanto, outras pesquisas confirmam alguns dos temas como o fato de o cônjuge não entender o que se sente quando se perde um dos pais.

Portanto, o mais provável é que seu parceiro esteja simplesmente se comportando tão mal quanto se espera, e não mais. Ou talvez ele nunca tenha se comunicado muito bem com você e a morte de sua mãe esteja apenas deixando isso claro. Algumas pessoas têm mais empatia que outras, portanto, você precisa dizer a seu parceiro como ajudá-la e ajudar seu relacionamento. Diga-lhe que você ficará triste por algum tempo e que ele precisa apoiá-la, de preferência com gentileza. A perda de um dos pais costuma deixar os irmãos mais próximos, logo, é possível que você encontre apoio em outro lugar. Umberson também descobriu que os cônjuges mais compreensivos são os que já perderam um dos pais, portanto, seu parceiro se beneficiará de sua experiência quando o mesmo acontecer a ele.

MUITAS APOSENTADORIAS FELIZES

Minha esposa vai se aposentar daqui a alguns meses e tenho medo de que ao parar de trabalhar ela fique perdida, pois sempre trabalhou em horário integral, mesmo depois que tivemos filhos. Ela vem sugerindo que eu também me aposente, embora eu ainda não tenha direito a aposentadoria. Não conheço nenhum casal de aposentados. É difícil se acostumar a isso? Nós costumávamos brincar com a ideia de que seria ótimo parar de trabalhar, mas isso não parece tão divertido agora.

Em geral as pessoas veem a aposentadoria de forma ambígua. Os psicólogos afirmam que é uma época de transição que dura meses, depois das diversas despedidas, com direito a discursos embaraçosos e alguns presentes (geralmente relacionados com algum passatempo). Quando nos aposentamos, perdemos o emprego, o dinheiro que ele traz e a rotina que nos obriga a pegar um trem cheio toda manhã. Tradicionalmente, os homens sofrem mais com essas perdas, mas as pesquisas mais recentes, citadas pelo Policy Studies Institute, indicam que elas podem afetar mais as mulheres porque as interrupções da carreira causadas pela chegada dos filhos fazem com que elas achem que poderiam ter realizado mais na vida profissional.

Em seu próprio estudo, o Policy Studies Institute perguntou a 48 homens e mulheres como se sentiam com a aposentadoria e descobriu que os mais felizes eram aqueles que tinham ideias claras sobre o que desejavam fazer e viam a aposentadoria como uma oportunidade de ver amigos e se dedicar a novos interesses. Ter dinheiro suficiente e boa saúde aumenta as chances de uma aposentadoria feliz.

Talvez agora seja menos comum o estereótipo do homem aposentado como um estorvo para a esposa sofredora, mas esse problema persiste. Quando ela, para começar, e depois vocês dois estiverem em casa o dia todo, o que isso fará ao relacionamento? O ideal teria sido vocês terem começado a discutir a questão há cinco anos, planejando o que farão juntos, o que farão isoladamente e como pagarão por isso. Jogar bridge e fazer cruzeiros é ótimo, mas vocês podem fazer outras coisas, inclusive trabalho voluntário. Se estiverem deixando um emprego estressante, é claro que a aposentadoria melhorará demais o relacionamento.

Apesar disso, pode ser preciso algum tempo para se ajustar. A pesquisa mostra que, embora com o tempo os casais se adaptem, eles discutem mais nos dois primeiros anos da aposentadoria. Um estudo da universidade australiana La Trobe University que analisou dados de mais de trezentos casais descobriu que depois da aposentadoria alguns tiveram um período de lua-de-mel, enquanto para outros o período foi um ponto baixo. Contudo, em geral os bons e os maus momentos se compensaram até que, depois de três anos, quase a metade dos casais declarou estar mais feliz com a aposentadoria. Aqueles que deixam o emprego juntos podem se adaptar com mais facilidade porque automaticamente cada um deles passa a ter um companheiro cuja vida mudou da mesma forma. Muitos, no estudo do Policy Studies Institute, declararam que, depois de se aposentarem juntos, ficaram mais unidos e mais felizes.

Vocês precisam começar a discutir os planos de aposentadoria de cada um. Quanto mais cedo melhor. Se você não quiser se aposentar logo, deixe isso claro, uma vez que ser forçado a isso prejudicará seu relacionamento. Não se preocupe, sua esposa encontrará o que fazer, mas os dois precisarão de algum tempo para se habituarem à aposentadoria dela. Não estamos falando de um evento isolado, mas do restante da vida dos dois.

CORAÇÕES PARTIDOS

Minha avó faleceu depois de uma doença curta e meu avô adoeceu pouco depois, com pressão alta e problemas cardíacos. Nós achamos que ele não quer continuar a viver sem ela. Embora cuidemos dele, é visível que ele está infeliz e fragilizado. É verdade que se pode morrer de coração partido?

Coração partido não é uma figura de linguagem, é uma situação de emergência médica genuína. Foi o periódico *New*

England Medical Journal, pouco inclinado a fantasias, que cunhou o termo Síndrome do Coração Partido. Outras revistas médicas também descreveram casos de indivíduos que morreram subitamente em consequência de ataques cardíacos após acontecimentos traumáticos. Aparentemente, pode-se morrer de coração partido ou de um medo terrível, o mecanismo é o mesmo. As vítimas em geral sentem dor no peito e falta de ar, como se estivessem sofrendo um ataque do coração. Alguma coisa perturba o batimento normal do músculo cardíaco, especificamente na área do volumoso ventrículo esquerdo, a câmara inferior esquerda que empurra o sangue de volta ao corpo. O doutor Ilan S. Wittstein, da escola de medicina da Johns Hopkins University, estima que 2% dos pacientes com sintomas de ataque cardíaco na verdade sofrem da síndrome do coração partido, o que representa uma grande quantidade de pessoas tristes ou assustadas, porque os ataques cardíacos são uma ocorrência comum. Uma revisão da pesquisa nessa área mostrou, previsivelmente, que quase 90% dos corações partidos ocorreram em mulheres, em especial nas de idade entre 58 e 77 anos. Talvez seu avô tenha um coração mais delicado do que a maioria.

Julga-se que a causa dessa síndrome seja um aumento dos hormônios do estresse, como a adrenalina, que abalam o coração, embora não se saiba com clareza de que forma. Essa é uma situação diferente do ataque cardíaco comum, que é causado por um bloqueio das artérias, impedindo o sangue de fluir para o músculo cardíaco. No entanto, o lado bom da questão é que as pessoas se recuperam bem: somente de 3 a 5% terão outro ataque cardíaco.

No entanto, isso não significa que a perda de um ser amado não possa ter um impacto negativo prolongado sobre a saúde. Um estudo publicado em 1969 no *British Medical Journal* fez um acompanhamento de 4.486 viúvos de 55 anos ou mais e descobriu que 213 morreram nos primeiros seis meses após a morte da esposa, o que representa uma taxa 40% maior do que o esperado para homens casados dessa faixa etária. A maioria morreu de problemas cardíacos, o que é comum. No entanto, esses índices de mortalidade voltaram ao normal após seis meses. Outro estudo com 903 parentes de pacientes que morreram em uma região semirrural do país de Gales descobriu que 4,8% dos parentes morreram dentro de um ano, em comparação com os 0,68% de óbitos de indivíduos que não perderam um parente. A diferença era ainda mais impressionante entre viúvos e viúvas, que apresentaram um índice de mortalidade dez vezes maior do que o dos indivíduos que não perderam cônjuges. A maior parte morreu de doenças cardíacas. Contudo, mais uma vez o trauma físico teve vida curta. Depois do primeiro ano, os índices voltaram ao normal.

Os viúvos tendem a sofrer mais que as viúvas porque são socialmente mais isolados e recebem menos apoio dos amigos e da família. Eles também costumam sofrer de depressão, o que deixará seu avô menos capacitado a cuidar de si mesmo. Tente fazê-lo ter uma alimentação saudável e alguma atividade. O risco de morrer de coração partido pode ser maior no início. Se você conseguir ajudar seu avô a superar o primeiro ano, que é o mais difícil, ele poderá ainda continuar triste, mas estará em melhor forma física.

AMOR ETERNO

Vivo com meu parceiro há dez anos e temos dois filhos com menos de 10 anos de idade. Nosso relacionamento se tornou menos apaixonado e mais rotineiro. Como será nossa relação dentro de vinte ou trinta anos? Como podemos conseguir ficar juntos e não nos cansarmos um do outro?

O caminho para a felicidade nos relacionamentos segue uma curva em forma de U. A felicidade diminui rapidamente nos primeiros anos de relacionamento, fica estável e depois torna a subir, geralmente quando os filhos saem de casa. Algumas pesquisas mostram essa mesma curva quando não existem filhos. Isso prova que no entardecer da vida em comum, ou na meia-idade, os casais desfrutam mais o relacionamento do que quando eram jovens. Mas isso significa que eles estão em seu melhor, ou dizendo: "Nós estamos amarrados um ao outro, vamos levar isso numa boa"?

Os ingredientes para um relacionamento feliz são conhecidos. Em seu "Laboratório do Amor", John M. Gottman analisou vídeos que mostravam a interação de milhares de casais e identificou as características daqueles cujo relacionamento tinha probabilidade de sobreviver, em comparação com os que não tinham essa chance. Os relatórios dessa pesquisa mostram que as previsões de Gottman foram corretas em 90% dos casos.

Para começar, você precisa saber lidar com conflitos. Se criticar, ficar defensiva, se isolar emocionalmente ou mostrar desprezo pelo parceiro, o relacionamento estará condenado. Por outro lado, você pode conseguir qualquer coisa se falar de forma calorosa e positiva. Talvez seu parceiro chegue em casa, desmorone em frente à televisão e nem tome conhecimento de sua presença ou das crianças. Nesse caso, você pode dizer: "Seu porco egoísta, você sempre se senta em frente à televisão e nem mesmo diz oi para mim ou para as crianças, você é um pai inútil." Isso é o que Gottman classifica como "abertura hostil". Para comparar, veja uma abertura gentil: "É ótimo vê-lo. Seria uma ajuda enorme se você pudesse brincar com as crianças enquanto eu termino isso aqui." Imagine qual das duas dá melhor resultado. Gottman aconselha que se diga ao parceiro uma proporção de cinco frases positivas para uma negativa, o que pode ser um desafio. Talvez seja mais fácil usar o humor, que também é eficaz para tornar um relacionamento mais suave e diluir os conflitos.

E quanto ao tédio? Vocês precisarão fazer juntos coisas novas e, lamento dizer, excitantes. É preciso reservar tempo para sair a sós, como um casal, e não com outros casais mais interessantes. Um estudo realizado na década de 1980 com 87 casais juntos há mais de 15 anos descobriu que eles eram bons amigos, apreciavam a companhia e contavam um com o outro. Os pesquisadores ficaram surpresos com a maneira afetuosa dos cônjuges se tratarem. O afeto não precisa ser um eufemismo para "ausência de sexo". Um estudo recente publicado no *British Medical Journal* que analisou 1.506 adultos de Gotemburgo, na Suécia, todos com 70 anos de idade, descobriu que o percentual de indivíduos que declaravam ter uma boa vida sexual aumentou entre 1971 e 2001.

O percentual de homens sexualmente felizes tinha aumentado de 40 para 57% e o de mulheres de 35 para 52%.

A maioria dos relacionamentos duradouros parece ser feliz. Um estudo de 1986, realizado por pesquisadores da Southern Illinois University, em Edwardsville, com 351 casais unidos há muito tempo, descobriu que trezentos eram felizes. Um marido disse aos pesquisadores: "Assumir um compromisso é estar disposto a ser infeliz de vez em quando. Você não será feliz com o outro o tempo todo."

Fontes

1. O HOMEM OU A MULHER IDEAL

Cantadas
"Chat-up Lines as Male Sexual Displays", Christopher Bale, Rory Morrison, Peter G. Caryl, *Personality and Individual Differences* 40 (2006), 655-64

Encontros pela internet
"Managing Impressions Online: Self-presentation Processes in the Online Dating Environment", Nicole Ellison, Rebecca Heino, Jennifer Gibbs, *Journal of Computer-Mediated Communications* 11, 2 (2006)
"An Exploration of Identity Re-creation in the Context of Internet Dating", Jennifer Yurichisin, Kittichai Watchravespringkan, Deborah Brown McRae, *Social Behaviour and Personality* 33, 8 (2005), 735-50
Comunicado à imprensa, University of Bath: www.bathac.uk/pr/releases/internetdating.htm
Pew Internet and American Life Project. Encontros pela Internet: http://www.pewinternet.org/pdfs/PIP_Online_Dating.pdf

Encontros-relâmpago
"HurryDate: Mate Preferences in Action", Robert Kurzban, Jason Weeden, *Evolution and Human Behavior* 26 (2005), 227-44
"Speed-dating as an Invaluable Tool for Studying Romantic Attraction: A Methodological Primer", Eli J. Finkle, Paul W. Eastwick, J. Matthews, *Personal Relationships* 14, 1 (2007)
"Can Anyone Be 'The' One? Evidence on Mate Selection from Speed Dating", Michele Belot, Marco Francesconi, Artigo da University of Essex (2006)

A hora certa do romance
"Spring's not the Favourite Season nor a Time for Love", Scripps Howard News Service, newspolls.org (2003)

Escrito nas estrelas?
"Ten Million Marriages: A Test of Astrological 'Love Signs'", David Voas, University of Manchester (2007)

Ordem de nascimento
"Birth Order, Sibling Sex Ratio, Handedness, and Sexual Orientation of Male and Female Participants in a BBC Internet Research Project", Ray Blanchard, Richard A. Lippa, *Archives of Sexual Behaviour* 36, 2 (2007), 163-76
"Birth Order and Sexual Strategy", Richard L Michalski, Todd K. Shackleford, *Personality and Individual Differences* 33, 4 (2002), 661-7

Procura-se: homens bonitos
"Beautiful Parents Have More Daughters: A Further Implication of the Generalized Trivers-Willard Hypothesis", Satoshi Kanazawa, *Journal of Theoretical Biology* 244 (2007), 133-40

Medo de rejeição
"The Self-fulfilling Prophecy in Close Relationships: Rejection Sensitivity and Rejection by Romantic Partners", Geraldine Downey, Antonio L. Freitas, Benjamin Michaelis, Hala Khouri, *Journal of Personality and Social Psychology* 75, 2 (1998), 545-60
"Adult Attachment Style. 1: Its Relationship to Clinical Depression", A. Bifulco, P. M. Moran, C. Ball, O. Bernazzani, *Social Psychiatry and Psychiatric Epidemiology* 37, 2 (2002), 50-59
"Implications of Rejection Sensitivity for Intimate Relationships", Geraldine Downey, Scott I. Feldman, *Journal of Personality and Social Psychology* 70, 6 (1996), 1327-43

Um cara legal, mas...
"Physical Attractiveness and the 'Nice Guy Paradox': Do Nice Guys Really Finish Last?", Geoffrey C. Urbaniak, *Sex Roles* 49 (2003)
"Young Women's Dating Behavior: Why/Why Not Date a Nice Guy?", Anita K. McDaniel, *Sex Roles* 53 (2005), 347-59

Loura ou morena?
"How Do Men Feel about Women's Hair Colour?: A Survey of Male Attitudes and Reactions to Women's Hair", Peter Ayton, City University (não publicado)
"The Influence of Skin Tone, Hair length and Hair Colour on Ratings of Women's Physical Attractiveness, Health and Fertility", Viren Swami, Adrian Furnham, Kiran Joshi, *Scandinavian Journal of Psychology* 49, 5 (2008)

"European Hair and Eye Color. A Case of Frequency-dependent Sexual Selections?", Peter Frost, *Evolution and Human Behaviour* 27, 2 (2006), 85-103

Visão turva
"A Susceptibility Locus for Myopia in the Normal Population is Linked to the PAX6 Gene Region on chromosome II: A Genomewide Scan of Dizygotic Twins", C.J. Hammond, Toby Andrew, Ying Tat Mak, Tim D. Spector, *American Journal of Human Genetics* 75, 2 (2004), 294-304
"Genes and Environment in Refractive Error: The Twin Eye Study", C. J. Hammond, H. Snieder, Clare E. Gilbert, Tim D. Spector, *Investigative Ophthalmology and Visual Science* 42, 6 (2001), 1232-6.

Egos inflados
"Narcissism and Resistance to Doubts about Romantic Partners", Joshua D. Foster, W. Keith Campbell, *Journal of Research in Personality* 39, 5 (2005), 550-57
"Narcissism and Commitment in Romantic Relationships: An Investment Model Analysis", W. Keith Campbell, Craig A. Foster, *Personality and Social Psychology Bulletin* 28, 4 (2002), 484-95
"Assessing Commitment in Personal Relationships", Scott M. Stanley, Howard J. Markman, *Journal of Marriage and Family* 54 (1992), 595-608

Vislumbre freudiano
"Why Smart Men Marry Smart Women", Christine B. Whelan, Simon and Schuster, 2006 (*Por que homens inteligentes se casam com mulheres inteligentes*, Matrix Editora, 2008)
"Facialmetric Similarities Mediate Mate Choice: Sexual Imprinting on Oposite-sex Parents", T. Bereczkei, Gabor Hegedus, Gabor Hajnal, *Proceedings of the Royal Society B.* (2008)
"Homogamy, Genetic Similarity, and Imprinting: Parental Influence on Mate Choice Preferences", T. Bereczkei, P. Gyuris, P. Koves, L. Bernath, *Personality and Individual Differences* 33, 5 (2002), 677-90

2. A OPORTUNIDADE BATE À SUA PORTA

Parceiros roubados
"Nifty Ways to Leave Your Lover: The Tactics People Use to Entice and Disguise the Process of Human Mate Poaching", David P. Schmitt, Todd K. Shackleford, *Personality and Social Psychology Bulletin* 29, 8 (2003), 1018-35
"Patterns and Universals of Mate Poaching Across 53 Nations: The effects of Sex, Culture and Personality on Romantically Attracting Another

Person's Partner", David P. Schmitt e 121 participantes do International Sexuality Description Project, *Journal of Personality and Social Psychology* 86, 4 (2004), 560-84

Romance no trabalho
Office Romance: Love, Power and Sex in the Workplace, Lisa A. Mainiero, Rawson Associates, 1989
"Frisky Business", Mary Loftus, *Psychology Today* Mar/Abr de 1995
"Office Romance", em Encyclopedia of Small Businesses, Endnotes. com: www.enotea.com/small-business-encyclopedia/office-romance

Uma noite apenas
"Gender and Sexual Standards in Dating Relationships", Laura Bettor, Susan S. Hendrick, Clyde Hendrick, *Personal Relationships* 2, 4 (1995), 359-69
"Predicting Intentions to Engage in Casual Sex", Edward S. Herold, Eleanor Maticka-Tyndale, Dawn Mewhinney, *Journal of Social and Personal Relationships* 15, 4 (1998), 502-16
"Sex Differences in Regret: All for Love or Some for Lust?", Neal J.Rose, Ginger L. Pennington, Jill Coleman, Maria Janicki, Norman P. Li, Douglas T. Kennick, *Personality and Social Psychology Bulletin* 2, 6 (2006), 770-80
"Women and One-night Stands", Sharon Hinchliff, apresentado na British Psychological Society's Annual Conference, Março de 2006

Altas histórias
"Women's Height, Reproductive Success and the Evolution of Sexual Dimorphism in Modern Humans", D. Nettle, Proceedings of the Royal Society of London, 2002
"Attractiveness and Height: Role of Stature in Dating Preference, Frequency of Dating, and Perceptions of Attractiveness", James A. Shepperd e Alan J. Strathmam, *Personality and Social Psychology Bulletin* 15, 4 (1989), 617-27

O primeiro passo
"Who's Going to Make the First Move? Pluralistic Ignorance as an Impediment to Relationship Formation", Jacquie D. Vorauer, Rebecca K. Ratner, *Journal of Social and Personal Relationships* 13, 4 (1996), 483-506

Queria você aqui
"'What Happens in Tenerife Stays in Tenerife': Understanding Women's Sexual Behaviour on Holiday", Michelle Thomas, *Culture, Health and Sexuality* 7, 6 (2005), 571-84

"Sexual Relationships on Holiday: A Case of Situational Disinhibition?", J. Richard Eiser, Nicholas Ford, *Journal of Social and Personal Relationships* 12, 3 (1995), 323-39

"The Summer Holiday", MORI: http://extranet.ipsos-mori.com/polls/1998/nfm3.shtml

Ex ou atual?

"Poaching, Promiscuity, and Deceit: Combating Mating Rivalry in Same-sex Friendships", April L. Bleske, Todd K. Shackleford, *Personal Relationships* 8, 4 (2005), 407-24

"Nifty Ways to Leave Your Lover: The Tactics People Use to Entice and Disguise the Process of Human Mate Poaching", David P. Schmitt, Todd K. Shackleford, *Personality and Social Psychology Bulletin* 29, 8 (2003), 1018-35

"Patterns and Universals of Mate Poaching Across 53 Nations: The Effects of Sex, Culture, and Personality on Romantically Attracting Another Person's Partner", David P. Schmitt e 121 participantes do International Sexuality Description Project, *Journal of Personality and Social Psychology* 86, 4 (2004), 560-84

Pensamentos obscuros

"What if You Can't Get What You Want? Willingness to Compromise Ideal Mate Selection Standards as a Function of Sex, Mate Value, and Relationship Context", Pamela C. Regan, *Personality and Social Psychology Bulletin* 24, 12 (1998), 1294-303

"An Iconic Report 20 Years Later: Many of Those Women Married After All": WSJ.com/public/article/SB114852493706762691.html

"Age at Marriage and Marital Instability: Revisiting the Becker-Landes-Michael Hypothesis", Evelyn I. Lehrer, *Journal of Population Economics* 21, 2 (2008)

"Biographical Determinants of Marital Quality", C. Ayles, One Plus One, 2004

"Relationships Indicators Survey 2006", Robyn Parker, *Australian Institute of Family Studies,* 2006

"As Marriage and Parenthood Drift Apart, Public is Concerned about Social Impact", *PewResearchCenter Publications*, 2007

Rebote fracassado?

"Does the Rebound Effect Exist? Time to Remarriage and Subsequent Union Stability", Nicholas H.Wolfinger, *Journal of Divorce and Remarriage* 46 (2007), 9-20

"Surviving the Breakup: How Children and Parents Cope with Divorce", J. S. Wallerstein. J. B. Kelly, *Basic Books*, 1980 [*Sobrevivendo à separação*, Artmed, 1998]

"Trying Again: Repartnering after Dissolution of a Union", John Ermisch, *ISER Working Papers* no. 2002-19

3. DEPOIS DOS PRIMEIROS ENCONTROS

Não se apressa o amor
Comunicação pessoal, Robert Milardo, University of Maine
Romantic Love, C. Hendricks, Sage, 1992

Fogo amigo
"The Influence of Parents and Friends on the Quality and Stability of Romantic Relationships: A Three-wave Longitudinal Investigation", Susan Sprecher, Diane Femlee, *Journal of Marriage and Family* 54 (1992), 888-900

"Marginalised Relationships: The Impact of Social Disapproval on Romantic Relationship Commitment", Justin J. Lehmiller, Christopher R. Agnew, *Personality and Psychology Bulletin* 32 (2006), 40-51

Curva fechada
"Sex Differences in Driving and Insurance Risk", Social Issues Research Centre, agosto de 2004

"Women Drivers 'better' claim proved": news.bbc.co.uk/1/hi/wales/1590309.stm

"Men Driving Women Around the Bend on British Roads", ICM Survey for MissMotors.co.uk: icmresearch.co.uk

"Predicting Change in Marital Satisfaction from Husbands' and Wives' Conflict Resolution Styles", Lawrence A. Kurdek, *Journal of Marriage and Family* 57, 1 (1995), 153-64

"Are Female Drivers Safer? An Application of the Decomposition Method", Guohua Li, Susan P. Baker, Jean A. Langlois, Gabor D. Kelen, *Epidemiology* 9, 4 (1998), 379-384

Rachar a diferença?
"Predictors of Divorce Adjustment: Stressors, Resources, and Definitions", Hongyu Wang, Paul R. Armato, *Journal of Marriage and Family* 62, 3 (2004)

"Divorce and Remarriage in England and Wales", John Haskey, *Population Trends* 95 (1999)

"The Male Way of Mourning Divorce: When, What and How", Nehami Baum, *Clinical Social Work Journal* 31, 1 (2003)

Romeu e Julieta
"The Adversity of Secret Relationships", Craig A. Foster, W. Keith Campbell, *Personal Relationship* 12 (2005), 125-43
"Revealing and not Revealing the Status of Romantic relationships to Social Networks", Leslie A. Baxter, Sally Widenmann, *Journal of Social and Personal Relationships* 10 (1993), 321-36

Polos opostos
"Two of a Kind: Perceptions of Own and Partner's Attachment Characteristics", Anna P. Puvolo, Lisa A. Fabin, *Personal Relationships* 6, 1 (1999), 57-79
"Assortative Mating and Marital Quality in Newlyweds: A Couple-centered Approach", Shanhong Luo, Eva C. Klohnen, *Journal of Personality and Social Psychology* 88, 2 (2005), 304-26
"Romantic Mood Induction and Attraction to a Dissimilar Other: Is Love Blind?", Joel A. Gold, Richard M. Ryckman, Norman R. Mosley, *Personality and Social Psychology Bulletin* 10, 3 (1984), 358-68

O controle do controle remoto
"Couples Watching Television: Gender, Power and the Remote Control", Alexis J. Walker, *Journal of Marriage and Family* 58 (1996), 813-23
"Family Television: Cultural Power and Domestic Leisure", David Morley, Routledge, 1986

Sexo e mentiras
"Truth and Consequences: Using the Bogus Pipeline to Examine Sex Differences in Self-reported Sexuality", Michele G. Alexander, Terri D. Fisher, *Journal of Sex Research* 40 (2003), 27
"Estimating Number of Lifetime Sexual Partners: Men and Women Do it Differently", Norman R. Brown, Robert C. Sinclair, *Journal of Sex Research* 36 (1999)
"Prostitution and the Sex Discrepancy in Reported Number of Sexual Partners", Devon D. Brewer, John J. Potterat, Sharon B. Garrett, Stephen Q. Muth, John M. Roberts Jr, Danuta Kasprzyk, Daniel E. Montano, William W. Darrow, *Proceedings of the National Academy of Sciences* 97, 22 (2000), 12385-8
"The Gender Discrepancy in Reported Number of Sexual Partners: Effects of Anonymity", Lindsay A.Wittrock, *Journal of Undergraduate Research* 7 (2004)

"Preferred Level of Sexual Experience in a Date or Mate: The Merger of Two Methodologies", Susan Sprecher, Pamela C. Regan, Kathleen McKinney, Kallye Maxwell, Robert Wazienski, *Journal of Sex Research* 34, 4 (1997), 327-37

Beijo de despedida
Kissing, Andrea Demirjian, Penguin, 2006
"Sex Differences in Romantic Kissing Among College Students: An Evolutionary Perspective", Susan M. Hughes, Marissa A. Harrison, Gordon G. Gallup Jr, *Evolutionary Psychology* 5, 3 (2007)

Só estava dizendo que...
"Forgiveness in Marriage: Current Status and Future Directions", Frank F. Fisham, Julie Hall, Steven R. H. Beach, *Family Relations* 55, 4 (2006), 415-27
"Fire and Ice in Marital Communications: Hostile and Distancing Behaviours as Predictors of Marital Distress", Linda J. Roberts, *Journal of Marriage and Family* 62 (2000), 693-707
"Decade Review: Observing Marital Interaction", *Journal of Marriage and Family* 62 (2000), 927-94

4. E AGORA?

A distância
http://www.longdistancerelationships.net/about_the_center.htm
"Living Love at Long-Distance: Intimacy in Couples Who Live Apart", Mary Holmes, *Economic and Social Research Council*, RES-000-22-0351 (2006)

A caminho de casa
"Idealization, Reunions, and Stability in Long-distance Dating Relationships", Laura Stafford, Andy J. Merolla, *Journal of Social and Personal Relationships* 24, 1 (2007), 37-54
"When Long-distance Dating Partners Become Geographically Close", Laura Stafford, Andy J. Merolla, Janessa D. Castle, *Journal of Social and Personal Relationships* 23, 6 (2006), 901-19

Fé no relacionamento
"Inter-ethnic Marriage, National Statistics", www.statistics.gov.uk, 2006
"Convergence and Divergence in Ethnic Divorce Patterns: A Research note", F. L. Jones, *Journal of Marriage and Family* 58 (1996), 213-18

Amor não tem idade?
"The Age Difference at Marriage in England and Wales: A Century of Patterns and Trends", *Population Trends* 120 (2005)
"Women Marrying Younger Men, England and Wales". One Plus One: www.oneplusone.org.uk/ICOR/StatisticDetails.php?Ref=44
"Age Differences Between Sexual Partners in the United States", Jacqueline E. Darroch, David J. Landry, Selene Oslak, *Family Planning Perspectives* 31, 4 (1999)
"Cougars and their Cubs", AARP.org: www.aarp.org/family/love/articles/cougars-and-their.html

Minha namorada
"Valentine's Day Romance", levantamento da Blue Nile: www.bluenile.com "Lifestyles Condoms Valentine's Day Survey" por Harris Interactive "Ideal Couples and Romance", *Psychology Today,* www.psychologytoday.com/articles/index.php?/term=pto-19950301-000027&pr

Desistir ou fechar negócio?
"The Process of Entering in to Cohabiting Unions", Sharon Sassler, *Journal of Marriage and Family,* Vol 66 Número 2, Maio 2004, 491-506

Ele não é minha alma gêmea
"The State of Our Unions 2001". The National Marriage Project. Rutgers, The State University of New Jersey.
"Creating Mr Right and Ms Right: Interpersonal Ideals and Personal Change in Newlyweds", Ann. P. Ruvolo, Catherine M. Ruvolo, *Personal Relationships,* 7, 200, 341-362
"Falling in Love for All the Right Reasons", Dr Neil Clark Warren, Hachette Group Book EUA 2005

A hora de dizer "sim"
"Commitment Processes in Accounts of the Development of Premarital Relationships", Catherine A. Surra, Debra K. Hughes, *Journal of Marriage and Family* 59 fevereiro 1997, 5-21
"Communication Strategies for Intensifying Dating Relationships: Identification, Use and Structure", James H. Tolhuizen, *Journal of Social and Personal Relationships,* 1989; 6; 4113
"Frequently Asked Questions About Commitment". National Healthy Marriage Resource Center www.healthymarriageinfo.org/research

Sem pressa de casar

"Sliding Versus Deciding: Inertia and the Premarital Cohabiting Effect", Scott M. Stanley, Galena Kline Rhoades, Howard J. Markmam, *Family Relations*, 5, Outubro de 2006, 499-509

"Married or Not in Britain Today", One Plus One (*www.oneplusone.org.uk*) *Focus on Families*, edição de 2007, Palgrave MacMillan, em www.statistics.gov.uk/focuson/families

"Premarital Cohabitation and Subsequent Marital Stability", David de Vaus, Lixia Qu, Ruth Weston, *Family Matters* 65 (2003)

"Cohabitation and Marriage: How are they Related?", Anne-Marie Ambert, Vanier Institute of the Family, 2006

"The Relationship Between Cohabitation and Marital Quality and Stability: Change Across Cohorts?", Claire M. Kamp Dush, Catherine L. Cohan, Paul R. Amato, Journal of Marriage and Family 65, 3 (2003), 539-50

Casar por amor

Stochastic Models of Decision Making in Arranged Marriage, Amitrajeet A. Batabyal, University Press of America, 2006

"Love Matches and Arranged Marriages: A Chinese Replication", Xu Xiaohe, Martin King Whyte, *Journal of Marriage and Family* 52, 3 (1990), 709-22

"Divorce Rate in India", Divorcerate.org: www.divorcerate.org/divorce-rate-in-india.html

"40% Divorce Rate in Mumbai, India", South Asia Connection: www.southasianconnection.com/blogs/607/40-Divorce-Rate-in-Mumbai-India

Quanto vale um nome?

"The Surname of Married Women in the European Union", Marie-France Valetas, *Population and Societies* 367 (2001)

"Making a Name: Women's Surnames at Marriage and Beyond", Claudia Goldin, Maria Shim, *Journal of Economic Perspectives* 18, 2 (2004), 143-60

Estou bonita?

"Facial Resemblance in Engaged and Married Couples", Verlin B. Hinsz, *Journal of Social and Personal Relationships* 6, 2 (1989), 223-9

"Physical Attractiveness and Courtship Progress", Gregory L. White, *Journal of Personality and Social Psychology* 39, 4 (1980), 660-68

"Beyond Initial Attraction: Physical Attractiveness in Newlywed Marriage", James K. McNulty, Lisa A. Neff, Benjamin R. Karney, *Journal of Family Psychology* 22, 1 (2008), 133-43

5. CIÚME E INFIDELIDADE

Homens de farda
"The Remains of the Workday: Impact of Job Stress and Exhaustion on Marital Interaction in Police Couples", Nicole A. Roberts, Robert W. Levenson, *Journal of Marriage and Family* 63, 4 (2001), 10052-67
"Managing Stress and Traumatic Stress Incidents", Corneil Askew, um trabalho de admissão apresentado ao Department of Interdisciplinary Technology, 2004
"Medical Speciality and the Incidence of Divorce", *New England Journal of Medicine* 336 (1997), 800-803

Nova empresa
"Working Late: Do Workplace Sex Ratios Affect Partnership Formation and Dissolution?", Michael Svarer, *Journal of Human Resources* 42, 3 (2007)
"Work-love Balance", relatório de pesquisa de Derek Kemp, Human and Legal Resources Limited, 2004

Ela é fiel?
"Predictors of Young Dating Adults' Inclination to Engage in Extradyadic Sexual Activities: A Multi-perspective Study", Anna R. McAlister, Nancy Pachana, Chris J. Jackson, *British Journal of Psychology* 96, 3 (2005), 331-50
"Infidelity", Menstuff: www.menstuff.org/issues/byissue/infidelity.html (2008)
"Your Unadulterated Thoughts on Adultery", MSNBC: www.msnbc.msn.com/id/18055526 (2007)
The handbook of Divorce and Romantic Dissolution, eds. M. Fine, J. Harvey, Psychology Press, 2005

Eu ou a madame?
Quiet Desperation: The Truth About Successful Men, Jan Halper, Warner Books, 1988
Afair-proof Your Marriage, Lana Staheli, Harper Perennial, 1998
Private Lies: Infidelity and the Betrayal of Intimacy, Frank Pittman, Norton, 1989 (*Mentiras privadas*, Artmed, 1994)
Is He Cheating On You?: 829 Telltale Signs, Lifestyle Publications, 2002

O mostro de olhos verdes
"The Role of Relationship Development and Attachment in the Experience of Romantic Jealousy", Leanne K. Knobloch, Denise Haunani Solomon, Michael G. Cruz, *Personal Relationships* 8m 2 (2001), 205-34
"Emotional and Behavioral Responses to Romantic Jealousy Expressions", Stephen M.Yoshimura, *Communication Reports* 17, 2 (2004)

"Reactions to Hypothetical Jealousy-producing Events", Gary L. Hansen, *Family Relations* 31, 4 (1982), 510-18

Muitos amores
"Open Marriages and Marital Adjustment", Dale Wachowiak, Hannelore Bragg, *Journal of Marriage and the Family* Fevereiro 1980, 57-62
"What Psychology Professionals Should Know About Polyamory", Geri D. Weitzman, *www.polyamory.org/-joe/polypaper.htm*

Alerta de flerte
"Tickling the Monster: Jealousy Induction in Relationships", Amy A. Fleischmann, Brian H. Spitzberg, Peter A. Anderson, Scott C. Roesch, *Journal of Social and Personal Relationships* 22, 1 (2005), 49-73
"Cyber-flirting: An Examination of Men's and Women's Flirting Behaviour Both Offline and On the Internet", Monica T. Whitty, *Behaviour Change* 21, 2 (2004), 115-27
SIRC Guide to Flirting, Kate Fox, Social Issues Research Centre: www.sirc. org/publik/flirt.html

Jogo da verdade
"Identity Concerns Following a Severe Relational Transgression: The Role of Discovery Method for the Relational Outcomes of Infidelity", Walid A. Afifi, Wendy L. Falato, Judith L. Weiner, *Journal of Social and Personal Relationships* 18, 2 (2001), 291-308
"Communicative Infidelity", M. A. Tafoya, B. H. Spitzberg, in *The Dark Side of Interpersonal Communication* (segunda ed.), B. H. Spitzberg, W. R. Cupach (eds.). Lawrence Erlbaum Associates, 2007, 199-242.

Apenas bons amigos
"'We're Just friends': Myth Construction as a Communication Strategy in Communicating Cross-sex Friendships", Vickie Harvey, *Qualitative Report* 8, 2 (2003), 314-32
"Can Men and Women Just be Friends?", April L. Bleske, David M. Buss, *Personal Relationships* 7, 2 (2000), 131-51

6. SEPARAÇÕES OU RECONCILIAÇÕES?

A vingança é amarga
"Goals and Emotional Outcomes of Revenge Activities in Interpersonal Relationships", Stephen Yoshimura, *Journal of Social and Personal Relationships* 24, 1 (2007), 8

Estresse pós-trauma amoroso
"Whose Decision Was it? The Effects of Initiator Status on Adjustment to Marital Disruption", Ellen J. Pettit, Bernard L. Bloom, *Journal of Marriage and Family* 46, 3 (1984), 587-95
"What is Posttraumatic Stress Disorder?", Y. Arieh, J. Shalev, *Clinical Psychiatry* 62, supl. 17 (2001), 4-10
"The Effects of Marital and Nonmarital Union Transition on Health", Zheng Wu, Randy Hart, *Journal of Marriage and Family* 64, 2 (2002), 420-33

Lágrimas antes de dormir
"Regional Brain Activity in Women Grieving a Romantic Relationship Breakup", A. Najib, J. P. Lorberbaum, S. Kose, D. E. Binning, M. S. George, *American Journal of Psychiatry* 161 (2004), 2245-56

Caso infeliz
"Unrequited Love: On Heartbreak, Anger, Guilt, Scriptlessness and Humiliation", Roy F. Baumeister, Sara R. Wotmam, Arlene M. Stillwell, *Journal of Personality and Social Psychology* 64, 3 (1993), 377-94
"Motivations for Unreciprocated Love", Arthur Aron, Elaine N. Aron, Josephine Allen, *Personality and Social Psychology Bulletin* 24, 8 (1998), 787-96

Deficiência afetiva
"Investigating the Behavioral Indicators of Relational Commitment", Daniel J.Weigel, Deborah S. Ballard-Reisch, *Journal of Social and Personal Relationships* 19, 3 (2002), 403-23
"The Waxing and Waning of Relational Intimacy: Touch as a Function of Relational Stage, Gender and Touch Avoidance", Laura K. Guerrero, Peter A. Andersen, *Journal of Social and Personal Relationships* 8, 2 (1991), 147-165

Macho alfa à vista
"Avoidance of Intimacy: An Attachment Perspective", Kim Bartholomew, *Journal of Social and Personal Relationships* 7, 2 (1990), 147-75
"The Importance of Similarity and Understanding of Partners' Marital Ideals to Relationship Satisfaction", Linda K. Acitelli, David A. Kenny, Debra Weiner, *Personal Relationships* 8, 2 (2001), 167-85
"Cognitive Processes Underlying Human Mate Choice: The Relationship Between Self-perception and Mate Preference in Western Society", Peter M. Buston, Stephen T. Emlen, *Proceedings of the National Academy of Sciences* 100, 15 (2003), 8805-10

Se foi para sempre?

"Whose Decision Was It?: The Effect of Initiator Status on Adjustment to Marital Disruption", E. J. Pettit, B. L. Bloom, *Journal of Marriage and Family* 46, 3 (1994), 587-96

"Separations, Reconciliations and Living Apart in Cohabiting and Marital Union", Georgina Binstock, Arland Thornton, *Journal of Marriage and Family* 65, 2 (2003), 432-43

"The Dissolution of Romantic Relationships: Factors Involved in Relationship Stability and Emotional Distress", Jeffry A. Simpson, *Journal of Personality and Social Psychology* Outubro 53, 4 (1987), 683-92

Ingênua ou arrasada?

www.straightspouse.org

"Heterosexual Women's Perceptions of Their Marriages to Bisexual or Homosexual Men", Dorothea Hays, Aurele Samuels, *Journal of Homosexuality* 18 (1989), 81-100

"Sexual Behaviour in Britain: Partnerships, Practices, and HIV Risk Behaviours", Anne Johnson, Catherine H. Mercer, Bob Erens, Andrew J. Copas, Sally Mcmanus, Kaye Wellings e outros, *The Lancet* 358 (2001), 1835-42

"Married Homosexual Men: Prevalence and background", Michael W. Ross, *Marriage and Family Review* 14 (1989), p. 35

"Paths and Pitfalls: How Heterosexual Spouses Cope When Their Husbands or Wives Come Out", em J. J. Bigner, J. L. Wetchler, *Relationship Therapy with Same-sex Couples*, Haworth Press, 2004

"When a Spouse Comes Out as Gay, Lesbian or Bisexual", A. P. Buxton, in J. J. Bigner (ed.) *An Introduction to GLBT Family Studies*, Haworth Press, 2006, 67-88

"Modes of Adjustments of Married Homosexuals", H. Laurence Ross, *Social Problems* 18, 3, 187, 385-93

É genético?

"The Long Reach of Divorce: Divorce and Child Well-being Across Three Generations", Paul R. Amato, Jacob Cheadle, *Journal of Family and Marriage* 67, 1 (2005), 191-206

"Parental Divorce and Interpersonal Trust in Adult Offspring", Valerie King, *Journal of Marriage and Family* 64, 3 (2002), 642-56

"The Transmission of Marital Instability Across Generations: Relationship Skills or Commitment to Marriage?", Paul R. Amato, Danelle D. DeBoer, *Journal of Marriage and Family* 63, 4 (2001), 1038-51

"Parental Divorce and Premarital Couples: Commitment and Other Relationship Characteristics", Susan E. Jacques, Catherine A. Surra, *Journal of Marriage and Family* 63, 4 (2001), 627-39

Sorte pela terceira vez
"Changing Patterns of Remarriage", Larry Bumpass, James Sweet, Teresa Castro Martin, *Journal of Marriage and Family*, 52, 747-56 (1990) 747-56
One Plus One, perguntas frequentes: www.oneplusone.org.uk/faqs.asp
"The Marital Happiness of Remarried Divorced Persons", Norval D. Glenn, Charles N. Weaver, *Journal of Marriage and Family* Maio 39, 2 (1977), 331-7
"Reinvestigating Remarriage: Another Decade of Progress", Marilyn Coleman, Lawrence Ganong, Mark Fine, *Journal of Marriage and Family* 62, 4 (2000), 1288-307

7. A VIDA SEXUAL

Três vezes por semana
"Sexual Satisfaction and Sexual Self-disclosure Within Dating Relationships", E. Sandra Byers, Stephanie Demmons, *Journal of Sex Research* 36, 2 (1999), 180-89
"The Saliency of Sexuality in the Early Years of Marriage", Cathy Stein Greenblat, *Journal of Marriage and Family* 45, 2 (1993), 289-99

Tente uma vez por semana
"Sexual Dysfunction in the United States", Edward O. Laumann, Anthony Palk, Raymond C. Rosen, *Journal of the American Medical Association* 282, 13 (1999), 537-44
"Sexual Behaviour and its Medicalisation: in Sickness and in Health", Graham Hart, Kaye Wellings, *British Medical Journal* 324 (2002), 896-900

Tente menos de uma vez por semana
"Problems with Sexual Function in People Attending London General Practitioners: Cross-sectional Study", Irwin Nazareth, Petra Boynton, Michael King, *British Medical Journal* 327 (2003), 425-31
"Sexual Desire Discrepancies: Effects on Sexual and Relationship Satisfaction in Heterosexual Dating Couples", Stephanie Davies, Jennifer Katz, Joan L. Jackson, *Archives of Sexual Behavior* 28, 6 (1999), 553-68

Continue a sonhar
"Power, Desire, and Pleasure in Sexual Fantasies", Eileen L. Zurbriggen, Megan R. Yost, *Journal of Sex Research* 41 (2004), 288-99

"Sexual Fantasies About One's Partner versus Someone Else: Gender Differences in Incidence and Frequency", Thomas V. Hicks, Harold Leitenberg, *Journal of Sex Research* 38 (2001), 43-50
"Gender Differences in the Content of Cognitive Distraction During Sex", Marta Meana, Sarah E. Nunnink, *Journal of Sex Research* 43 (2006), 59-67

Viciado em amor
"Sexual Addicton, Sexual Compulsivity, Sexual Impulsivity, or What?: Toward a Theoretical Model", John Bancroft, Zoran Vukadinovic, *Journal of Sex Research* 41, 3 (2004), 225-34
"How to Recognize the Signs of Sexual Addiction", Jennifer P. Schneider, *Postgraduate Medicine* 90, 6 (1991)

Brinquedos eróticos
"Older Women's Sexuality", Lesley A. Yee, Kendra J. Sundquist, *Medical Journal of Australia* 178, 12 (2003), 640-43
"Qualities Midlife Women Desire in Their Sexual Relationships and Their Changing Sexual Response", *Psychology of Women Quarterly* 22, 2 (2006), 285-303

Só para celibatários
"The Decision to Remain in an Involuntary Celibate Relationship", Denise A. Donnelly, Elisabeth O. Burgess, *Journal of Marriage and Family* 70, 2 (2008), 519-35

É o diâmetro, não o comprimento
"Magnetic Resonance Imaging of Male and Female Genitals During Coitus and Female Sexual Arousal", Willibrond Weijmar Schultz, Pek van Andel, Ida Sabelis, Edyard Mooyaart, *British Medical Journal* 319 (1999), 1596-9
"Penile Length in the Flaccid and Erect States: Guidelines for Penile Augmentation", H. Wessells, T. F. Lue, J.W. McAnich, *Journal of Urology* 156, 3 (1996), 995-7
"Penile Length is Normal in Most Men Seeking Penile Lengthening Procedures", N. Mondaini, R. Ponchietti, P. Gontero, G. H. Muir, A. Natali, E. Caldarera, S. Biscioni, M. Rizzo, *International Journal of Impotence Research* 14, 4 (2002), 283-6

Salvem o sexo
Seven Deadly Sins, Economic and Social Research Council, 2005
"Dating Behaviors of University Students", David Knox, Kenneth Wilson, *Family Relations* 30 (1981), 255-8

Neurótico erótico
"Romantic Partners' Use of Pornography: Its Significance for Women", Ana J. Bridges, Raymond M. Bergner, Matthew Hesson-Mcinnis, *Journal of Sex and Marital Therapy* 29, 1 (2003)
"College Students Attitudes Towards Pornography Use", Sarah O'Reilly, David Knox, Marty E. Zusman, *College Student Journal* 41, 2 (2007), 402-8

Nascido para pornografia?
"Sex Differences in Response to Visual Sexual Stimuli: A Review", Heather A. Rupp, Kim Wallen, *Archives of Sexual Behavior* 37, 2 (2008)
"Gender Differences in Pornography Consumption among Young Heterosexual Danish Adults", Gert Martin Held, *Archives of Sexual Behavior* 35, 5 (2006), 577-85
One For the Girls!, Clarissa Smith, Intellect Books, 2007

8. SOBREVIVENDO AOS FILHOS

Só alegria?
"Parenthood and Marital Satisfaction: A Meta-analytic Review", J. M. Twenge, W. K. Campbell, C. A. Foster, *Journal of Marriage and Family* 65, 3 (2003), 574-83
"The Baby and the Marriage: Identifying Factors that Buffer Against Decline in Marital Satisfaction After the First Baby Arrives", Alyson Shapiro, John Gottman, *Journal of Family Psychology* 14, 1, 59-70
"Costs and Rewards of Children: The Effects of Becoming a Parent on Adults' Lives", Khi M. Nomaguchi, Melissa A. Milkie, *Journal of Marriage and Family* 65, 2 (2003), 356-74
"Patterns of Marital Change Across the Transition to Parenthood: Pregnancy to Three Years Postpartum", Jay Belsky, Michael Rovine, *Journal of Marriage and Family* 52, 1 (1990), 5-19
"Marital Perceptions and Interactions Across the Transition to Parenthood", Martha J. Cox, Blair Paley, Margaret Burchinal, C. Chris Payne, *Journal of Marriage and Family* 61, 3 (1999), 611-25
"The Transition to Parenthood: The Magic Moment", One Plus One: www.theparentconnection.org.uk

Mudança de ideia
"Resident Father's Pregnancy Intentions, Prenatal Behaviors, and Links to Involvement with Infants", Jacinta Bronte-Tinkew, Suzanne Ryan, Jennifer Carrano, Kristin A. Moore, *Journal of Marriage and Family* 69, 4 (2007), 977-90

"Effects of Commitment and Psychological Centrality on Fathering", Kay Pasley, Ted G. Futris, Martie L. Skinner, *Journal of Marriage and Family* 64, 1 (2002), 130-38

"Does Fatherhood Matter for Men?", David J. Eggebeen, Chris Knoester, *Journal of Marriage and Family* 63, 2 (2001), 381-93

O impacto da infertilidade

"Infertility and Psychological Distress: A Critical Review of the Literature", Arthur L. Griel, artigo apresentado na reunião anual da Society for the Study of Social Problems, Agosto de 1993

"Coping Processes of Couples Experiencing infertility", Brennan D. Peterson, Christopher R. Newton, Karen H. Rosen, Robert S. Schulman, *Family Relations* 55 (2006), 227-39

"Reconstructing Their Lives: A Longitudinal, Qualitative Analysis of the Transition to Biological Childlessness for Infertile Couples", Judith C. Daniluk, *Journal of Counselling and Development* 79 (2001), 439-49

"Infertility Treatment and Marital Relationships: A 1-year Prospective Study Among Successfully Treated ART Couples and Their Controls", L. Repokari, R. L. Punamaki, L. Unkila-Kallio, S. Vilska, P. Poikkeus, J. Sinkkonen, F. Almqvist, A. Tiitinen, M. Tulppala, *Human Reproduction* 22, 5 (2007)

Distúrbios sazonais do nascimento

National Statistics Quaterly, Primavera de 2001, Stationery Office, 2001

"Seasonal Birth Patterns of Neurological Disorders", E. Fuller Torrey, Judy Miller, Robert Rawlings, Robert H. Yolken, *Neuro-epidemiology* 19, 4 (2000)

"Children Born in the Summer Have Increased Risk for Coeliac Disease", A. Ivarsson, O. Hernell, L. Nystrom, L. A. Pearson, *Journal of Epidemiology and Community Health* 57, 1 (2003), 36-9

"Effects of Month of Birth on the Risk of Suicide", Emad Salib, Mario Cortina-Borja, *British Journal of Psychiatry* 188 (2006), 416-22

"Child Psychiatric Disorder and Relative Age Within School Year: Cross-sectional Survey of Large Population Sample", Robert Goodman, Julia Gledhill, Tasmin Ford, *British Medical Journal* 327 (2003), 472

"Timing of Birth and Risk of Multiple Sclerosis: Population-based Study", Christen J. Willer, David A. Dyment, A. Dessa Sadovnick, Peter M. Rothwell, T. Jock Murray, George C. Eberes, *British Medical Journal* 330 (2005), 120

"Does Month of Birth Affect Risk of Crohn's Disease in Children and Adolescence?", Henrik Toft Sorenson, Lars Pederson, Bente Norgard, Kirsten Fonager, Kenneth J. Rothman, *British Medical Journal* 323 (2001), 907

Filhos como anticoncepcionais
"Sexuality During Pregnancy and the Year Postpartum", Janet Shibley Hyde, John D. DeLamamter, Ashley E. Pant, Janis M. Byrd, *Journal of Sex Research* 33, 2 (1996), 143-52
"Patterns of Marital Change Across the Transition to Parenthood: Pregnancy to Three Years Postpartum", Jay Belsky, Michael Rovine, *Journal of Marriage and Family* 52, 1 (1990), 5-19

Etapas necessárias
"How the Birth of a Child Affects Involvement with Stepchildren", Susan D. Stewart, *Journal of Marriage and Family* 67, 2 (2005), 461-73
"Stepparents' Perception of the Factors Affecting the Quality of the Stepparent/Stepchild Relationship", David A. Adeyemo, Grace Igaba Omongha, *Journal of Human Ecology* 23, 2 (2008), 91-9
Step-parenting in the 1990s, Joseph Rowntree Foundation, Ref 658
"Stepfamilies and Lone Parents: Changing Family Life in Britain", *Economic and Social Research Council*, 2004

Faça pelos filhos
The State of our Unions: The Social Health of Marriage in America, 2001, National Marriage Project, Rutgers University
Divorce: Facts, Causes, and Consequences, Ann-Marie Ambert, Vanier Institute of the Family, 2005
"Unhappily Ever After: Effects of Long-term, Low-quality Marriages on Well-being", Daniel N. Hawkins, Alan Booth, *Social Forces* 84, 1 (2005), 451-71
"Delayed Parental Divorce: How Much Do Children Benefit?", *Journal of Marriage and Family* 63, 2 (2001), 446-57

9. TEMPOS DIFÍCEIS

Primeiro amor
A Dra. Kalish pode ser encontrada em www.nancykalish.com
"Rekindling Romance: Seniors who Find Lost Loves", Nancy Kalish, Sacramento, www.lostlovers.com/reports.htm
"2001, A Cyberspace Odyssey, Friends and Lovers: Connecting Past and Present Via the Internet", Nancy Kalish, artigo apresentado na 109a. Annual Convention of the American Psychological Association, 2001
"Adults who Reunited with Their Adolescent Sweethearts: A Survey", Nancy Kalish, artigo apresentado na 108a. Annual Convention of the American Psychological Association , 2000

"Fanning Old Flames: Emotional and Cognitive Effects of Suppressing Thoughts of a Past Relationship", M. Wegner-Daniel, B. Gold-Daniel, *Journal of Personality and Social Psychology* 68, 5 (1995), 782-92

Atração fatal
"'Be Careful What You Wish for ...': A Quantitative and Qualitative Investigation of 'Fatal Attraction'", Diane H. Femlee, *Personal Relationships* 5 (1998), 235-53
"The Ups and Downs of Dating: Fluctuations in Satisfaction in Newly Formed Romantic Relationships", Ximena B. Arriaga, *Journal of Personality and Social Psychology* 80, 5 (2001), 754-65

Calos nos dedos
"The Division of Labor and Perceptions of Parental Roles: Lesbian Couples Across the Transition to Parenthood", Abbie E. Goldberg, Maureen Perry-Jenkins, *Journal of Social and Personal Relationships* 24, 2 (2007), 297-319
"Benefits of Equitable Relationships: The Impact of Sense of Fairness, Household Division of Labor, and Decision Making Power on Perceived Social Support", Merieke van Willigen, Patricia Drentea, *Sex Roles*, 2001
"The Allocation Within the Family: Welfare Implications of Life in a Couple", Helen Couprie, *Economic Journal* 117, 516 (2007), 287-305
"Men's Changing Contribution to Housework and Childcare", Oriel Sullivan, Scott Coltrane, artigo apresentado no 11o. Annual Conference of the Council on Contemporary Families, 2008
"Research on Household Labor: Modeling and Measuring the Social Embeddedness of Routine Family Work", Scott Coltrane, *Journal of Marriage and Family* 62, 4 (2004), 1208-33
"Modern Marriage", Pew Research: http://pewresearch.org/pubs/542/modern-marriage

Pegar no pé ou negociar?
"Demand-Withdraw Communication in Marital Interaction: Tests of Interspousal Contingency and Gender Role Hypotheses", Nadya A. Klinetob, David A. Smith, *Journal of Marriage and Family* 58, 4 (1996), 945-57
"Nonconscious Relationship Reactance", Tanya L. Chartrand, Amy N. Dalton, Gavan Fitzsimons, *Journal of Experimental Social Psychology* 43 (2007)

Quem se queixa mais?
"Gender Differences in Standards for Romantic Relationships", Anita L. Vangelisti, John A. Daly, *Personal Relationships* 4, 3 (1997), 203-19

"Wives' Domain-specific 'Marriage Work' with Friends and Spouses: Links to Marital Quality", Christine M. Proulx, Heather M. Helms, C. Chris Payne, *Family Relations* 53, 4 (2004), 393-404

Tomando todas
"Alcohol Problems in Intimate Relationships: Identification and Intervention", National Institute on Alcohol Abuse and Alcoholism: http://pubs.niaaa.nih.gov/publications/niaaa-guide/index.htm
"Alcohol Use Disorders in Elderly People: Fact or Fiction?", Karim Dar, *British Journal of Psychiatry* 12 (2006), 173-181
"Alcohol Misuse Among Older People", Alcohol Concern: www.alcohol-concern.org.uk/servlets/doc/50

Tempo para nós
"Implications of Overwork and Overload for the Quality of Men's Family Relationships", Ann C. Crouter, Matthew F. Bumpus, Melissa R. Head, Susan M. McHale, *Journal of Marriage and Family* 63, 2 (2001), 404-16
Married Only at the Weekends? A Study of the Amount of Time Spent Together by Spouses, Reg Gatenby, Office for National Statistics, 2001
"Britain's Views on Family and Community", pesquisa ICM para a Equal Opportunity Commission, 2007
"Leisure-activity Patterns and Marital Satisfaction: A Further Test", Thomas B. Holman, Mary Jacquart, *Journal of Marriage and Family* 50, 1 (1998), 69-77
"Sexually Inactive Marriages", D. Donnely, *Journal of Sex Research* 30, 2 (1993), 171-8

Renda e divórcio
"When She Earns More Than He Does: A Longitudinal Study of Dual-earner Couples", Robert T. Brennan, Rosalind-Chait Barnett, Karen C. Gareis, *Journal of Marriage and Family* 63, 1 F (2001), 168-82
"Changes in Wives' Income: Effects on Marital Happiness, Psychological Well-being, and the Risk of Divorce", Stacy J. Rogers, Danelle D. DeBoer, *Journal of Marriage and Family* 63, 2 (2001), 458-72
"The Impact of Husbands' and Wives' Relative Earnings on Marital Disruption", D. Alex Heckert, Thomas C. Nowak, K. A. Snyder, *Journal of Marriage and Family* 60, 3 (1998), 690-703
"Effects of Changing Material Circumstances on the Incidence of Marital Breakdown", Fiona McAllister, em *High Divorce Rates: The State of the Evidence on Reasons and Remedies*, Family Policy Studies Unit, 1999

Banir a sogra?
"Daughters-in-law and Mothers-in-law Seeking Their Place Within the Family: A Qualitative Study of Differing Viewpoints", M. Jean Turner, Carolyn R. Young, Kelly I. Black, *Family Relations* 55 (2006), 588-600
"The Influence of In-laws on Change in Marital Success", Chalandra M. Bryant, Rand D. Conger, Jennifer M. Meehan, *Journal of Marriage and Family* 63, 3 (2001), 614-26

Presentes patéticos
"The Mismeasure of Love: How Self-doubt Contaminates Relationship Beliefs", Sandra L. Murray, John G. Holmes, Dale W. Griffin, Gina Bellavia, Paul Rose, *Personality and Social Psychology Bulletin* 27, 4 (2001), 423-36
"The Social Dimensions of Gift Behaviour", David J. Cheal, *Journal of Social and Personal Relationships* 3, 4 (1986), 423-39

Uma questão de sofrimento
"Coping Difficulty in Men Following Their Partner's Miscarriage: An Evolutionary Explanation", Lisa Rauschmeier: www.oswego.edu/~rauschme/evolutionary3.doc
"Miscarriage Effects on Couples' Interpersonal and Sexual Relationships During the First Year After Loss: Women's Perceptions", Kristen M. Swanson, Zahra A. Karmali, Suzanne H. Powell, Faina Pulvermakher, *Psychosomatic Medicine* 65 (2003), 902-10
"Grief and Depression After Miscarriage: Their Separation, Antecedents, and Course", Manfred Beutel, Rainer Deckardt, Michael von Rad, Herbert Weiner, *Psychosomatic Medicine* 57 (1995), 517-26
"Men and Miscarriage", Miscarriage Association: http://www.miscarriageassociation.org.uk/ma2006/information/leaflets/menmisc.pdf
"Pregnancy Loss: A Major Life Event Affecting Emotional Health and Well Being", Philip M. Boyce, John T. Condon, David A. Ellwood, *Medical Journal of Australia*, 178 (2002), 250-51
"Major Depressive Disorder in the 6 Months After Miscarriage", R. Neugebauer, J. Kline, A. Skodol, P. O'Connor, P. A. Geller, Z. Stein, M. Susser, *Journal of the American Medical Associations* 277, 5 (1997), 383-8

Ter tudo
"Spousal Alternatives and Marital Dissolution", Scott South, Kim Lloyd, *American Sociological Review* 60, 1 (1995), 21-36

10. FELIZES PARA SEMPRE

Mais que um filme
"The Proportion of Marriages Ending in Divorce", B. Wilson, S. Smallwood, *Popular Trends* 131 (2008)
"The Nature and Predictors of the Trajectory of Change in Marital Quality for Husbands and Wives Over the First 10 Years of Marriage", Lawrence A. Kurdek, *Developmental Psychology* 35, 5 (1999), 1283-96
Cohabitation, Marriage, and Trajectories in Well-being and Relationships, Kelly Musick, Larry Bumpass, California Center for Population Research, 2006
Re-examining the Case of Marriage: Variation and Change in Well-being and Relationships, Kelly Musick, Larry Bumpass, Califonia Center for Population Research, setembro de 2007
"Decade Review: Observing Marital Interaction", John Gottman, Clifford I. Notarius, *Journal of Marriage and Family* 62, 4 (2000), 862-79
"Understanding and Altering the Longitudinal Course of Marriage", Thomas N. Bradbury, Benjamin R. Karney, *Journal of Marriage and Family* 66 (2004), 862-79

Ninho vazio
"Mothers' and Fathers' Perceptions of Change and Continuity in Their Relationships with Young Adult Sons and Daughters", Christine M. Proulx, Heather M. Helms, *Journal of Family Issues* 29, 2 (2008), 234-261
"Empty Nest or Revolving Door? A Prospective Study of Women's Quality of Life in Midlife During the Phase of Children Leaving and Re-entering the Home", L. Dennerstein, E. Dudley, J. Guthrie, *Psychological Medicine* 32 (2002), 545-50
"Effects of Empty Nest Transition on Self-report of Psychological and Physical Well-being", Elizabeth Bates Harkins, *Journal of Marriage and Family* 40, 3 (1978), 549-56
"Economic Independence, Economic Status, and Empty Nest in Midlife Marital Disruption", Bridget Hiedemann, Olga Suhomlinova, Angela M. O'Rand, *Journal of Marriage and Family* 60, 1 (1998), 219-31

Sobrevivendo ao desemprego
"Lost Jobs, Broken Marriages", Marcus Eliason, artigos do Institute for Social and Economic Research, artigo 2004-21
"Socio-demographic Predictors of Divorce", Lynda Clarke, Ann Berrington, em *High Divorce Rates: The State of the Evidence on Reasons and Remedies*, volume 1, Lord Chancellor's Department

No divã

Unhappy Marriages: Does Counselling Help?, Kieran McKeown, Pauline Lehane, Trutz Haase, Jonathan Pratschke, Relatório do ACCORD, Kieran McKeown Limited, 2002

"How Useful is Relationship Therapy?", John Simons, em *High Divorce Rates: The State of the Evidence on Reasons and Remedies*, volume 2, Lord Chancellor's Department; Londres

"Towards Understanding the Reasons for Divorce", Ilene Wolcott, Jody Hughes, artigo n. 20, Australian Institute of Family Studies, 1999

Segundo casamento às pressas

"The Desire to Date and Remarry Among Older Widows and Widowers", Deborah Carr, *Journal of Marriage and Family* 66, 4 (2004), 1051-68

"Gender Differences in New Partnership Choices and Constraints for Older Widows and Widowers", Kate Davidson, *Aging International* 27, 4 (2002), 43-60

"Dating and Remarriage Over the First Two Years of Widowhood", Schneider Danielle, *Annals of Clinical Psychiatry* 8, 2 (1996), 51-7

"Repartnering After First Union Disruption", Zheng Wu, Christopher M. Schimmele, *Journal of Marriage and Family* 67, 1 (2005), 27-36

Loucuras da menopausa

"Changing Menopausal Bodies: How Women Think and Act in the Face of a Reproductive Transition and Gendered Beauty Ideals", Heather Dillaway, *Sex Roles* 53 (2005)

"Myths and Realities of the Menopause", Karen A. Matthews, *Psychosomatic Medicine* 54 (1992)

The Female Brain, Louhann Brizendine, Bantam Press, 2007 [*Como as mulheres pensam*. Rio de Janeiro: Elsevier, 2006]

Em silêncio

"Marriage as Support or Strain? Marital Quality Following the Death of a Parent", Debra Umberson, *Journal of Marriage and Family* 57 (1995), 709-23

"Marital Dissatisfaction, Psychological Distress, and the Coping of Parents of Pediatric Cancer Patients", J. E. H. M. Hoekstra-Webers, J. P. C. Jaspers, W. A. Kamps, E. C. Klip, *Journal of Marriage and Family* 60, 4 (1998), 1012-21

Muitas aposentadorias felizes

Aspects of Retirement for Older Women, Australian Government Office for Women, 2006

"Retirement and Marital Decision Making: Effects on Retirement Satisfaction", Maximilliane E. Szinovacz, Adam Davey, *Journal of Marriage and Family* 67, 2 (2005), 387-98
"'I Married Him for Better or Worse But Not For Lunch': Retirement and Marriage", David de Vaus, Yvonne Wells. Artigo apresentado na 8o. Australian Family Research Conference, Melbourne, Australia, 2003
Renegotiating Identity and Relationships: Men and Women's Adjustments to Retirement, Helen Barnes, Jane Parry, PSI Discussion Paper 14, Policy Studies Institute, 2003

Corações partidos
"Neurohumoral Features of Myocardial Stunning Due to Sudden Emotional Stress", Han S.Wittstein, David R. Thiermann, Joao A. C. Lima, Kenneth L. Baughman, Steven P. Shulman e outros, *New England Journal of Medicine* 352, 6 (2005), 539-48
"Broken Heart: A Statistical Study of Increased Mortality Among Widowers", C. Murray Parkes, R. Benjamin, R. G. Fitzgerald, *British Medical Journal* 1 (1969), 740-43
"The Broken Heart Syndrome", Ilan S. Wittstein, *Cleveland Clinic Journal of Medicine* 74, supl 1 (2007)

Amor eterno
"Secular Trends in Self-reported Sexual Activity and Satisfaction in Swedish 70-year Olds: Cross-sectional Survey of Four Populations, 1971-2001", Nils Beckman, Magda Waern, Deborah Gustafson, Ingmar Skoog, *British Medical Journal* 337 (2008)
Married People: Staying Together in the Age of Divorce, F. Klagsbrun, Bantam Books, 1985
Til' Death Do Us Part, J. C. Lauer, R. H. Lauer, Haworth Press, 1986
10 Lessons to Transform Your Marriage, John M. Gottman, Julie Schwartz Gottman, Joan DeClaire, Three Rivers Press, 2006
Why Marriages Last: a Discussion of the Literature, Robyn Parker, Australian Institute of Family Studies, 2002
"Long-term Marriage: Age, Gender and Satisfaction", Robert W. Levenson, Laura L. Carstensen, John M. Gottman, *Psychology and Aging*, 8, 2 (1993)

Este livro foi composto na tipologia Minion Pro,
em corpo 11/15.3, e impresso em papel off-white 80g/m²
no Sistema Cameron da Divisão Gráfica
da Distribuidora Record.